普通高等教育"十二五"规划教材（高职高专教育）

U0662117

（附试验检测报告）

# 路基路面检测技术

主　编　王加弟

副主编　刘　洋

编　写　刘存柱　关　超
　　　　滕　嫒

主　审　刘平伟

中国电力出版社
CHINA ELECTRIC POWER PRESS

## 内 容 提 要

本书为普通高等教育"十二五"规划教材（高职高专教育），共分绪论和 4 个学习情境，内容包括路基路面工程中的施工前准备、施工过程中应进行的试验检测，以及各部分的质量评定方法。本书打破以知识传授为主要特征的传统学科课程模式，转变为以工作任务为中心组织课程内容，使学生在完成具体项目的过程中学会完成相应工作任务，突出对学生职业能力的训练。

本书主要作为道路桥梁工程技术、公路监理，高等级公路维护与管理专业的教材，也可供相关专业的技术人员参考。

## 图书在版编目（CIP）数据

路基路面检测技术：附试验检测报告/王加弟主编. —北京：中国电力出版社，2015.2

普通高等教育"十二五"规划教材. 高职高专教育

ISBN 978 - 7 - 5123 - 7067 - 8

Ⅰ．①路… Ⅱ．①王… Ⅲ．①公路路基-检测-高等职业教育-教材②道路工程-路面-检测-高等职业教育-教材 Ⅳ．①U416

中国版本图书馆 CIP 数据核字（2015）第 015190 号

中国电力出版社出版、发行

（北京市东城区北京站西街 19 号 100005 http：//www.cepp.sgcc.com.cn）

航远印刷有限公司印刷

各地新华书店经售

\*

2015 年 2 月第一版 2015 年 2 月北京第一次印刷

787 毫米×1092 毫米 16 开本 15.25 印张 372 千字

定价 **32.00** 元

# 前 言

　　"路基路面检测技术"是高职道路桥梁工程技术专业的一门专业核心课程，本书打破以知识传授为主要特征的传统学科课程模式，转变为以工作任务为中心组织课程内容，并让学生在完成具体项目的过程中学会完成相应的工作任务，构建相关理论知识。内容突出对学生职业能力的训练，采取讲训一体化的教学模式。理论知识的选取紧紧围绕工作任务完成的需要来进行，同时又充分考虑了高等职业教育对理论知识学习的需要，并融合了相关职业资格证书对知识、技能和态度的要求，使学生全面掌握路基路面检测技术。

　　本书分为绪论和 4 个学习情境，内容包括路基路面工程中的施工前准备、施工过程中应进行的试验检测，以及各部分的质量评定方法。本书配套使用的另有《路基路面试验检测报告》，供道路桥梁工程技术专业学生学习使用。

　　本书由辽宁省交通高等专科学校王加弟主编。绪论、学习情境 1、学习情境 3 中任务 3.2、任务 3.3 由王加弟编写，学习情境 3 中任务 3.1 由辽宁省交通高等专科学校刘存柱编写，学习情境 2 由辽宁省交通高等专科学校刘洋编写，学习情境 4 由辽宁省交通高等专科学校关超、滕嫒编写，与本书配套使用的《路基路面试验检测报告》由王加弟编写。全书由王加弟统稿，由辽宁省抚顺市公路管理局刘平伟主审。

　　本书在编写过程中，参考了相关的标准、规范、教材等资料，在此一并表示衷心的感谢。

　　由于编者水平所限，书中疏漏和不妥之处在所难免，恳请广大读者提出宝贵的意见和建议，编者将深表感谢。

编 者

2014 年 12 月

# 目　录

# 绪　　论

## 一、试验检测的目的与意义

试验检测工作是公路工程施工技术管理中的一个重要组成部分，同时也是公路工程施工质量控制和竣工验收评定工作中不可缺少的一个主要环节。通过试验检测能充分地利用当地原材料，迅速推广应用新材料、新技术、新工艺，用定量的方法科学地评定工程质量。因此，试验检测工作对于提高工程质量、加速工程进度、降低工程造价、推动公路工程施工技术进步，将起到极为重要的作用。

试验检测工作是质检机构工作中的一个关键环节，试验检测结果的准确性与可靠性将直接影响质检机构的工作质量。为了确保提供的数据准确可靠，要求质检人员在试验检测的全过程中必须严格遵照有关设计文件、技术标准及试验检测规程，并力求消除试验检测人为误差，提高试验检测精度。

## 二、试验检测的实施细则

由于工程实际情况的复杂性和多样性，每项试验检测方法应根据现行最新技术标准、操作规程和有关行业工作规范，制订详细的实施细则。

（一）实施细则的有关方法

1. 样本大小的确定

凡产品技术标准中已规定样本大小的，按标准规定执行；凡产品技术标准中未明确规定样本大小的，按试验检测规程或相应技术标准中的方法确定；也可按百分比抽样，抽样基数不得小于样本的 5 倍；在生产场所抽样时，当天产量不得小于均衡生产时的基本日均产量；在使用抽样时，抽样基数不得小于样本的 2 倍。

2. 抽样方法

确定样本大小后，一般由委托试验检测单位提供编号进行随机抽样。原则上抽样人不得与产品直接见面，样本应在生产单位或使用单位已经检测合格的基础上抽取。特殊情况下，也允许在生产场所已经检测合格的产品中抽取。

抽样前，不得事先通知被检产品单位，抽样结束后，样品应立即封存，连同出厂检测合格证一并送往试验检测地点。

3. 样本的保存

样本确定后，抽样人应以适当的方式封存，由样本所在部门以适当的方式运往检测部门。所采用的运输方式应以不损坏样本的外观及性能为原则。样品箱、样品桶、样品的包装也应满足上述要求。

4. 样本登记表内容

抽样结束后，由抽样人填写样品登记表。登记表应包括以下内容：产品生产单位；产品名称、型号；样品中单件产品的编号以及封样的编号；抽样依据、样本大小、抽样基数；抽样地点；运输方式；抽样日期；抽样人姓名、封样人姓名。

（二）试验检测原始记录

原始记录是试验检测结果的如实记载，不允许随意更改、剔除。

原始记录应印成一定格式的记录表，其格式根据检测的要求不同可以有所不同。原始记录表主要应包括：产品名称、型号、规格；产品编号、生产单位；检测项目、检测编号、检测地点；温度、湿度；主要检测仪器名称、型号、编号；检测原始记录数据、数据处理结果；检测人、复核人；试验日期等。

记录表中应包括所要求记录的信息及其他必要信息，以便在必要时能够判断检测工作在哪个环节可能出现差错。同时根据原始记录提供的信息，能在一定准确度内重复所做的检测工作。

工程试验检测原始记录一般不得用铅笔填写，内容填写应该完整，应有试验检测人员和计算校核人员的签名。

原始记录如果确需更改，作废数据应划两条水平线，将正确数据填在上方，盖更改人印章。原始记录应集中保管，保管期一般不得少于两年。原始记录保存方式也可用计算机的软盘、移动磁盘或光盘。

（三）试验检测结果的处理

1. 试验检测数据整理

试验检测结果的处理是试验检测工作中的一个重要内容。由于试验检测中得到的数值都是近似值，而且在运算过程中，还可能运用无理数构成的常数，因此为了获得准确的试验检测结果，同时也为了节省运算时间，必须按误差理论的规定和数字修约规则截取所需要的数据。此外，误差表达方式反映了对试验检测结果的认识是否正确，也利于用户对试验检测结果的正确理解。由于目前尚未规定报告上必须注明不确定度，暂时可以不考虑。

（1）数据处理应注意：检测数据有效位数的确定方法；检测数据异常值的判定方法；区分可剔除异常值与不可剔除异常值；整理后的数据应填入原始记录的相应部分。

（2）检测数据的有效位数应与检测系统的准确度相适应，不足部分以"0"补齐，以便测试数据位数相等。

（3）同一参数检测数据个数不大于 3 时，用算术平均值法；测试个数大于 3 时，建议采用数理统计方法，计算代表值。

（4）测试数据异常值的判断：格拉布斯（Grubbs）检验法适用于一组测量值的一致性检验（一次只能检验出 1 个异常值）；狄克逊（Dixon）检验法适用于一组测量值的一致性检验（能检验出 1 个或多个异常值）。

这里要强调一下，对比检测应使用三台与原检测仪器准确度相同的仪器对检测项目进行重复性试验。若检测结果与原检测数据相符，则证明此异常值是由产品性能波动造成的；若不相符，则证明此值是因仪器造成的，可以剔除。

2. 试验检测结果判定

在工程质量检验评定中，施工质量的不合格率是大家所关心的问题，由于所抽取的样本数据都是随机变量，因此总是存在一定波动。看到数据有一些变化，或某检测数据低于技术规定要求，就认为施工质量或产品有问题，这样的判定方法是不慎重的，也是缺乏科学依据的，因此很容易给施工带来损失。试验检测结果的整理和判断必须按照数据统计的方法进行。

### 三、试验检测数据处理方法

（一）数字修约规则

1. 有效数字

有效数字的概念可表述为：由数字组成的一个数，除最末一位数字是不确切值或可疑值外，其他数字皆为可靠值或确切值，则组成该数的所有数字包括末位数字称为有效数字，除有效数字外其余数字为多余数字。

对于"0"这个数字，它在数中的位置不同，可能是有效数字，也可能是多余数字。整数前面的"0"无意义，是多余数字。对纯小数，在小数点后、数字前的"0"只起定位、决定数量级的作用（相当于所取的测量单位不同），所以也是多余数字。处于数中间位置的"0"是有效数字。

处于数后面位置的"0"是否算有效数字可分为以下三种情况：

（1）数后面的"0"，若把多余数字的"0"用 10 的乘幂来表示，使其与有效数字分开，这样在 10 的乘幂前面所有数字包括"0"皆为有效数字；

（2）作为测量结果并注明误差值的数值，其表示的数值等于或大于误差值的所有数字，包括"0"皆为有效数字；

（3）上面两种情况以外的数后面的"0"则很难判断是有效数字还是多余数字，因此应避免采用这种不确切的表示方法。

一个数的有效数字占有的位数，即有效数字的个数，为该数的有效位数。

为弄清有效数字的概念，举例如下：

0.0130，0.0245，1.03，$6.05 \times 10^2$，这四个数的有效位数均为 3，有效数字都是 3 个。再如，测量某一试件面积，得其有效面积 $A = 0.050\,150\,2\mathrm{m}^2$，测量的极限误差 $\delta_{\min} = 0.000\,005\mathrm{m}^2$，则测量结果应当表示为 $A = (0.050\,150 \pm 0.000\,005)\mathrm{m}^2$。误差的有效数字为 1 位，即 5；而有效面积的有效数字应为 5 个，即 50 150；因 2 小于误差的数量级，故为多余数字。

若给出的数值为 51 800，则为不确切的表示方法。它可能是 $518 \times 10^2$，也可能是 $5.180 \times 10^4$，也可能是 $5.1800 \times 10^4$，即有效数字可能是 3 个、4 个或 5 个。若无其他说明，则很难判定其有效数字究竟是几个。

在测量或计量中应取多少位有效数字，可根据下述准则判定：

（1）对不需要标明误差的数据，其有效位数应取到最末一位数字为可疑数字（也称不确切或参考数字）；

（2）对需要标明误差的数据，其有效位数应取到与误差同一数量级。

2. 数字修约规则

（1）修约间隔。修约间隔是确定修约保留位数的一种方式。修约间隔的数值一经确定，修约值即应为该数值的整数倍。

例如指定修约间隔为 0.1，修约值即应在 0.1 的整数倍中选取，相当于将数值修约到一位小数。又如指定修约间隔为 100，修约值即应在 100 的整数倍中选取，相当于将数值修约到"百"数位。

0.5 单位修约（半个单位修约）是指修约间隔为指定数位的 0.5 单位，即修约到指定数位的 0.5 单位。

0.2 单位修约是指修约间隔为指定数位的 0.2 单位，即修约到指定数位的 0.2 单位。最基本的修约间隔是 $10n$（$n$ 为整数），它等同于确定修约到某数位。

（2）数值修约进舍规则。

1）拟舍弃数字的最左一位数字小于 5 时，则舍去，即保留的各位数字不变。

2）拟舍弃数字的最左一位数字大于 5 或者是 5，而且后面的数字并非全部为 0 时，则进 1，即保留的末位数字加 1。

3）拟舍弃数字的最左一位数字为 5，而后面无数字或全部为 0 时，若所保留的末位数字为奇数（1、3、5、7、9）则进 1，为偶数（2、4、6、8、0）则舍弃。

4）负数修约时，先将它的绝对值按上述三条规定进行修约，然后在修约值前面加上负号。

5）0.5 单位修约时，将拟修约数值乘以 2，按指定数位依进舍规则修约，所得数值再除以 2。

6）0.2 单位修约时，将拟修约数值乘以 5，按指定数位依进舍规则修约，所得数值再除以 5。

上述数值修约规则（有时称之为"奇升偶舍法"）与常用的"四舍五入"的方法区别在于，用"四舍五入"法对数值进行修约，从很多修约后的数值中得到的均值偏大，而用上述的修约规则，进舍的状况具有平衡性，进舍误差也具有平衡性，若干数值经过这种修约后，修约值之和变大的可能性与变小的可能性是一样的。实行数值修约，应在明确修约间隔、确定修约位数后一次完成，而不应连续修约，否则会导致不正确的结果。

3. 计算法则

（1）加减运算：应以各数中有效数字末位数的数位最高者为准（小数即以小数部分位数最少者为准），其余数均比该数向右多保留一位有效数字。

（2）乘除运算：应以各数中有效数字位数最少者为准，其余数均多取一位有效数字，所得积或商也多取一位有效数字。

（3）平方或开方运算：其结果可比原数多保留一位有效数字。

（4）对数运算：所取对数位数应与真数有效数字位数相等。

（二）数据处理方法

在对某一对象进行试验或测量时，所测得的数值与其真实值不会完全相等，这种差异即称为误差。随着科学技术的发展，人们认识水平的提高和实践经验的增加，测量的误差数值可以被控制到很小的范围，或者说测量值可更接近于其真实值。

1. 真值

真值即真实值，是指在一定条件下，被测量客观存在的实际值。真值通常是个未知量，一般所说的真值是指理论真值、规定真值和相对真值。

（1）理论真值。理论真值也称绝对真值，如平面三角形三个内角之和恒为 180°。

（2）相对真值。计量器具按精度不同分为若干等级，上一等级的指示值即为下一等级的真值，此真值称为相对真值。例如，在力值的传递标准中，用二等标准测力计校准三等标准测力计，此时二等标准测力计的指示值即为三等标准测力计的相对真值。

2. 误差

根据误差表示方法的不同，分为绝对误差和相对误差。

　　(1) 绝对误差。绝对误差是指实测值与被测量的真值之差。但是，在大多数情况下，真值是无法得知的，因而绝对误差也无法得到。一般只能应用一种更精密的量具或仪器进行测量，所得数值称为实际值，它更接近真值，并用它代替真值计算误差。绝对误差具有以下性质：

　　1) 有单位，与测量时采用的单位相同。

　　2) 能表示测量的数值是偏大还是偏小以及偏离程度。

　　3) 不能确切地表示测量所达到的精确程度。

　　(2) 相对误差。相对误差是指绝对误差与被测真值（或实际值）的比值。相对误差不仅表示测量的绝对误差，而且能反映出测量时所达到的精度。相对误差具有以下性质：

　　1) 无单位，通常以百分数表示，而且与测量所采用的单位无关，而绝对误差则不然，测量单位改变，其值也改变。

　　2) 能表示误差的大小和方向，因为相对误差大时绝对误差也大。

　　3) 能表示测量的精确程度。当测量所得绝对误差相同时，测量的量大者精度就高。

　　因此，通常都用相对误差来表示测量误差。

　　3. 误差的来源

　　在任何测量过程中，无论采用多么完善的测量仪器和测量方法，也无论在测量过程中怎样细心和注意，都不可避免地存在误差。产生误差的原因是多方面的，可以归纳如下：

　　(1) 装置误差：是由设备装置的设计制造、安装、调整与运用引起的误差。如试验机示值误差，等臂天平不等臂，仪器安装不垂直、偏心等。

　　(2) 环境误差：由于各种环境因素达不到要求的标准状态所引起的误差。如混凝土养护条件达不到标准的温度、湿度要求等。

　　(3) 人员误差：测试者生理上的最小分辨力和固有习惯引起的误差。如对准示值读数时，始终偏左或偏右，偏上或偏下，偏高或偏低。

　　(4) 方法误差：测试者未按规定的操作方法进行试验所引起的误差。如强度试验时试块放置偏心，加荷速度过快或过慢等。

　　需要指出，以上几种误差来源有时是联合作用的，在进行误差分析时，可作为一个独立的误差因素来考虑。

　　4. 误差的分类

　　误差就其性质而言，可分为系统误差、随机误差（或称偶然误差）和过失误差（或称粗差）。

　　(1) 系统误差。在同一条件下，多次重复测试同一量时，误差的数值和正负号有较明显的规律。系统误差通常在测试之前就已经存在，而且在试验过程中，始终偏离一个方向，在同一试验中其大小和符号相同。例如，试验机示值的偏差等。系统误差容易识别，并可通过试验或用分析方法掌握其变化规律，在测量结果中加以修正。

　　(2) 随机误差。在相同条件下，多次重复测试同一量时，出现误差的数值和正负号没有明显的规律，它是由许多难以控制的微小因素造成的。例如，原材料特性的正常波动、试验条件的微小变化等。由于每个因素出现与否，以及这些因素所造成的误差大小、方向事先无法知道，有时大、有时小，有时正、有时负，其发生完全出于偶然，因此很难在测试过程中加以消除。但是，完全可以掌握这种误差的统计规律，用概率论与数理统计方法对数据进行分析和处理，以获得可靠的测量结果。

（3）过失误差。过失误差会明显地歪曲试验结果，如测错、读错、记错或计算错误等。含有过失误差的测量数据是不能采用的，必须利用一定的准则从测得的数据中剔除。因此，在进行误差分析时，只考虑系统误差与随机误差。

5. 精密度、准确度和精确度

精密度与准确度两者并不相同。精密度是用同一测量方法自某一总体反复抽样时，样本平均值（$\bar{x}$）离开总体平均值（$\bar{x}$）的程度。系统误差越大即二者的偏差越大，则精密度越低。通常将系统误差的大小作为反映精密度高低的定量指标。准确度是用同一方法自某一总体反复抽样时，或自同一（或均匀）样本用同一方法反复测量时，各观测值（$x_i$）离开观测平均值（$\bar{x}$）的程度。数据越分散，准确度越差。引起数据分散的随机误差作为反映准确度的定量指标。

在此可见，精密度与准确度分别是对两类不同性质的系统误差和随机误差的描述。只有当系统误差和随机误差都很小时才能说精确度高。精确度是对系统误差和随机误差的综合描述。

对于上述概念，目前国内外尚不完全统一，有的把准确度称为正确度，而把精确度称为准确度；有的把精密度简称为精度，而有的则把精确度简称为精度。尽管在名词的称谓上有所差异，但其所包含的内容（即系统误差与随机误差对测量结果影响的程度）是完全一致的。

在一组条件完全相同的重复试验中，个别的测量值可能会出现异常。如测量值过大或过小，这些过大或过小的测量数据是不正常的，或称为可疑的。对于这些可疑数据应该用数理统计的方法判别其真伪，并决定取舍，常用的方法有莱依塔法、肖维纳特法和格拉布斯法等。

6. 数据的统计特征与分布

用来表示统计数据分布及其某些特性的特征量分为两类：一类表示数据的集中位置，例如算术平均值、中位数等；另一类表示数据的离散程度，主要有极差、标准偏差、变异系数等。

（1）算术平均值。算术平均值是表示一组数据集中位置最有用的统计特征量，经常用样本的算术平均值来代表总体的平均水平。如果 $n$ 个样本数据为 $x_1$、$x_2$、$\cdots$、$x_n$，则样本的算术平均值可用下式来计算：

$$\bar{x} = \frac{1}{n}(x_1 + x_2 + \cdots + x_n) = \frac{1}{n}\sum_{i=1}^{n}x_i$$

（2）中位数。在一组数据 $x_1$、$x_2$、$\cdots$、$x_n$ 中，按其大小次序排序，以排在正中间的一个数表示总体的平均水平，称之为中位数，或称中值，用 $\tilde{x}$ 表示。$n$ 为奇数时，正中间的数只有一个；$n$ 为偶数时，正中间的数有两个，则取这两个数的平均值作为中位数，即

$$\tilde{x} = \begin{cases} x_{\frac{n+1}{2}} & (n\text{ 为奇数}) \\ \frac{1}{2}(x_{\frac{n}{2}} + x_{\frac{n}{2}+1}) & (n\text{ 为偶数}) \end{cases}$$

（3）极差和标准偏差。在一组数据中最大值与最小值之差，称为极差，记作 $R$。极差没有充分利用数据的信息，但计算十分简单，仅适用于样本容量较小（$n < 10$）的情况。

标准偏差有时也称标准离差、标准差或均方差，是衡量样本数据波动性（离散程度）的指标。在质量检验中，总体的标准偏差 $\sigma$ 一般不易求得。样本的标准偏差 $S$ 按下式计算：

$$S = \sqrt{\frac{(x_1 - \bar{x})^2 + (x_2 - \bar{x})^2 + \cdots + (x_n - \bar{x})^2}{n-1}}$$

（4）变异系数。标准偏差是反映样本数据的绝对波动状况，当测量较大的量值时，绝对误差一般较大；而测量较小的量值时，绝对误差一般较小。因此，用相对波动的大小，即变异系数更能反映样本数据的波动性。变异系数用 $C_v$ 表示，是标准偏差 $S$ 与算术平均值 $\bar{x}$ 的比值，即

$$C_v = \frac{S}{\bar{x}} \times 100\%$$

（5）正态分布。正态分布是应用最多、最广泛的一种连续型分布，其密度函数为

$$f(x) = \frac{1}{\sqrt{2\pi}\,\sigma} e^{-\frac{(x-\mu)^2}{2\sigma^2}}$$

式中　$\mu$——常数，为均值；

　　　$\sigma$——常数，为均方差，其值大于 0。

$f(x)$ 的图形如图 0-1 所示，正态分布具有以下特点：

1）正态分布曲线对称于 $x = \mu$，即以平均值为中心。

2）当 $x = \mu$ 时，曲线处于最高点，当 $x$ 向左右偏离时，曲线逐渐降低，整个曲线呈中间高、两边低的形状。

3）在 $x = \mu \pm \sigma$ 处曲线有拐点，曲线以 $x$ 轴为渐近线。

4）曲线与横坐标轴所围成的面积等于 1。

特别指出，当 $\mu = 0$，$\sigma = 1$ 时，称 $x$ 服从标准正态分布。其概率密度和分布函数分别用 $f(x)$、$\phi(t)$ 表示，即有

$$f(x) = \frac{1}{\sqrt{2\pi}} e^{-\frac{x^2}{2}}$$

$$\phi(t) = \frac{1}{\sqrt{2\pi}} \int_{-\infty}^{t} e^{-\frac{t^2}{2}} \mathrm{d}t$$

$\phi(t)$ 可根据编制好了的函数表查用。这里设 $Z = (x - \mu)/\sigma$，通过一个线性变换就能化成标准正态分布。

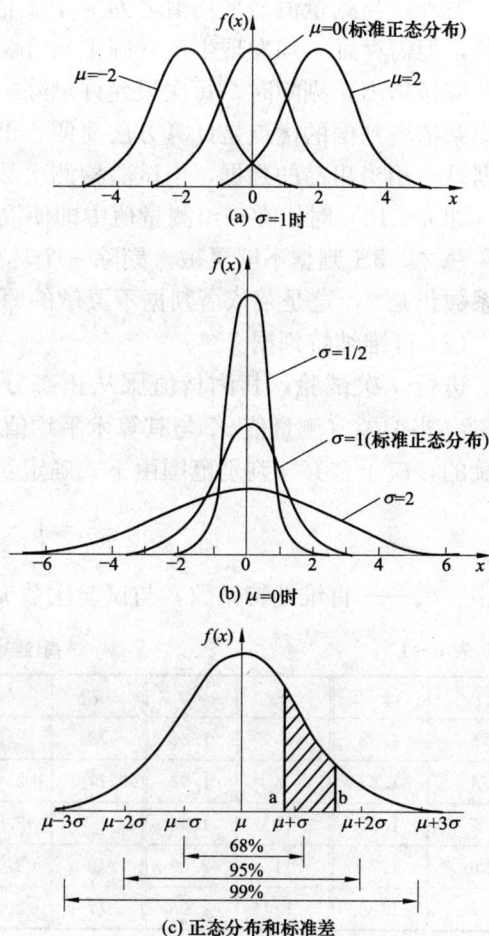

图 0-1　正态分布的性质

7. 可疑数据的取舍

（1）莱依塔判据。

当试验次数较多时，可简单地用 3 倍标准偏差（$3S$）作为确定可疑数据取舍的标准。

当某一测量数据（$x_i$）与其测量结果的算术平均值（$\bar{x}$）之差大于 3 倍标准偏差时，用公式表示为

$$|x_i - \bar{x}| > 3S$$

则该测量数据应舍弃。

这是美国混凝土标准中所采用的方法，由于该方法是以 3 倍标准偏差作为判别标准，因此也称 3 倍标准偏差法，简称 3S 法，又称拉依达法。

取 3S 的理由是：根据随机变量的正态分布规律，在多次试验中，测量值落在 $\bar{x}-3S$ 与 $\bar{x}+3S$ 之间的概率为 99.73%，出现在此范围之外的概率仅为 0.27%，也就是在近 400 次试验中才能遇到一次，这种事件为小概率事件，出现的可能性很小，几乎是不可能。因而在实际试验中，一旦出现，就认为该测量数据是不可靠的，应将其舍弃。

另外，当测量值与平均值之差大于 2 倍标准偏差，即 $|x_i - \bar{x}| > 2S$ 时，则该测量值应保留，但需存疑。如发现生产（施工）、试验过程有可疑的变异，则该测量值应舍弃。

应该指出，剔除时，每次只允许剔除一个数据（逐个剔除原则）。

莱依塔判据的优点是计算方法简便、迅速，无需查阅数学表格。但也应当指出，莱依塔判据是个相当粗糙的判据，当试验检测次数较多或要求不高时可以应用，当试验检测次数较少（如 $n < 10$）时，在一组测量值中即使混有异常值，也无法舍弃。

总之，3S 判据不够灵敏。剔除一个坏值后，置信概率变了，但莱依塔判据仍不变，置信系数仍是 3，这是莱依塔判据不灵敏的原因所在。

（2）肖维纳特判据。

进行 $n$ 次试验，其测量值服从正态分布，以概率 $1/(2n)$ 设定一判别范围（$-k_nS$，$k_nS$），当偏差（测量值 $x_i$ 与其算术平均值 $\bar{x}$ 之差）超出该范围时，就意味着该测量值 $x_i$ 是可疑的，应予舍弃。判别范围由下式确定：

$$\frac{1}{2n} = 1 - \int_{-k_n}^{k_n} \frac{1}{\sqrt{2\pi}} e^{-\frac{t^2}{2}} \, dt$$

式中　$k_n$——肖维纳特系数，与试验次数 $n$ 有关，可由正态分布系数表查得，见表 0-1。

表 0-1　　　　　　　　　　　　　　肖 维 纳 特 系 数 表

| $n$ | $k_n$ | $n$ | $k_n$ | $n$ | $k_n$ | $n$ | $k_n$ | $n$ | $k_n$ | $n$ | $k_n$ |
|---|---|---|---|---|---|---|---|---|---|---|---|
| 3 | 1.38 | 8 | 1.86 | 13 | 2.07 | 18 | 2.20 | 23 | 2.30 | 50 | 2.58 |
| 4 | 1.53 | 9 | 1.92 | 14 | 2.10 | 19 | 2.22 | 24 | 2.31 | 75 | 2.71 |
| 5 | 1.65 | 10 | 1.96 | 15 | 2.13 | 20 | 2.24 | 25 | 2.33 | 100 | 2.81 |
| 6 | 1.73 | 11 | 2.00 | 16 | 2.15 | 21 | 2.26 | 30 | 2.39 | 200 | 3.02 |
| 7 | 1.80 | 12 | 2.03 | 17 | 2.17 | 22 | 2.28 | 40 | 2.49 | 500 | 3.20 |

因此，肖维纳特法可疑数据舍弃的标准为

$$\frac{|x_i - \bar{x}|}{S} \geq k_n$$

应当指出，肖维纳特判据是在频率近于概率条件得到满足的情况下建立的，对坏值也不够灵敏。但是，利用肖维纳特判据直接查肖维纳特系数表，该表比误差函数表简洁、清晰，使用时比较方便。

（3）格拉布斯判据。

格拉布斯法假定测量结果服从正态分布，根据顺序统计量来确定可疑数据的取舍。进行 $n$ 次重复试验，试验结果为 $x_1$、$x_2$、$\cdots$、$x_i$、$\cdots$、$x_n$，而且 $x_i$ 服从正态分布。为了检验（$i$ =1，2，$\cdots$，$n$）中是否有可疑值，可将试验结果按其值由小到大顺序重新排列，根据顺序统计原则，给出标准化顺序统计量 $g$。

当最小值 $x(1)$ 可疑时，则　　　$g = [\bar{x} - x(1)]/S$

当最大值 $x(n)$ 可疑时，则　　　$g = [x(n) - \bar{x}]/S$

根据格拉布斯统计量的分布，在指定的显著性水平 $\beta$（一般为 0.05）下，求得判别可疑值的临界值 $g_0(\beta, n)$，格拉布斯法的判别标准为

$$g \geqslant g_0(\beta, n)$$

利用格拉布斯法每次只能舍弃一个可疑值，若有两个以上的可疑数据，应该逐个数据地舍弃，舍弃第一个数据后，试验次数由 $n$ 变为 $n-1$，以此为基础再判别第二个可疑数据，直至上述不等式变向。$g_0(\beta, n)$ 称为格拉布斯系数，见表 0-2。该系数与显著水平、样本容量有关。

表 0-2　　　　　　　　　　　　格拉布斯判据系数表 $g_0(\beta, n)$

| $n$ \ $\beta$ | 0.01 | 0.05 | $n$ \ $\beta$ | 0.01 | 0.05 | $n$ \ $\beta$ | 0.01 | 0.05 | $n$ \ $\beta$ | 0.01 | 0.05 |
|---|---|---|---|---|---|---|---|---|---|---|---|
| 3 | 1.15 | 1.15 | 10 | 2.41 | 2.18 | 17 | 2.78 | 2.47 | 24 | 2.99 | 2.64 |
| 4 | 1.49 | 1.46 | 11 | 2.48 | 2.24 | 18 | 2.82 | 2.50 | 25 | 3.01 | 2.66 |
| 5 | 1.75 | 1.67 | 12 | 2.55 | 2.29 | 19 | 2.85 | 2.53 | 30 | 3.10 | 2.74 |
| 6 | 1.94 | 1.82 | 13 | 2.61 | 2.33 | 20 | 2.88 | 2.56 | 35 | 3.18 | 2.81 |
| 7 | 2.10 | 1.94 | 14 | 2.66 | 2.37 | 21 | 2.91 | 2.58 | 40 | 3.24 | 2.87 |
| 8 | 2.22 | 2.03 | 15 | 2.70 | 2.41 | 22 | 2.94 | 2.60 | 50 | 3.34 | 2.96 |
| 9 | 2.32 | 2.11 | 16 | 2.74 | 2.44 | 23 | 2.96 | 2.62 | 100 | 3.59 | 3.17 |

## 四、公路工程质量的评定

### （一）一般规定

根据建设任务、施工管理和质量检验评定的需要，应在施工准备阶段按标准将建设项目划分为单位工程、分部工程和分项工程。施工单位、工程监理单位和建设单位应按相同的工程项目划分进行工程质量的监控和管理。

1. 单位工程

单位工程是在建设项目中，根据签订的合同，具有独立施工条件的工程。如道路工程中，路基工程就是单位工程。

2. 分部工程

在单位工程中，应按结构部位、路段长度及施工特点或施工任务划分为若干个分部工程。由此，路基工程按结构部位可划分为路基本体、排水工程和防护支挡工程；按施工特点，如施工对象、方法要求可划分为一般的土方、石方作业或人工砌筑工程；又可按任务或路段长度划分为一定长度段的工程。

3. 分项工程

在分部工程中，应按不同的施工方法、材料、工序及路段长度等划分为若干个分项工

程。由于划分的依据不同，因此既可划分为填、挖方，或某一断面部位，又可按某种排水结构物划分等。

单位、分部及分项工程的划分见表0-3。

**表0-3**　　　　　　　　　　　　**单位、分部及分项工程的划分**

| 单位工程 | 分部工程 | 分项工程 |
|---|---|---|
| 路基工程<br>（每10km或<br>每标段） | 路基土石方工程*（1～3km 路段）① | 土方路基*、石方路基*、软土地基*、土工合成材料处治层*等 |
| | 排水工程（1～3km路段） | 管节预制、管道基础及管节安装*、检查（雨水）井砌筑*、土沟、浆砌排水沟*、盲沟、跌水、急流槽*、水簸箕、排水泵站等 |
| | 小桥及符合小桥标准的通道*、人行天桥、渡槽（每座） | 基础及下部构造*，上部构造预制、安装或浇筑*，桥面*，栏杆，人行道等 |
| | 涵洞、通道（1～3km路段） | 基础及下部构造*，主要构件预制、安装或浇筑*，填土，总体等 |
| | 砌筑防护工程（1～3km路段） | 挡土墙*、墙背填土、抗滑桩*、锚喷防护*、锥、护坡、导流工程，石笼防护等 |
| | 大型挡土墙*、组合式挡土墙*（每处） | 基础*、墙身*、墙背填土，构件预制*，构件安装*，筋带、锚杆、拉杆，总体*等 |
| 路面工程<br>（每10km或每标段） | 路面工程（1～3km路段）* | 底基层、基层*、面层*、垫层、联结层、路缘石、人行道、路肩、路面边缘排水系统等 |

**注**　表内标注＊号者为主要工程，评分时给以2的权值；不带＊号者为一般工程，权值为1。

① 按路段长度划分的分部工程，高速公路、一级公路宜取低值，二级及二级以下公路可取高值。

公路工程质量检验评定以分项工程为评定单元，采用100分制进行。在分项工程评分的基础上，逐级计算各相应分部工程、单位工程、合同段和建设项目评分值。工程质量评定等级分为合格与不合格，也应按分项、分部、单位工程、合同段和建设项目逐级评定。

施工单位应对各分项工程按《公路工程质量检验评定标准》（JTG F80/1—2004）所列基本要求、实测项目和外观鉴定进行自检，按"分项工程质量检验评定表"及相关施工技术规范提交真实、完整的自检资料，对工程质量进行自我评定。

工程监理单位应按规定要求对工程质量进行独立抽检，对施工单位的检评资料进行签认，对工程质量进行评定。

建设单位根据对工程质量的检查及平时掌握的情况，对工程监理单位所做的工程质量评分等级进行审定。

质量监督部门、质量检测机构可依据JTG F80/1—2004对公路工程质量进行检测评定。

（二）工程质量的评分

1. 分项工程质量评分

分项工程质量检验的内容包括基本要求、实测项目、外观鉴定和质量保证资料四个部分。只有在其使用的原材料、半成品、成品及施工工艺符合基本要求的规定，且无严重外观缺陷和质量保证资料真实并基本齐全时，才能对分项工程质量进行检验评定。

涉及结构安全和使用功能的重要实测项目为关键项目（在文中以"△"标识），其合格率不得低于90%（属于工厂加工制造的桥梁金属构件不低于95%，机电工程为100%），且检测值不得超过规定极值，否则必须进行返工处理。

实测项目的规定极值是指任一单个检测值都不能突破的极限值，不符合要求时该实测项目为不合格。

进行评定的关键项目不符合要求时，该分项工程评为不合格。

分项工程的评分值满分为 100 分，按实测项目采用加权平均法计算。存在外观缺陷或资料不全时，应予减分。

$$分项工程得分 = \frac{\sum(检查项目得分 \times 权值)}{\sum 检查项目权值}$$

$$分项工程评分值 = 分项工程得分 - 外观缺陷减分 - 资料不全减分$$

（1）基本要求检查。分项工程所列基本要求对施工质量优劣具有关键作用，应按基本要求对工程进行认真检查。经检查不符合基本要求规定时，不得进行工程质量的检验和评定。

（2）实测项目计分。对规定检查项目采用现场抽样方法，按照规定频率和工程质量等级评定方法对分项工程的施工质量直接进行检测计分。

检查项目除按数理统计方法评定的项目以外，均应按单点（组）测定值是否符合标准要求进行评定，并按合格率计分。

$$检查项目合格率 = \frac{检查合格的点（组）数}{该检查项目的全部检查点（组）数} \times 100\%$$

$$检查项目得分 = 检查项目合格率 \times 100$$

（3）外观缺陷减分。对工程外表状况应逐项进行全面检查，如发现外观缺陷，应进行减分。对于较严重的外观缺陷，施工单位须采取措施进行整修处理。

（4）资料不全减分。分项工程的施工资料和图表残缺，缺乏最基本的数据，或有伪造涂改者，不予检查和评定。资料不全者应予减分，减分幅度可按照质量保证资料所列各项逐款检查，视资料不全情况，每款减 1～3 分。

2. 分部工程和单位工程质量评分

表中所列分项工程和分部工程区分为一般工程和主要（主体）工程，分别给以 1 和 2 的权值。进行分部工程和单位工程评分时，采用加权平均值计算法确定相应的评分值。

$$分部（单位）工程评分值 = \frac{\sum[分项（分部）工程评分值 \times 相应权值]}{\sum 分项（分部）工程权值} \times 100\%$$

3. 合同段和建设项目工程质量评分

合同段和建设项目工程质量评分值按《公路工程竣（交）工验收办法》计算。

4. 质量保证资料

施工单位应有完整的施工原始记录、试验数据、分项工程自查数据等质量保证资料，并进行整理分析，负责提交齐全、真实和系统的施工资料和图表。工程监理单位负责提交齐全、真实和系统的监理资料。质量保证资料应包括以下六个方面：

（1）所用原材料、半成品和成品质量检验结果；

（2）材料配比、拌和加工控制检验和试验数据；

（3）地基处理、隐蔽工程施工记录和大桥、隧道施工监控资料；

（4）各项质量控制指标的试验记录和质量检验汇总图表；

（5）施工过程中遇到的非正常情况记录及其对工程质量的影响分析；

（6）施工过程中如发生质量事故，经处理补救后，达到设计要求的认可证明文件。

（三）工程质量等级评定办法

1. 分项工程质量等级评定

分项工程评分值不小于 75 分者为合格，小于 75 分者为不合格；机电工程、属于工厂加工制造的桥梁金属构件不小于 90 分者为合格，小于 90 分者为不合格。

评定为不合格的分项工程，经加固、补强或返工、调测，满足设计要求后，可以重新评定其质量等级，但计算分部工程评分值时按其复评分值的 90% 计算。

2. 分部工程质量等级评定

所属各分项工程全部合格，则该分部工程评为合格；所属任一分项工程不合格，则该分部工程为不合格。

3. 单位工程质量等级评定

所属各分部工程全部合格，则该单位工程评为合格；所属任一分部工程不合格，则该单位工程为不合格。

4. 合同段和建设项目质量等级评定

合同段和建设项目所含单位工程全部合格，其工程质量等级为合格；所属任一单位工程不合格，则合同段和建设项目为不合格。

# 小　　结

试验检测工作是质检机构工作中的一个关键环节，试验检测结果的准确性与可靠性将直接影响质检机构的工作质量。试验检测工作必须严格遵照试验检测规程，提高试验检测精度。

试验检测结果的处理是试验检测工作中的一个重要内容。有效数字及数据修约规则对处理测量数据有重要的意义。

数据统计特征量有算术平均值、中位数、极差、标准偏差以及变异系数，在公路工程试验数据处理中起到非常重要的作用。

在检测试验中对可疑数据的处理采用莱依塔判据（3S 法则）、肖维纳特判据、格拉布斯判据，其中 3S 法偏于保守，但该法简便、迅速，无需查阅数学表格。

根据建设任务、施工管理和质量检验评定的需要，应在施工准备阶段按标准将建设项目划分为单位工程、分部工程和分项工程。

# 习　　题

1. 试验检测工作对工程质量检验评定有何意义？

2. 如何确定样本的大小？样本确定后，抽样人应以什么方式封存？运输方式应满足哪些要求？

3. 为什么说原始记录不允许随意更改、剔除？原始记录表主要应包括哪些内容？

4. 试验检测数据整理的意义是什么？对于测试个数大于 3 时的试验数据，用什么方法来处理?

5. 对试验检测人员的要求有哪些?

6. 数值修约规则与常用的"四舍五入"的方法区别是什么? 实行数值修约时,应注意哪些事项?

7. 产生误差的原因有哪几方面? 通常误差分为几类?

8. 什么叫检验和抽样检验? 随机抽样的方法有哪几种?

9. 某路段二灰碎石基层无侧限抗压强度试验结果为:0.792、0.306、0.968、0.804、0.447、0.894、0.702、0.424、0.498、1.075、0.815(单位:MPa)。请分别用莱依塔法、肖维纳特法和格拉布斯法对上述数据进行取舍判别。

10. 某路段路基施工质量检查中,用标准车测得 10 点的弯沉值分别为 100、101、102、110、95、98、93、96、103、104(单位:0.01mm)。试计算该路段弯沉值的算术平均值、中位数、极差、标准偏差和变异系数。

11. 建设项目工程质量等级是如何评定的?

12. 分项工程质量检验中为什么要首先检查是否满足基本要求?

# 学习情境 1　路基工程检测与评定

## 情境导入

从道路结构物的修建来说，路基工程是一个先行工序，道路工程的质量评定与检测贯穿于工程的各个过程，而路基工程质量的评定与检测又是首先进行的，可以最先获得工程的质量信息，从而起到影响和保证整个道路工程质量的作用。为了控制和保证路基工程的质量，在路基工程设计施工过程中和完工后必须对工程的每一个项目和各工序进行检查和验收，正确反映其质量水平，评定其质量等级。

## 学习目标

### 知识目标

完成本学习情境的学习，学生能够熟悉路基工程的施工工艺；熟悉各项检测任务的目的和检测方法、步骤以及试验的原理；熟悉各种检测仪器的性能；熟悉与所检测项目相关的技术标准、技术规范和技术规程；能用定量的方法科学地评定路基的质量。

### 能力目标

学生能够熟练掌握路基工程在施工准备阶段、施工阶段、竣工验收阶段质量检验评定的工作过程，明确路基工程在各阶段中所要进行的各种检测项目，能熟练操作各种检测仪器进行试验；能够正确如实地填写原始记录；能够运用数理统计方面的知识对检测结果进行数据处理及评定。

## 任务 1.1　施工准备阶段的检测

### 1.1.1　任务导入

由于受地形、地质条件的影响，修筑路基的岩土材料来源会有所不同，因此路基在长度方向，或者在不同层位，有的还可能在不同断面部位采用不同的填料。这样，其质量特性往往表现为不均匀性，有较大的差异，应十分重视质量评定与检测。

在进场前，应该合理地选择路基填料。填料来源具有多样性，例如直接利用挖方、挖方土质改良、就近借土（石）、工业废渣等。路基不同的压实分区、填料来源的不同，导致同一填方断面或同一填方段路堤可能采用一种或几种填料。路堤填筑前应对照设计文件，现场调查填料，初拟路堤填料的类型、来源地点、可供开采的数量、运输距离与条件、上路桩号，并对填料进行系列试验，以判断填料的可用性。

路基工程施工准备阶段主要对原材料进行各种室内及现场检测项目的试验检测，避免不合格的材料用于工程，为开工做好前期准备工作。路基工程在施工准备阶段需检测的项目见表 1-1。

表 1-1　　　　　　　　　　路基工程在施工准备阶段检测的项目

| 序号 | 检测项目 | 采用规程 |
|---|---|---|
| 1 | 密度试验 | |
| 2 | 比重试验 | |
| 3 | 颗粒分析试验 | 《公路土工试验规程》(JTG E40—2007) |
| 4 | 界限含水率试验 | 《公路工程质量检验评定标准　第一册　土建工程》(JTG F80/1—2004) |
| 5 | 击实试验 | |
| 6 | 室内承载比 CBR 试验 | |

### 1.1.2　土的工程分类

自然界中土的种类很多,工程性质各异。人们对土已提出过不少分类系统,如地质分类、土壤分类、粒径分类、结构分类等。每一种分类系统,都反映了土某些方面的特征。在工程实践中需要的是适合于工程用途的土的工程分类,即按土的主要工程特征进行分类。土的工程分类依据是一些极简单的特征指标,这些指标的测定应是简便的。假如所依据的指标比直接测定土的有关工程性质还复杂,这个分类就失去了其价值。在分类中最常用的指标是粒度成分和反映塑性的指标。

土的工程分类(简称"分类")适用于公路工程用土的鉴别、定名和描述,以便对土的性状做定性评价。

#### 一、一般规定

(1) 应以土的颗粒组成特征、塑性指标对土进行区分。根据土的颗粒组成特征、塑性指标和土中有机质存在的情况,我国公路用土可分为巨粒土、粗粒土、细粒土和特殊土四大类。

(2) 土的颗粒组成特征用不同粒径粒组在土中的百分含量表示(应按筛分法)。表 1-2所列为不同粒组的划分界限及范围。

表 1-2　　　　　　　　　　粒组划分界限及范围

| 200 | | 60 | 20 | | 5 | 2 | | 0.5 | 0.25 | | 0.075 | | 0.002(mm) |
|---|---|---|---|---|---|---|---|---|---|---|---|---|---|
| 巨粒组 | | | 粗粒组 | | | | | | | | | 细粒组 | |
| 漂石(块石) | 卵石(小块石) | | 砾(角砾) | | | 砂 | | | | | 粉粒 | | 黏粒 |
| | | | 粗 | 中 | 细 | 粗 | | 中 | | 细 | | | |

粒组的一般特征如下:

漂、卵、砾粒组:多为岩石碎块。由这种粒组构成的土,孔隙粗大,透水性极强,毛细上升高度微小甚至没有;无论干燥或潮湿状态下均无粒间黏结,既无可塑性,也无膨胀性。

砂粒组:多为原生矿物颗粒。由这种粒组构成的土,孔隙较大,透水性强,毛细上升高度很小;湿时粒间有弯液面力,能将颗粒黏结在一起;干时及饱水时,粒间无黏结,呈松散状态,既无可塑性,也无胀缩性。

粉粒组:为原生矿物和次生矿物的混合体。由该粒组构成的土,孔隙小而透水性弱,毛细上升高度很大;湿润时略具黏性,失去水分时粒间黏结力减弱,导致尘土飞扬。

黏粒组:主要由次生矿物组成。由该粒组构成的土,孔隙很小,透水性极弱,毛细上升高度较大;具可塑性和胀缩性;失水时黏结力增强使土变硬。

本"分类"将土分为巨粒土、粗粒土、细粒土和特殊土，总体系如图 1-1 所示。

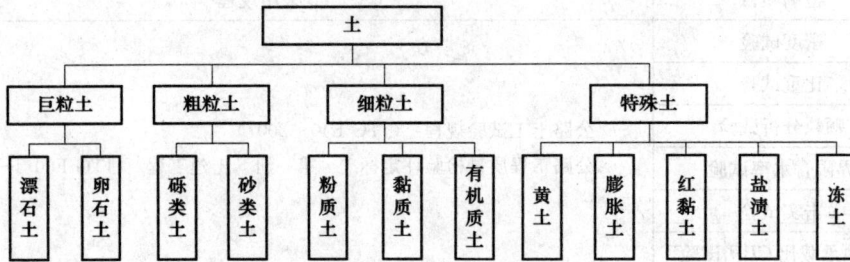

图 1-1　土分类总体系

（3）土的颗粒组成特征应以土的级配指标的不均匀系数（$C_u$）和曲率系数（$C_c$）表示。不均匀系数 $C_u$ 反映粒径分布曲线上的土粒分布范围，按式（1-1）计算：

$$C_u = \frac{d_{60}}{d_{10}} \tag{1-1}$$

曲率系数 $C_c$ 反映粒径分布曲线上的土粒分布形状，按式（1-2）计算：

$$C_c = \frac{d_{30}^2}{d_{10} \times d_{60}} \tag{1-2}$$

式中　$d_{10}$、$d_{30}$、$d_{60}$——土的特征粒径，mm。

$d_{10}$ 又称土的有效半径。在土的粒径分布曲线上，小于该粒径的土粒质量分别为总土质量的 10%、30%、60%。

工程中，当 $C_u \geqslant 5$，$C_c = 1 \sim 3$ 时，称土的级配良好，为不均匀土，表明土中大小颗粒混杂，累计曲线显得平缓；若不能同时满足上述要求，则称土的级配不良，为均匀土，表明土中某一个或几个粒组含量较多，累积曲线中段显得陡直。

$d_{10}$ 之所以称为有效粒径，是因为它是土中最有代表性的粒径。其物理含义是：由一种粒径土组成的理想均匀土，如与另一个非均匀土具有相等的透水性，那么这个均匀土的粒径应与这个不均匀土的粒径 $d_{10}$ 大致相等。$d_{10}$ 常见于机械潜蚀、透水性、毛细性等经验公式中。

（4）粒度分析成果的表示方法。实验得到的粒度分析资料可以采用多种方法表示，借以找出粒度成分变化的规律性，最常用的表示方法是列表法和累计曲线法。

列表法：将粒度分析的成果用表格的形式表达。这种方法可以清楚地用数量说明土样各粒组的含量，但当土样数量较多时，不能获得较为直观的结果。

累计曲线法：以粒径 $d$ 为横坐标，以该粒径的累计百分含量为纵坐标，绘制颗粒级配的累计曲线。累计曲线的坐标系一般采用半对数坐标。因为土粒粒径大小相差常在百倍、千倍以上，为清楚地反映细粒组成，粒径 $d$ 宜用对数坐标表示，见图 1-2。

根据累计曲线，可以求出反映颗粒组成特征的级配指标不均匀系数 $C_u$ 和曲率系数 $C_c$。

[例 1-1]　有 a、b 两个土样，根据粒度分析试验成果所作的颗粒级配累计曲线见图 1-2。根据图 1-2，试分别判断两个土样 a、b 的颗粒级配情况。

解　对土样 a，$d_{10} = 0.5$，$d_{30} = 4.2$，$d_{60} = 18$，按式（1-1）及式（1-2）求得不均匀系数 $C_u = 36$，曲率系数 $C_c = 1.96$；对土样 b，$d_{10} = 0.2$，$d_{30} = 0.4$，$d_{60} = 0.84$，按同样公式可求得不均匀系数 $C_u = 4.2$，$C_c = 0.95$。故土样 a 为级配良好的不均匀土，作为填方工程的土料时，比较容易获得较小的孔隙比（较大的密实度）。土样 b 为级配不良的均匀土，土

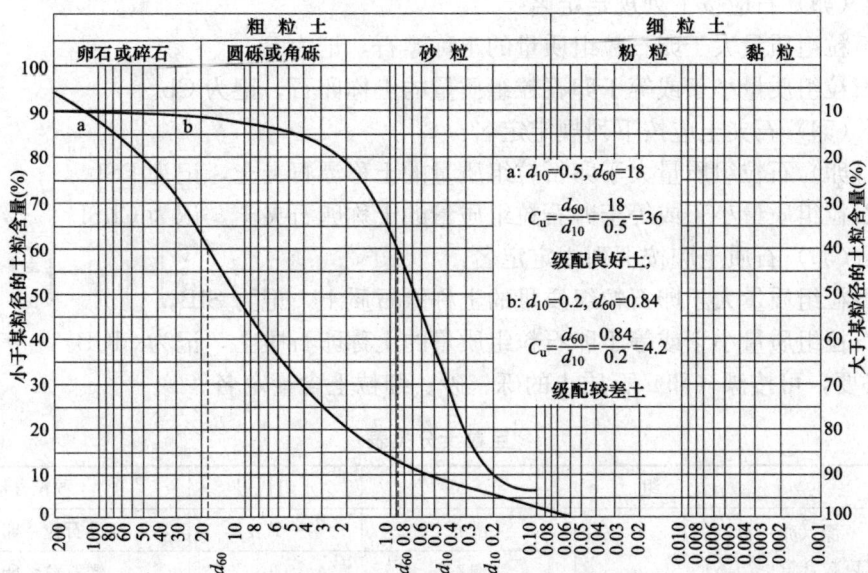

图 1-2　颗粒级配累计曲线

的颗粒主要为粒径 0.25～2mm 的中、粗砂粒。表现在颗粒级配累计曲线上，a 土样的累计曲线显得比较平缓，而 b 土样的累计曲线中段比较陡直。

（5）公路用土分类的基本代号如表 1-3 所示。

表 1-3　　　　　　　　　　　　　　公路用土分类的基本代号表

| 代号 ＼ 土类 | 巨粒土 | 粗粒土 | 细粒土 | 有机土 |
|---|---|---|---|---|
| 成分代号 | 漂石 B、块石 Ba、卵石 Cb、小块石 Cba | 砾 G、角砾 Ca、砂 S | 粉土 M、黏土 C、细粒（C 和 M 合称）F、（混合）土（粗、细粒土合称）SI | 有机质土 O |
| 级配和液限高低代号 | 级配良好 W、级配不良 P；高液限 H、低液限 L | | | |
| 特殊土代号 | 黄土 Y、膨胀土 E、黏土 R、盐渍土 St、冻土 Ft | | | |
| 土类名称和代号 | 土类名称可用一个基本代号表示。当由两个基本代号构成时，第一个代号表示土的主成分，第二个代号表示副成分（土的液限或土的级配）；当由三个基本代号构成时，第一个代号表示土的主成分，第二个代号表示液限的高低（或级配的好坏），第三个代号表示土中所含次要成分 | | | |

## 二、巨粒土分类

（1）巨粒土应按下列规定定名，其分类如表 1-4 所示。

1）巨粒组质量大于总质量 75% 的土称漂（卵）石。

2）巨粒组质量为总质量 50%～75%（含 75%）的土称漂（卵）石夹土。

3）巨粒组质量为总质量 15%～50%（含 50%）的土称漂（卵）石质土。

4）巨粒组质量小于或等于总质量 15% 的土，可扣除巨粒，按粗粒土或细粒土的相应规定分类定名。

（2）漂（卵）石应按下列规定定名：

1）漂石粒组质量大于卵石粒组质量的土称漂石，记为 B。

2）漂石粒组质量小于或等于卵石粒组质量的土称卵石，记为 Cb。

（3）漂（卵）石夹土应按下列规定定名：

1）漂（卵）石粒组质量大于卵石粒组质量的土称漂石夹土，记为 BSI。

2）漂（卵）石粒组质量小于或等于卵石粒组质量的土称卵石夹土，记为 CbSI。

（4）漂（卵）石质土应按下列规定定名：

1）漂石粒组质量大于卵石粒组质量的土称漂石质土，记为 SIB。

2）漂石粒组质量小于或等于卵石粒组质量的土称卵石质土，记为 SICB。

如有必要，可按漂（卵）石质土的砾、砂、细粒土含量定名。

表 1－4　　　　　　　　　　　　　巨粒土分类表

| 土　　组 | | 土组代号 | 颗粒含量 |
|---|---|---|---|
| 漂（卵）石<br>（巨粒含量＞75％） | 漂石 | B | 漂石粒＞卵石粒 |
| | 卵石 | Cb | 漂石粒≤卵石粒 |
| 漂（卵）石夹土<br>（巨粒含量占 50％～75％） | 漂石夹土 | BSI | 漂石粒＞卵石粒 |
| | 卵石夹土 | CbSI | 漂石粒≤卵石粒 |
| 漂（卵）石质土<br>（巨粒含量占 15％～50％） | 漂石质土 | SIB | 漂石粒＞卵石粒 |
| | 卵石质土 | SICb | 漂石粒≤卵石粒 |

### 三、粗粒土分类

（1）试样中巨粒组土粒质量小于或等于总质量的 15％，且巨粒组土粒与粗粒组土粒质量之和大于总土质量 50％的土称粗粒土。

（2）粗粒土分砾类土和砂类土两种，在粗粒土中砾粒组质量大于砂粒组质量的土称为砾类土。砾类土应根据其中细粒含量和类别以及粗粒组的级配进行分类，分类体系见表 1－5。

表 1－5　　　　　　　　　　　　　砾类土分类表

| 土　　组 | | 土组代号 | 细粒组（＜0.075mm 颗粒）含量<br>（％） |
|---|---|---|---|
| 砾 | 级配良好砾 | GW | ≤5 |
| | 级配不良砾 | GP | |
| 含细粒土砾 | | GF | 5～15 |
| 细粒土质砾 | 粉土质砾 | GM | 15～50<br>（细粒土在图 1－3 中 A 线以下） |
| | 黏土质砾 | GC | 15～50<br>（细粒土在图 1－3 中 A 线或 A 线以上） |

**注**　砾类土分类体系中的砾石换成角砾，G 换成 $G_a$，即构成相应的角砾土分类体系。

1）砾类土中细粒组质量小于或等于总质量 5％的土称砾，按下列级配指标定名：

a. 当 $C_u \geqslant 5$，且 $C_c = 1 \sim 3$ 时，称级配良好砾，记为 GW。

b. 不同时满足 a 条件时，称级配不良砾，记为 GP。

2）砾类土中细粒组质量为总质量 5%～15%（含 15%）的土称含细粒土砾，记为 GF。

3）砾类土中细粒组质量大于总质量的 15%，并小于或等于总质量 50% 的土称细粒土质砾，按细粒土在塑性图（见图 1-3）中的位置定名：

a. 当细粒土位于图 1-3 中 A 线以下时，称粉土质砾，记为 GM。

b. 当细粒土位于图 1-3 中 A 线或 A 线以上时，称黏土质砾，记为 GC。

（3）粗粒土中砾粒组质量小于或等于砂粒组质量的土称为砂类土。砂类土应根据其中细粒含量和类别以及粗粒组的级配进行分类，分类体系见表 1-6。

根据粒径分组由大到小，以首先符合者命名。

1）砂类土中细粒组质量小于或等于总质量 5% 的土称砂，按下列级配指标定名：

a. 当 $C_u \geq 5$，且 $C_c = 1～3$ 时，称级配良好砂，记为 SW。

b. 不满足 a 条件时，称级配不良砂，记为 SP。

2）砂类土中细粒组质量为总质量 5%～15%（含 15%）的土称含细粒土砂，记为 SF。

3）砂类土中细粒组质量大于总质量的 15%，并小于或等于总质量 50% 的土称细粒土质砂，按细粒土在塑性图（见图 1-3）中的位置定名：

a. 当细粒土位于图 1-3 中 A 线以下时，称粉土质砂，记为 SM。

b. 当细粒土位于图 1-3 中 A 线或 A 线以上时，称黏土质砂，记为 SC。

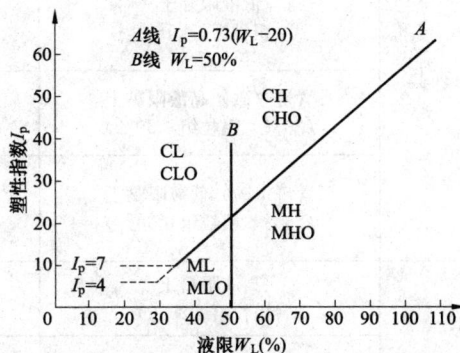

图 1-3 塑性图

表 1-6　　　　　　　　　砂类土分类表

| 土　　组 | | 土组代号 | 细粒组（<0.075mm 颗粒）含量（%） |
|---|---|---|---|
| 砂 | 级配良好砂 | SW | ≤5 |
| | 级配不良砂 | SP | |
| 含细粒土砂 | | SF | 5～15 |
| 细粒土质砂 | 粉土质砂 | SM | 15～50（细粒土在图 1-3 中 A 线以下） |
| | 黏土质砂 | SC | 15～50（细粒土在图 1-3 中 A 线或 A 线以上） |

注　需要时，砂可进一步细分为粗砂、中砂和细砂。粗砂，粒径大于 0.5mm 颗粒大于总质量的 50%；中砂，粒径大于 0.25mm 颗粒大于总质量的 50%；细砂，粒径大于 0.075mm 颗粒大于总质量的 75%。

## 四、细粒土分类

试样中细粒组（小于 0.075mm 的颗粒）质量大于或等于总质量 50% 的土称为细粒土，分类体系见表 1-7。

表 1-7　　　　　　　　　　　　　　　　细 粒 土 分 类 表

| 细粒组 | 细粒土的分类名称 | 塑性图（见图 1-3）中的位置 | 含砾（砂）量 | 土组代号 |
|---|---|---|---|---|
| 黏质土 | 高液限黏土（粗粒组≤25%） | 位于 $A$ 线以上，在 $B$ 线以右 | | CH |
| | 低液限黏土（粗粒组≤25%） | 位于 $A$ 线以上，在 $B$ 线以左，$I_p$=10 线以上 | | CL |
| | 含砾（砂）高液限黏土（25%＜粗粒组≤50%） | 位于 $A$ 线以上，在 $B$ 线以右 | 砾粒多于砂粒 | CHG |
| | | | 砂粒多于砾粒 | CHS |
| | 含砾（砂）低液限黏土（25%＜粗粒组≤50%） | 位于 $A$ 线以上，在 $B$ 线以左，$I_p$=10 线以上 | 砾粒多于砂粒 | CLG |
| | | | 砂粒多于砾粒 | CLS |
| 粉质土 | 高液限粉土（粗粒组≤25%） | 位于 $A$ 线以下，在 $B$ 线以右 | | MH |
| | 低液限粉土（粗粒组≤25%） | 位于 $A$ 线以下，在 $B$ 线以左，$I_p$=10 线以下 | | ML |
| | 含砾（砂）高液限粉土（25%＜粗粒组≤50%） | 位于 $A$ 线以下，在 $B$ 线以右 | 砾粒多于砂粒 | MHG |
| | | | 砂粒多于砾粒 | MHS |
| | 含砾（砂）低液限粉土（25%＜粗粒组≤50%） | 位于 $A$ 线以下，在 $B$ 线以左，$I_p$=10 线以下 | 砾粒多于砂粒 | MLG |
| | | | 砂粒多于砾粒 | MLS |
| 有机质土 | 有机质高液限黏土 | 位于 $A$ 线以上，在 $B$ 线以右 | | CHO |
| | 有机质低液限黏土 | 位于 $A$ 线以上，在 $B$ 线以左，$I_p$=10 线以上 | | CLO |
| | 有机质高液限粉土 | 位于 $A$ 线以下，在 $B$ 线以右 | | MHO |
| | 有机质低液限粉土 | 位于 $A$ 线以下，在 $B$ 线以左，$I_p$=10 线以下 | | MLO |

**注**　本"分类"确定的是土的学名和代号，必要时，允许附列通俗名称或当地习惯名称。

细粒土中粗粒组（2～60mm 颗粒）质量小于或等于总质量 25% 的土称为粉质土或黏质土，粗粒组质量为总质量 25%～50%（含 50%）的土称为含粗粒的粉质土或含粗粒的黏质土。

试样中有机质含量大于或等于总质量的 5%，且少于总质量 10% 的土称有机质土。试样中有机质含量大于或等于 10% 的土称为有机土。

细粒土的分类及工程性质主要与土的塑性指标有关。图 1-3 为土的塑性图，表明土的塑性指数（$I_p$）与液限（$W_L$）的相互关系。图中以 $A$ 线 [$I_p$=0.73（$W_L$-20）] 和 $B$ 线（$W_L$=50%）将坐标空间划分为四个区，大致区分了细粒土的塑性性质。

## 五、特殊土分类

特殊土主要包括黄土、膨胀土、红黏土和盐渍土。黄土、膨胀土、红黏土按图 1-3 所示的特殊塑性图上的位置定名。黄土属低液限黏土（CLY），分布范围大部分在 A 线以上，$W_L<40\%$；膨胀土属高液限黏土（CHE），分布范围大部分在 A 线以上，$W_L>50\%$；红黏土属高液限粉土（MHR），分布范围大部分在 A 线以下，$W_L>55\%$。

盐渍土按照土层中所含盐的种类和质量百分率进行分类，见表 1-8。

表 1-8 　　　　　　　　　　　　盐 渍 土 分 类

| 名　　称 | 被利用的土层中平均总盐量（以质量%计） | |
| --- | --- | --- |
| | 氯化物和硫酸盐氯化物 | 氯化物硫酸盐和硫酸盐 |
| 弱盐渍土 | 0.3～1 | 0.3～0.5 |
| 中盐渍土 | 1～5 | 0.5～2 |
| 强盐渍土 | 5～8 | 2～5 |
| 过盐渍土 | >8 | >5 |

注　表中所指含盐种类名称的定性区分标准为：氯化物为 $Cl^-/SO_4^{2-}>2$；硫酸盐氯化物为 $Cl^-/SO_4^{2-}=1\sim2$；氯化物硫酸盐为 $Cl^-/SO_4^{2-}=0.3\sim1$；硫酸盐为 $Cl^-/SO_4^{2-}<0.3$。

## 六、各类土的工程性质

各类公路用土具有不同的工程性质，在选择路基填筑材料，以及修筑稳定土路面结构层时，应根据不同的土类分别采用不同的工程技术措施。

巨粒土包括漂石（块石）和卵石（块石），有很高的强度和稳定性，是填筑路基的良好材料，也可用于砌筑边坡。

级配良好的砾石混合料，密实程度好，强度和稳定性均能满足要求。除了填筑路基之外，还可以用于铺筑中级路面，经适当处理后，可以铺筑高级路面的基层、底基层。

砂土无塑性，透水性强，毛细水上升高度小，具有较大的内摩擦系数，强度和水稳定性均好，但砂土黏结性小，易于松散，压实困难，但经充分压实的砂土路基，压缩变形小、稳定性好。为了加强压实和提高稳定性，可以采用振动法压实，并可掺加少量黏土，以改善级配组成。

砂性土含有一定数量的粗颗粒，又含有一定数量的细颗粒，级配适宜，强度、稳定性等都能满足要求，是理想的路基填筑材料。如细粒土质砂土，其粒径组成接近最佳级配，遇水不黏着、不膨胀，雨天不泥泞，晴天不扬尘，便于施工。

粉性土含有较多的粉土颗粒，干时虽有黏性，但易于破碎，浸水时容易成为流动状态。粉性土毛细作用强烈，毛细水上升高度大（可达 1.5m），在季节性冰冻地区容易造成冻胀、翻浆等病害。粉性土属于不良的公路用土，如必须用粉性土填筑路基，则应采取技术措施改良土质并加强排水，采取隔离水等措施。

黏性土中细颗粒含量多，土的内摩擦系数小而黏聚力大，透水性小而吸水能力强，毛细现象显著，有较大的可塑性。黏性土干燥时较坚硬，施工时不易破碎，浸湿后能长期保持水分，不易挥发，因而承载力小。对于黏性土如在适当含水率时加以充分压实并设置良好的排水设施，筑成的路基也能获得稳定性。

重黏土工程性质与黏性土相似，但其含黏土矿物成分不同时，性质有很大的差别。黏土矿物主要包括蒙脱石、伊利石、高岭石。蒙脱石塑性大，吸湿后膨胀强烈，干燥时收缩大，透水性极低，压缩性大，抗剪强度低；高岭石塑性较低，有较高的抗剪强度和透水性，吸水和膨胀量较小；伊利石性质介于上述两者之间。重黏土不透水，黏聚力极强，塑性很大，干燥时很坚硬，施工时难以挖掘与破碎。

总之，作为路基建筑材料，砂性土最优，黏性土次之，粉性土属不良材料，最容易引起路基病害。重黏土，特别是蒙脱石含量较高的土也是不良的路基土。此外，还有一些特殊土类，如有特殊结构的土（黄土）、含有机质的土（腐殖土）以及含易溶盐的土（盐渍土）等，用以填筑路基时必须采取相应的技术措施。

**七、路堤填料的一般规定**

（1）路堤填料不得使用淤泥、沼泽土、冻土、有机土、含草皮土、生活垃圾、树根和含有腐朽物质的土。采用盐渍土、黄土、膨胀土填筑路堤时，应遵照施工技术规范的有关规定。

（2）液限大于 50、塑性指数大于 26 的土，以及含水率超过规定的土不得直接作为路堤填料。如需要使用时，必须采取满足设计要求的技术措施，经检查合格后方可使用。

（3）钢渣、粉煤灰等材料可用作路堤填料，其他工业废渣在使用前应进行有害物质的含量试验，避免有害物质超标，污染环境。

（4）捣碎后的种植土可用于路堤边坡表层。

**1.1.3　任务实施**

### 检测项目一　土的密度试验

密度是土的基本物理性质指标之一，用它可以换算土的干密度、孔隙比、孔隙率、饱和度等指标。无论在室内试验或野外勘查以及施工质量控制中均须测定密度。

测定密度常用的方法有环刀法、电动取土器法、蜡封法、灌砂法、灌水法等。环刀法操作简便而准确，在室内和野外普遍采用，此方法适用于测定不含砾石颗粒的细粒土的密度；对不能用环刀削的坚硬、易碎、含有粗粒、形状不规则的土，可用蜡封法测定密度；电动取土器法适用于硬塑土密度的快速测定；灌水法适用于现场测定粗粒土和巨粒土的密度；灌砂法适用于现场测定细粒土、砂类土和砾类土的密度。

**【检测方法】**　环刀法。

此方法是采用一定体积的环刀切削土样，使土按环刀形状充满其中，测环刀中土的质量，根据已知环刀的体积就可按定义计算土的密度。有不同型号的环刀可供选用。室内测试时，应结合我国仪器设备情况，可选用剪切、压缩、渗透仪环刀。施工现场检查填土密度时，因每层土压实程度上下不均，而每一层压实厚度达 20～30cm，环刀容积过小，取土深度稍有变化，所测密度误差较大，为此可选用大容积环刀以提高测试精度。

环刀法的内容及要求见表 1－9。

表 1－9　　　　　　　　　　　　　　　　环刀法内容及要求

| 序号 | 内容及要求 |
| --- | --- |
| 一、仪器准备 | |
| 1 | 环刀：内径 6～8cm，高 2～5.4mm，壁厚 1.5～2.2mm |
| 2 | 天平：感量 0.1g |
| 3 | 其他：修土刀、钢丝锯、凡士林等 |

续表

| 序号 | 内容及要求 |
|---|---|
| 二、试验步骤 | |
| 1 | 按工程需要取原状土或制备所需状态的扰动土样，整平两端，环刀内壁涂一薄层凡士林，刀口向下放在土样上 |
| 2 | 用修土刀或钢丝锯将土样上部削成略大于环刀直径的土柱，然后将环刀垂直下压，边压边削，至土样伸出环刀上部为止。削去两端余土，使与环刀口面齐平，并用剩余土样测定含水率 |
| 3 | 擦净环刀外壁，称环刀与土的合质量 $m_1$，精确至 0.1g |
| 三、结果整理 | |

按下列公式计算湿密度及干密度：

$$\rho = \frac{m_1 - m_2}{V}$$

$$\rho_d = \frac{\rho}{1 + 0.01\omega}$$

式中　$\rho$——湿密度，g/cm³；

$m_1$——环刀与土合质量，g；

$m_2$——环刀质量，g；

$V$——环刀体积，cm³；

$\rho_d$——干密度，g/cm³；

$\omega$——含水率，%。

| 四、精密度和允许差 |
|---|
| 本试验须进行两次平行测定，取其算术平均值，其平行差值不得大于 0.03g/cm³ |

土的含水率按照下述方法测定：

路基土含水率的测定方法主要有烘干法、酒精燃烧法、比重法。烘干法是测定含水率的标准方法，适用于黏质土、粉质土、砂类土和有机质土类；酒精燃烧法适用于快速简易测定细粒土（含有机质的土除外）的含水率；比重法仅适用于砂类土。工程上常用的方法是烘干法和酒精燃烧法。

土的工程性质之所以复杂，其主要原因是含水率在土的三相物质中形成不确定的因素，含水率的变化将使土的一系列物理力学性质随之变化。土中含水率的不同，可使土成为坚硬、可塑或流动的土；反映在土的力学性质方面，能使土的结构强度、孔隙压力、有效应力及稳定性发生变化。因此，土的含水率测试是研究土的物理力学性质不可缺少的工作。

土中的水可分为强结合水、弱结合水及自由水。工程上含水率定义为土中自由水的质量与土粒质量之比的百分数，一般认为在 105～110℃ 温度下能将土中的自由水蒸发掉。

【检测方法 1】　烘干法。

烘干法的内容及要求见表 1-10。

表 1-10　　　　　　　　　　　烘 干 法 内 容 及 要 求

| 序号 | 内容及要求 |
|---|---|
| 一、仪器准备 | |
| 1 | 烘箱：可采用电热烘箱或温度能保持 105～110℃ 的其他能源烘箱，也可用红外线烘箱（见图 1-4） |
| 2 | 天平：感量 0.01g（见图 1-5） |
| 3 | 其他：干燥器、称量盒等 |

续表

| 序号 | 内容及要求 |
|---|---|
| 二、试样准备 | |
| 按四分法取样，并将试样风干后备用 | |
| 三、试验步骤 | |
| 1 | 取具有代表性的试样，细粒土为 15～30g，砂类土、有机土为 50g，放入称量盒内，立即盖好盒盖，称质量 |
| 2 | 揭开盒盖，将试样和盒放入烘箱内，在 105～110℃恒温下烘干。烘干时间对细粒土不得少于 8h，对砂类土不得少于 6h。对含有机质超过 5％的土，应将温度控制在 60～70℃的恒温下，干燥 12～15h 为好 |
| 3 | 将烘干后的试样和盒取出，放入干燥器内冷却（一般只需 0.5～1h 即可） |
| 4 | 冷却后盖好盒盖，称质量，准确至 0.01g |
| 四、结果整理 | |

按下式计算含水率：

$$\omega = \frac{m - m_s}{m_s} \times 100$$

式中　$\omega$——含水率（精确至 0.1），%；

$m$——湿土质量，g；

$m_s$——干土质量，g

五、精密度和允许差

本试验须进行两次平行测定，取其算术平均值，允许平行差值应符合下表规定。对于粗粒土，称量盒可采用铝盒、瓷盆等，相应的土样也应多些。

含水率测定的允许平行差值　　　　　　　　　　%

| 含水率 | 允许平行差值 |
|---|---|
| 5 以下 | 0.3 |
| 40 以下 | ≤1 |
| 40 以上 | ≤2 |

图 1-4　烘箱

图 1-5　天平

【检测方法 2】　酒精燃烧法。

酒精燃烧法的内容及要求见表 1-11。

表 1-11 酒精燃烧法内容及要求

| 序号 | 内容及要求 |
|---|---|
| 一、仪器准备 | |
| 1 | 称量盒 |
| 2 | 天平：感量 0.01g |
| 3 | 酒精：纯度 95% |
| 4 | 其他：滴管、火柴、调土刀等 |
| 二、试样准备 | |
| 按四分法取样，并将试样风干后备用 | |
| 三、试验步骤 | |
| 1 | 取代表性试样（黏质土 5～10g，砂类土 20～30g），放入称量盒内，称湿土质量 |
| 2 | 用滴管将酒精注入放有试样的称量盒中，直到盒中出现自由液面为止。为使酒精在试样中充分混合均匀，可将盒底在桌面上轻轻敲击 |
| 3 | 点燃盒中酒精，燃至火焰熄灭 |
| 4 | 将试样冷却数分钟，按本试验步骤 3 至步骤 4 的方法再重新燃烧两次 |
| 5 | 待第三次火焰熄灭后，盖好盒盖，立即称干土质量，精确至 0.01g，其余同烘干法 |
| 四、结果整理 | |

按下式计算含水率：

$$\omega = \frac{m - m_s}{m_s} \times 100$$

式中　$\omega$——含水率，%；

　　　$m$——湿土质量，g；

　　　$m_s$——干土质量，g

五、精密度和允许差

本试验须进行两次平行测定，取其算术平均值，允许平行差值应符合下表规定。对于粗粒土，称量盒可采用铝盒、瓷盆等，相应的土样也应多些。

含水率测定的允许平行差值　　　　　　　%

| 含水率 | 允许平行差值 |
|---|---|
| 5 以下 | 0.3 |
| 40 以下 | ≤1 |
| 40 以上 | ≤2 |

## 检测项目二　比重（相对密度）试验

土的比重是土在 105～110℃ 下烘至恒量时的质量与同体积 4℃ 蒸馏水质量的比值。土的颗粒比重是土的物理性质基本指标之一，是计算孔隙比和评价土类的主要指标。

测定土的比重常用的方法有比重瓶法（见图 1-6）、浮力法、浮称法、虹吸筒法。颗粒小于 5mm 的土适用于比重瓶法测定；浮力法适用于粒径大于 5mm 的土，且其中粒径大于或等于 20mm 的土质量应小于总土质量

图 1-6　比重瓶

的 10％；浮称法适用于测定粒粒径大于或等于 5mm 的土，且其中粒径大于或等于 20mm 的土质量应小于总土质量的 10％。

**【检测方法】** 比重瓶法。

本试验方法适用于粒径小于 5mm 的土。其内容及要求见表 1-12。

表 1-12                                                           比重瓶法内容及要求

| 序号 | 内容及要求 |
| --- | --- |
| 一、仪器准备 | |
| 1 | 比重瓶：容量 100（或 50）mL |
| 2 | 天平：称量 200g，感量 0.001g |
| 3 | 恒温水槽：灵敏度±1℃ |
| 4 | 砂浴 |
| 5 | 真空抽气设备 |
| 6 | 温度计：刻度为 0～50℃，分度值为 0.5℃ |
| 7 | 其他：烘箱、蒸馏水、中性液体（如煤油）、孔径 2mm 及 5mm 筛、漏斗、滴管等 |
| 二、试验准备（比重瓶校正） | |
| 1 | 将比重瓶洗净、烘干，称比重瓶质量，精确至 0.001g |
| 2 | 将煮沸经冷却的纯水注入比重瓶。对长颈比重瓶注水至刻度处；对短颈比重瓶应注满纯水，塞紧瓶塞，多余水分自瓶塞毛细管中溢出。调节恒温水槽至 5℃或 10℃，然后将比重瓶放入恒温水槽内，直至瓶内水温稳定。取出比重瓶，擦干外壁，称瓶、水总质量，精确至 0.001g |
| 3 | 以 5℃级差，调节恒温水槽的水温，逐级测定不同温度下比重瓶、水的总质量，至达到本地区最高自然气温为止。每级温度均应进行两次平行测定，两次测定的差值不得大于 0.002g，取两次测值的平均值。绘制温度与瓶、水总质量的关系曲线 |
| 三、试验步骤 | |
| 1 | 将比重瓶烘干，将 15g 烘干土装入 100mL 比重瓶内（若用 50mL 比重瓶，装烘干土约 12g），称量 |
| 2 | 为排除土中空气，将已装有干土的比重瓶注入蒸馏水至瓶的 1/2 处，摇动比重瓶，土样浸泡 20h 以上，将瓶在砂浴中煮沸，煮沸时间自悬液沸腾时算起，砂及低液限黏土应不少于 30min，高液限黏土应不少于 1h，使土粒分散。注意沸腾后调节砂浴温度，不使土液溢出瓶外 |
| 3 | 如为长颈比重瓶，用滴管调整液面至刻度（以弯曲面下缘为准）处，擦干瓶外及瓶内壁刻度以上部分的水，称瓶、水、土总质量。如为短颈比重瓶，将纯水注满，使多余水分自瓶塞毛细管中溢出，将瓶外水分擦干后，称瓶、水、土总质量，称量后立即测出瓶内水的温度，精确至 0.5℃ |
| 4 | 根据测得的温度，从已绘制的温度与瓶、水总质量关系曲线中查得瓶、水总质量。如长颈比重瓶体积事先未经温度校正，则立即倾去悬液，洗净比重瓶，注入事先煮沸过且与试验时同温度的蒸馏水至同一体积刻度处，短颈比重瓶则注水至满，按本试验步骤 3 调整液面后，将瓶外水分擦干，称瓶、水总质量 |
| 5 | 如为砂土，煮沸时砂粒易跳出，允许用真空抽气法代替煮沸法排除土中空气，其余步骤与 3、4 相同 |
| 6 | 对含有某一定量的可溶盐、不亲性胶体或有机质的土，必须用中性液体（如煤油）测定，并用真空抽气法排除土中气体。真空压力表读数宜为 100kPa，抽气时间 1～2h（直到悬液内无气泡为止），其余步骤同 3、4 |
| 7 | 本试验称量应精确至 0.001g |

| 序号 | 内容及要求 |
|------|-----------|
| 四、结果整理 | |
| 1 | 用蒸馏水测定时，按下式计算比重： $$G_s = \frac{m_s}{m_1 + m_s - m_2} \times G_{wt}$$ 式中  $G_s$——土的比重，精确至 0.001；<br>　　$m_s$——干土质量，g；<br>　　$m_1$——瓶、水总质量，g；<br>　　$m_2$——瓶、水、土总质量，g；<br>　　$G_{wt}$——$t$℃时蒸馏水的比重，精确至 0.001 |
| 2 | 用中性液体测定时，按下式计算比重： $$G_s = \frac{m_s}{m_1' + m_s - m_2'} \times G_{kt}$$ 式中  $m_1'$——瓶、中性液体总质量，g；<br>　　$m_2'$——瓶、土、中性液体总质量，g；<br>　　$G_{kt}$——$t$℃时中性液体的比重（应实测），精确至 0.001 |
| 五、精密度和允许差 | |

本试验须进行两次平行测定，取其算术平均值，以两位小数表示，其平行差值不得大于 0.02

## 检测项目三  土的颗粒分析试验

组成土体的颗粒是大小不同粒径的集合体，土粒粒径的大小和级配与土的工程性质紧密相关，土的颗粒分析试验就是测定土的粒径大小和级配状况，为土的分类、定名和工程应用提供依据。分析的方法有直接法和间接法，对于粒径大于 0.075mm 的土用筛析法直接测试，但不适用于粒径大于 60mm 的土样；对于粒径为小于 0.075mm 的细粒土采用密度计法或移液管法等测定。

比重计法和移液管法是水析法的一种，实质为静水沉降法，其基本原理认为 0.002~0.2mm 粒径的土粒在水或液体中靠自重下沉时应作等速运动，运动的规律符合斯托克斯定律。定律认为土粒越大，在静水中沉降速度越快；反之，土粒越小，沉降速度越慢。

1934 年，凡尔赛国际土壤物理学代表会议规定，斯托克斯公式只适用于直径为 0.002~0.2mm 的颗粒。若颗粒直径过大，其沉降速度超过公式所允许的速度，则颗粒在液体中沉降时会产生紊流现象，而不是等速运动；如颗粒直径过小，则胶体颗粒遇水后成为悬浮物质，由于水分子的作用力而相互撞击，永不停止，产生布朗运动，从而改变了原颗粒在液体中沉降的特性，故不能正确地量测其下沉速度。

对于比重计法，首先将一定体积液体中的土加以搅拌，使其均匀分散于整个悬液内。自此时算起，在其后某一时间（$t$）将比重计放入悬液中，观测液面所达到的比重计刻度（$L$）。这样，可以利用已知的 $t$ 及 $L$ 算得相应的等值粒径 $d$，并且推求在全部悬液中所含等于和小于 $d$ 的颗粒密度及其所占质量百分比，以此两项结果，在半对数纸上绘制颗粒大小分配曲线。移液管法根据斯托克斯定律计算出某一粒径的颗粒沉降至某一深度所需要的时间，在此时刻内用吸管在该深度处吸取一定体积的悬液。将吸出的悬液烘干称重；就可把不同粒级的质量测定出来以确定土的颗粒组成。

**【检测方法 1】** 筛分法。

筛分法是将土样通过逐级减小孔径的一组标准筛子。对于通过某一筛孔的土粒，可以认为其粒径恒小于该筛的孔径；反之，遗留在筛上的颗粒，可以认为其粒径恒大于该筛的孔径。这样即可把土样的大小颗粒按筛孔孔径大小逐级加以分组和分析。

筛分法适用于分析粒径大于 0.075mm 的土。其内容及要求见表 1-13。

表 1-13　　　　　　　　　　　　　　筛 分 法 内 容 及 要 求

| 序号 | 内容及要求 |
|---|---|
| 一、仪器准备 | |
| 1 | 标准筛：粗筛（圆孔）孔径为 60、40、20、10、5、2mm；细筛孔径为 2、0.5、0.25、0.075mm |
| 2 | 天平：称量 5000g，感量 5g；称量 1000g，感量 1g；称量 200g，感量 0.2g |
| 3 | 摇筛机 |
| 4 | 其他：烘箱、筛刷、烧杯、木碾、研钵及杵等 |
| 二、试样准备 | |
| 从风干、松散的土样中，用四分法按照下列规定取出具有代表性的试样：<br>(1) 小于 2mm 颗粒的土 100～300g；<br>(2) 最大粒径小于 10mm 的土 300～900g；<br>(3) 最大粒径小于 20mm 的土 1000～2000g；<br>(4) 最大粒径小于 40mm 的土 2000～4000g；<br>(5) 最大粒径大于 40mm 的土 4000g 以上 | |
| 三、试验步骤 | |
| 1. 对于无凝聚性土 | (1) 按规定称取试样，将试样分批过 2mm 筛。<br>(2) 将大于 2mm 的试样按从大到小的顺序，通过大于 2mm 的各级粗筛，将留在筛上的土分别称量。<br>(3) 2mm 筛下的土如数量过多，可用四分法缩分至 100～800g。将试样按从大到小的顺序通过小于 2mm 的各级细筛。可用摇筛机进行振摇，振摇时间一般为 10～15min。<br>(4) 由最大孔径的筛开始，顺序将各筛取下，在白纸上用手轻叩摇晃，直至每分钟筛下数量不大于该级筛余质量的 1%。漏下的土粒应全部放入下一级筛内，并将留在各筛上的土样用软毛刷刷净，分别称量。<br>(5) 筛后各级筛上和筛底土总质量与筛前试样质量之差不应大于 1%。<br>(6) 如 2mm 筛下的土不超过试样总质量的 10%，可省略细筛分析；如 2mm 筛上的土不超过试样总质量的 10%，可省略粗筛分析 |
| 2. 对于含有黏土粒的砂砾土 | (1) 将土样放在橡皮板上，用木碾将黏结的土团充分碾散，拌匀、烘干、称量。当土样过多时，用四分法称取代表性土样。<br>(2) 将试样置于盛有清水的瓷盆中，浸泡并搅拌，使粗细颗粒分散。<br>(3) 将浸润后的混合液过 2mm 筛，边冲边洗过筛，直至筛上仅留大于 2mm 以上的土粒。然后，将筛上洗净的砂砾风干称量。按以上方法进行粗筛分析。<br>(4) 通过 2mm 筛下的混合液存放在盆中，待稍沉淀，将上部悬液过 0.075mm 洗筛，用带橡皮头的玻璃棒研磨盆内浆液，再加清水，搅拌、研磨、静置、过筛，反复进行，直至盆内悬液澄清。最后，将全部土粒倒在 0.075mm 筛上，用水冲洗，直到筛上仅留大于 0.075mm 的净砂为止。<br>(5) 将大于 0.075mm 的净砂烘干称量，并进行细筛分析。<br>(6) 将大于 2mm 颗粒及 2～0.075mm 的颗粒质量从原称量的总质量中减去，即为小于 0.075mm 的颗粒质量。<br>(7) 如果小于 0.075mm 颗粒质量超过总土质量的 10%，有必要时，将这部分土烘干、取样，另做比重计或移液管分析 |

| 序号 | 内容及要求 |
|---|---|
| 四、结果整理 | |
| 1 | 按下式计算小于某粒径颗粒质量百分数：<br><br>$$X = \frac{A}{B} \times 100$$<br><br>式中　$X$——小于某粒径颗粒的质量百分数，%（精确至 0.01）；<br>　　　$A$——小于某粒径的颗粒质量，g；<br>　　　$B$——试样的总质量，g |
| 2 | 当小于 2mm 的颗粒用四分法缩分取样时，试样中小于某粒径的颗粒质量占总土质量的百分数按下式计算：<br><br>$$X = \frac{a}{b} \times p \times 100$$<br><br>式中　$a$——通过 2mm 筛的试样中小于某粒径的颗粒质量，g；<br>　　　$b$——通过 2mm 筛的土样中所取试样的质量，g；<br>　　　$p$——粒径小于 2mm 的颗粒质量百分数，% |
| 3 | 在半对数坐标纸上，以小于某粒径的颗粒质量百分数为纵坐标，以粒径（mm）为横坐标，绘制颗粒大小级配曲线，求出各粒组的颗粒质量百分数，以整数（%）表示 |
| 4 | 必要时按下式计算不均匀系数：<br><br>$$C_u = \frac{d_{60}}{d_{10}}$$<br><br>式中　$C_u$——不均匀系数；<br>　　　$d_{60}$——限制粒径，即土中小于该粒径的颗粒质量为 60% 的粒径，mm；<br>　　　$d_{10}$——有效粒径，即土中小于该粒径的颗粒质量为 10% 的粒径，mm |
| 五、精密度和允许差 | |
| 符合各级筛上和筛底土总质量与筛前试样质量之差不大于 1% | |

**【检测方法 2】**　密度计法。

本试验方法适用于分析粒径小于 0.075mm 的细粒土。其内容及要求见表 1-14。

表 1-14　　　　　　　　　　　密度计法内容及要求

| 序号 | 内容及要求 |
|---|---|
| 一、仪器准备 | |
| 1 | 密度计：<br>甲种密度计：刻度单位以 20℃ 时每 1000mL 悬液内所含土质量的克数表示，刻度为 -5～+50，最小分度值为 0.5。<br>乙种密度计：刻度单位以 20℃ 时悬液的比重表示，刻度为 0.995～1.020，最小分度值为 0.002 |
| 2 | 量筒：容积为 1000mL，刻度为 0～1000mL |
| 3 | 其他仪器：细筛、天平、煮沸设备；电热板或电砂浴、温度计、洗筛漏斗、搅拌器、离心机、烘箱、三角烧瓶（500mL）、烧杯（400mL）、蒸发皿、研钵、木碾、称量铝盒、秒表等 |
| 4 | 试剂：浓度 25% 氨水、氢氧化钠、草酸钠、六偏磷酸钠、焦磷酸钠等；如需进行洗盐手续，应有 10% 盐酸、5% 氯化钠、10% 硝酸、5% 硝酸银及 6% 双氧水等 |

续表

| 序号 | 内容及要求 |
|---|---|
| **二、试样准备** | |
| 1. 试样 | 密度计分析土样应采用风干土。土样充分碾散，通过 2mm 筛（土样风干可在烘箱内以不超过 50℃鼓风干燥）。<br>求出土样的风干含水率，并按下式计算试样干质量为 30g 时所需的风干土质量：<br>$$m = m_s(1 + 0.01\omega)$$<br>式中　$m$——风干土质量，g（精确至 0.01）；<br>　　　$m_s$——密度计分析所需干土质量，g；<br>　　　$\omega$——风干土的含水率，% |
| 2. 密度计校正 | 密度计刻度及弯月面校正、土粒比重校正、分散剂校正 |
| 3. 土样分散处理 | 土样的分散处理采用分散剂。对于使用各种分散剂均不能分散的额土样（如盐渍土等），须进行洗盐。<br>对于一般易分散的土，用 25%氨水作为分散剂，其用量为：30g 土样中加氨水 1mL。<br>对于用氨水不能分散的土样，可根据土样的 pH 值，分别采用不同的分散剂 |
| 4. 洗盐（过滤法） | 将分散用的试样放入调土皿内，注入少量蒸馏水，搅和均匀。将滤纸微湿后紧贴于漏斗上，然后将调土皿中土浆迅速倒入漏斗中，并注入热蒸馏水冲洗过滤，附于皿上的土粒要全部洗入漏斗。若发现滤液混浊，需重新过滤 |
| **三、试验步骤** | |
| 1 | 将称好的风干土样倒入三角烧瓶中，注入蒸馏水 200mL，浸泡一夜，按前述规定加入分散剂 |
| 2 | 将三角烧瓶稍加摇荡后，放在电热器上煮沸 40min（当用氨水分散时，要用冷藏管装置；若用阳离子交换树脂，则不用煮沸） |
| 3 | 将煮沸后冷却的悬液倒入烧杯中，静置 1min。将上部悬液通过 0.075mm 筛，注入 1000mL 量筒中。杯中沉土用带橡皮头的玻璃棒细心研磨。加入水杯中，搅拌后静置 1min，再将上部悬液通过 0.075mm 筛，倒入量筒。反复进行，直至悬液澄清。最后将全部土粒倒入筛内，注意量筒内的悬液总量不要超过 1000mL |
| 4 | 将留在筛上的砂粒洗入皿中，风干称量，并计算各粒组颗粒质量占总土质量的百分数 |
| 5 | 向量筒中注入蒸馏水，使悬液恰为 1000mL（当用氨水作分散剂时，应再加入 25%氨水 0.5mL，其数量包括在 1000mL 内） |
| 6 | 用搅拌器在量筒内沿整个悬液深度上下搅拌 1min，往返约 30 次，使悬液均匀分布 |
| 7 | 取出搅拌器，同时开动秒表。测记 0.5、1、5、15、30、60、120、240、1440min 的密度计读数，直至小于某粒径的土重百分数小于 10%。每次读数前 10～20s 将密度计小心放入量筒至约接近估计数的深度。读数以后，取出密度计，小心放入盛有清水的量筒中。每次读数后均须测记悬液温度，精确至 0.5℃ |
| 8 | 如一次做一批土样（20 个），可先做完每个量筒的 0.5min 及 1min 的读数，再按以上步骤将每个土样悬液重新依次搅拌一次，然后分别测记各规定时间的读数。同时在每次读数后测记悬液的温度 |
| 9 | 密度计读数均以弯月面上缘为准。甲种密度计应精确至 1，估读至 0.1；乙种密度计应精确至 0.001，估读至 0.0001。为方便读数，0.001 读作 1，而 0.0001 读作 0.1，这样既便于读数，又便于计算 |
| **四、结果整理** | |
| 1 | 计算小于某粒径的试样质量占试样总质量的百分比，甲、乙两种密度计的计算公式不同 |
| 2 | 计算土粒直径 $d$，也可按图确定 |
| 3 | 以小于某粒径的颗粒百分数为纵坐标，以粒径（mm）为横坐标，在半对数纸上，绘制粒径分配曲线。求出各粒组的颗粒质量百分数，并且不大于 $d_{10}$ 的数据点至少有 1 个。如与筛分法联合分析，应将两段曲线绘成一平滑曲线 |

## 检测项目四　土的界限含水率试验

土的界限含水率是土随含水率的变化从一种状态到另一种状态的含水率临界点。

细粒土随着土中含水率的不同，分别处于各种不同的稠度状态，即流动状态、可塑状态、半固体状态、固体状态。为了确定土的稠度状态，就必须首先确定土从某一状态过渡到另一状态的含水率，以便划分其界限，此种含水率称为界限含水率。1911 年，瑞典农学家阿太堡将土从液态过渡到固态的过程分为 5 个阶段，规定了各个界限含水率，称为阿太堡限度。因此，界限含水率，尤其是液限、塑限能较好地反映土的某些物理力学特性，如压缩性、胀缩性等。土由流动液体状态转向塑性状态时的界限含水率，即保持塑性状态的最高含水率称为液限 $W_L$。土由塑性状态过渡到半固体状态时的界限含水率，即保持塑性状态的最低含水率称为塑限 $W_p$。黏性土的塑性大小可用土处于塑性状态的含水率变化范围来衡量，这个范围即是液限与塑限的差值，称为塑性指数 $I_p$。

测定土的界限含水率试验常用的方法有液限、塑限联合测定法，碟式液限仪法，塑限滚搓法及缩限试验。

**【检测方法 1】**　液限、塑限联合测定法。

本试验的目的是联合测定土的液限和塑限，为划分土类，计算天然稠度、塑性指数，供公路工程设计和施工使用。

本试验方法采用液限、塑限联合测定法，适用于粒径不大于 0.5mm，有机质含量不大于试样总质量 5% 的土。其内容及要求见表 1-15。

**表 1-15**　　　　　　　　　　**液限、塑限联合测定法内容及要求**

| 序号 | 内容及要求 |
|---|---|
| 一、仪器准备 | |
| 1 | 数显式液塑限联合测定仪：LG-100D 型（见图 1-7） |
| 2 | 电子天平：感量 0.01g（见图 1-8） |
| 3 | 标准筛：筛孔尺寸为 0.5mm |
| 4 | 其他：调土刀、调土皿、称量盒等 |
| 二、试样准备 | |
| 取有代表性的天然含水率或风干土样进行试验。当土中含大于 0.5mm 的土粒或杂物时，应将风干土样用橡皮头的研杵研碎或用木棒在橡皮板上压碎，过 0.5mm 的筛 | |
| 三、试验步骤 | |
| 1 | 取 0.5mm 筛下有代表性的风干土样 200g，分开放入三个盛土皿中，加入不同数量的蒸馏水，使土样的含水率分别控制在液限（a 点，锥入深度为 20mm±0.2mm）、略大于塑限（c 点，锥入深度小于 5mm，对于砂类土锥入深度可大于 5mm）和二者的中间状态（b 点）附近，用调土刀调均，放置 18h 以上 |
| 2 | 将制备好的土样充分搅拌均匀，分层装入试杯中，用力压实，使空气逸出，装满后刮成与杯边齐平 |
| 3 | 给圆锥仪锥尖涂少许凡士林，将装好土样的试杯放在联合测定仪的升降座上，转动升降旋钮，使锥尖与土样表面刚好接触，然后按"测量"按钮，锥体下落，测记经 5s 时圆锥入土深度 $h_1$，改变锥尖与土样的接触位置，锥尖两次锥入距离不小于 1cm，重复以上操作，得圆锥入土深度 $h_2$，取 $h_1$、$h_2$ 的平均值作为该土样的锥入深度 h（$h_1$、$h_2$ 允许误差为 0.5mm，否则重新取土做试验） |
| 4 | 去掉锥尖入土处的凡士林，取 10g 以上的土样两个，分别装入称量盒内，称质量，测定其含水率 $\omega_1$、$\omega_2$（精确至 0.1%），计算含水率的平均值。重复 2～4 步骤对已制备的其他两个含水率的土样进行测试 |

| 序号 | 内容及要求 |
|---|---|
| | **四、结果整理** |

| 序号 | 内容及要求 |
|---|---|
| 1 | 在二级双对数坐标纸上，以含水率 $\omega$ 为横坐标，锥入深度 $h$ 为纵坐标，点绘 $a$、$b$、$c$ 三点含水率的 $h$-$\omega$ 图，连接此三点，应呈一条直线。<br><br>若三点呈一条直线：则在 $h$-$\omega$ 图上查得纵坐标入土深度 $h=20\text{mm}$ 所对应的含水率 $\omega$，即为该土样的液限 $W_L$<br><br>若三点不在同一直线上，则要通过 $a$ 点与 $b$、$c$ 两点连成两条直线，根据液限（$a$ 点含水率）在 $h_p$-$W_L$ 图上 $h_p$，以此 $h_p$ 再在 $h$-$\omega$ 图上的 $ab$ 及 $ac$ 两直线上求出相应的两个含水率，当两个含水率的差值小于 2% 时，以该两点含水率平均值与 $a$ 点连成直线即可得修正直线。然后按三点在一条直线上的方法确定液限和塑限。当两个含水率的差值大于 2% 时，应重做试验。<br><br><br><br>$h$-$\omega$ 关系曲线图 |
| 2 | 根据步骤 1 求出的液限，通过液限 $W_L$ 与塑限时入土深度 $h_p$ 的关系曲线，查得 $h_p$，再求出入土深度为 $h_p$ 时所对应的含水率，即为该土样的塑限 $W_p$，查 $W_L$-$h_p$ 关系图时，须先通过简易鉴别法及筛分法把砂类土与细粒土区别开来，再按这两种土分别采用相应的 $W_L$-$h_p$ 关系曲线；对于细粒土，用双曲线确定 $h_p$ 值；对于砂类土，则用多项式曲线确定 $h_p$ 值。<br><br>对于细粒土，用下式计算塑限入土深度<br>$$h_p = \frac{W_L}{0.524W_L - 7.606}$$<br>对于砂类土，用下式计算塑限入土深度<br>$$h_p = 29.6 - 1.22W_L + 0.017W_L^2 - 0.000\,074\,4W_L^3$$<br>**注：**也可不计算 $h_p$，在 JTG E40—2007 中用相应的图查 $h_p$。根据 $h_p$ 值，再查锥入深度与含水率关系图，入土深度为 $h_p$ 时所对应的含水率为塑限 $W_p$ 值<br><br><br><br>$W_L$-$h_p$ 关系曲线图 |

续表

| 序号 | 内容及要求 |
|---|---|
| 3 | 塑性指数：液限与塑限之差称为塑性指数，按式 $I_p = W_L - W_p$ 计算，精确至 $0.1\%$ |

**五、试验注意事项**

| | |
|---|---|
| 1 | 　液塑限联合测定时，土样的含水率均匀及密实与否对试验精度影响较大。土样制备时，三个土样的含水率不宜十分接近，否则不易控制曲线的走向，影响试验精度 |
| 2 | 　含水率接近塑限的那个土样，对测定影响较大。当含水率等于塑限时，该点控制曲线走向最准，但此时土样很难调制。为便于操作，根据经验，此时以锥入深度 $4\sim5\,mm$ 为宜 |
| 3 | 　土样要调匀再装入试杯，以免影响锥入深度及含水率的测定。同一试样两次试锥入土时，锥入位置距离不小于 $1\,cm$，距盛土杯边缘不小于 $1\,cm$ |

图 1-7　数显式液塑限联合测定仪

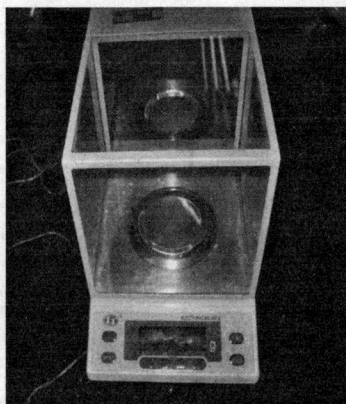

图 1-8　电子天平

**【检测方法 2】**　碟式液限仪法。

　　本试验的目的是按碟式液限仪法测定土的液限，适用于粒径小于 $0.5\,mm$ 以及有机质含量不大于试样总质量 $5\%$ 的土。其内容及要求见表 1-16。

表 1-16　　　　　　　　　碟式液限仪法内容及要求

| 序号 | 内容及要求 |
|---|---|
| **一、仪器设备** | |
| 1 | 碟式液限仪 |
| 2 | 天平：称量 $200\,g$，分度值 $0.01\,g$ |
| 3 | 其他：烘箱、干燥箱、铝盒、调土刀、筛（$0.5\,mm$ 孔）等 |
| **二、试验步骤** | |
| 1 | 　取过 $0.5\,mm$ 筛的土样（天然含水率的土样或风干土样均可）约 $100\,g$，放在调土器中，按需要加纯水，用调土刀反复调匀 |
| 2 | 　取一部分试样，平铺于土碟的前半部，铺土时应防止试样中混入气泡。用调土刀将试样面修平，使最厚处为 $10\,mm$，多余试样放回调土皿中。以蜗行轮为中心，用划刀自后至前沿土碟中央将试样划成槽缝清晰的两半。为避免槽缝扯裂或试样在土碟中滑动，允许从前至后，再从后至前多划几次，将槽逐步加深，以代替一次划槽，最后从后至前的划槽能明显地接触碟底，但应尽量减少划槽的次数 |

续表

| 序号 | 内容及要求 |
|---|---|
| 3 | 以 2r/s 的速率转动摇柄，使土碟反复起落，坠击于底座上，数记击数，直到试样两边在槽底的合拢长度为 13mm 为止，记录击数，并在槽的两边采取试样 10g 左右，测定其含水率 |
| 4 | 土碟中的剩余试样移至调土皿中，再加水彻底拌和均匀，按本试验 1～3 步骤的规定至少再做两次试验。这两次土的稠度应使合拢长度为 13mm 时所需击数在 15～35 次之间（25 次以上及以下各 1 次），然后测定各击次试样的相应含水率 |

**三、结果整理**

| 序号 | 内容及要求 |
|---|---|
| 1 | 计算各击次下合拢时试样的相应含水率：<br><br>$$\omega_n = \left( \frac{m_n}{m_s} - 1 \right) \times 100$$<br><br>式中　$\omega_n$——$n$ 击下试样的含水率，%（精确至 0.01）；<br>　　　$m_n$——$n$ 击下试样的质量，g；<br>　　　$m_s$——试样的干土质量，g |
| 2 | 根据试验结果，以含水率为纵坐标，以击次的对数为横坐标，绘制曲线。查得曲线上击数 25 次所对应的含水率，即为该试样的液限 |

**四、精密度和允许差**

本试验须进行两次平行测定，取其算术平均值，以整数（%）表示。
其允许差值为：高液限土小于或等于 2%；低液限土小于或等于 1%

【检测方法 3】　塑限滚搓法。

本试验的目的是按滚搓法测定土的塑限。取含水率接近塑限的试样一小块，用手掌在毛玻璃板上轻轻滚搓，当土条搓至直径为 3mm 时，其产生裂缝并开始断裂，则这时土条的含水率即为土的塑限。其内容及要求见表 1-17。

适用范围：粒径小于 0.5mm 的土。

表 1-17　　　　　　　　　　塑限滚搓法内容及要求

| 序号 | 内容及要求 |
|---|---|
| **一、仪器准备** | |
| 1 | 毛玻璃板：尺寸宜为 200mm×300mm |
| 2 | 天平：感量 0.01g |
| 3 | 其他：烘箱、干燥器、称量盒、调土皿、直径 3mm 的铁丝等 |
| **二、试验步骤** | |
| 1 | 按液塑限联合测定仪的方法制备试样，一般取土样约 50g 备用。为在试验前使试样的含水率接近塑限，可将试样在手中揉捏，到不黏手为止，或放在空气中稍微晾干 |
| 2 | 取含水率接近塑限的试样一小块，先用手搓成椭圆形，然后再用手掌在毛玻璃板上轻轻滚搓。滚搓时须以手掌均匀施压力于土条上，不得将土条在玻璃板上进行无压力的滚动。土条长度不宜超过手掌宽度，并在滚搓时不应从手掌下任一边脱出。土条在任何情况下不允许产生中空现象 |

续表

| 序号 | 内容及要求 |
|---|---|
| 3 | 继续滚搓土条，直到土条直径达 3mm，产生裂缝并开始断裂为止。若土条搓成 3mm 时仍未产生裂缝及断裂，表示这时试样的含水率高于塑限，则将其重新捏成一团，重新滚搓；如土条直径大于 3mm 时即行断裂，表示试样含水率小于塑限，应弃去，重新取土加适量水调匀后再搓，直至合格。若土条在任何含水率下始终搓不到 3mm 即开始断裂，则认为该土无塑性 |
| 4 | 收集 3~5g 合格的断裂土条，放入称量盒内，随即盖紧盒盖，测定其含水率 |

**三、结果整理**

按下式计算塑限：

$$W_p = \left(\frac{m_1}{m_2} - 1\right) \times 100$$

式中　$W_p$——塑限，%（精确至 0.1%）；

　　　$m_1$——湿土质量，g；

　　　$m_2$——干土质量，g

**四、精密度和允许差**

本试验需进行两次平行测定，取其算术平均值，以整数（%）表示。

其允许差值为：高液限土小于或等于 2%；低液限土小于或等于 1%

**【检测方法 4】** 缩限试验。

土的缩限是扰动的黏质土在饱和状态下，因干燥收缩至体积不变时的含水率。本试验方法适用于粒径小于 0.5mm 和有机质含量不超过 5% 的土。其内容及要求见表 1-18。

**表 1-18**　　　　　　　　　　　**缩限试验内容及要求**

| 序号 | 内容及要求 |
|---|---|
| **一、仪器准备** | |
| 1 | 收缩皿（或环刀）：直径 4.5~5cm，高 2~3cm |
| 2 | 天平：感量 0.01g |
| 3 | 电热恒温烘箱或其他含水率测定装置 |
| 4 | 蜡、烧杯、细线、针 |
| 5 | 1/50mm 卡尺 |
| 6 | 制备含水率大于液限的土样所需的仪器 |
| **二、试验步骤** | |
| 1 | 制备土样：取具有代表性的土样，制备成含水率大于液限的土膏 |
| 2 | 在收缩皿内涂一薄层凡士林，将土样分层装入皿内，每次装入后将皿底拍击试验台，直到气泡驱尽为止 |
| 3 | 土样装满后，用刀或直尺刮去多余土样，立即称收缩皿加湿土质量 |
| 4 | 将盛满土样的收缩皿放在通风处风干，待土样颜色变淡后，放入烘箱中烘至恒量，然后放在干燥器中冷却 |
| 5 | 称收缩皿和干土总质量，精确至 0.01g |
| 6 | 用蜡封法测定试样体积 |

续表

| 序号 | 内容及要求 |
|------|-----------|
| 三、结果整理 | |
| 1 | 缩限：含水率达液限的土在 105～110℃下水分继续蒸发至体积不变时的含水率，用下式计算：$$W_s = \omega - \frac{V_1 - V_2}{m_s} \times \rho_w \times 100$$ 式中　$W_s$——缩限，%（精确至 0.1）。<br>　　　$\omega$——试验前试样含水率，%；<br>　　　$V_1$——湿试件体积（即收缩皿容积），cm³；<br>　　　$V_2$——干试件体积，cm³；<br>　　　$m_s$——干试件质量，g；<br>　　　$\rho_w$——水的密度，等于 1，g/cm³ |
| 2 | 收缩指数：液限与缩限之差，按下式计算：$$I_s = W_L - W_s$$ 式中　$I_s$——收缩指数，%（精确至 0.1）；<br>　　　$W_L$——土的液限，% |
| 四、精密度和允许差 | |

本试验需进行两次平行测定，取其算术平均值，精确至 0.1%。平行差值高液限土不得大于 2%，低液限土不得大于 1%

## 检测项目五　击实试验

击实试验是利用标准化的击实仪，通过模拟现场施工条件，获得路基土压实的最大干密度和相应最佳含水率，是控制路基压实质量不可缺少的重要试验项目。

用击实试验模拟现场土的压实，这是一种半经验方法。由于土的现场填筑碾压和室内击实试验具有不同的工作条件，两者之间的关系是根据工程实践经验求得的，但要求室内试验的击实功应相当于现场施工的压实功，因此很多国家以及一个国家的不同部门就可能有其自用的击实试验方法和仪器。

### 一、击实特性

由击实试验结果可以得到土的含水率与干密度的关系曲线，从关系曲线图中可看到土的击实特性：

（1）击实曲线有个峰点，这说明在一定击实功作用下，只有当土的含水率为某一定值（称为最佳含水率）时，土才能被击实至最大干密度。若土含水率小于或大于最佳含水率，则所得的干密度都小于最大值。

（2）当土含水率偏干时，含水率的变动对干密度的影响要比含水率偏湿时的影响更明显。

（3）当土含水率接近或大于最佳值时，土内孔隙中的空气越来越多地处于与大气隔离的封闭状态，击实作用已不能将这些气体排出，即击实土不可能达到完全饱和的状态。因此，击实曲线必须位于饱和曲线左下侧。当土的含水率偏干时，即 $\omega > \omega_0$，土处于疏松状态，此时土中的孔隙大都以与大气连通的气体充满，土中含水较少。压实时，锤击或碾压的功能需要克服粒间气体的排除及内摩阻力和黏结力，才能使颗粒产生相互的位移和靠近。含水率偏干时，气体易于被挤出，故土体的密度容易被击实增大，当含水率增大并接近最佳含水率时，土中所含的水量有利于在击实功能作用下，克服摩阻力和黏结力而发生相互位移而使土密实。故只有在最佳含水率时，土才能被击实至最大干密度。

### 二、影响压实的主要因素

（1）含水率对整个压实过程的影响。由击实曲线可知，严格地控制最佳含水率是关键。但是，不同的土类其最佳含水率和最大干密度也是不同的。一般粉粒和黏粒含量多，土的塑性指数越大，土的最佳含水率越大，同时其最大干密度越小。因此，一般砂性土的最佳含水率小于黏性土，而砂性土的最大干密度也大于黏性土。

（2）击实功对最佳含水率和最大干密度的影响。对同一种土用不同的击实功进行击实试验后表明：击实功越大，土的最大干密度越大，而土的最佳含水率则越小。但是这种增大击实功是有一定限度的，超过这一限度，即使增加击实功，土的干密度增加也不明显。

（3）不同压实机械对压实的影响。如光面压路机、羊角碾和振动压路机等，它们的压实效果各不相同，对作用于不同土类时，其效果也不同。

（4）土粒级配的影响。在路基、路面基层材料等的施工中表明，粒料的级配对所能达到的密实度有明显的影响，均匀颗粒的砂、单一尺寸的砾石和碎石都很难碾压密实，只有在良好级配的条件下才能达到要求的密实度，也才能满足强度和稳定性的要求。

击实试验分轻型击实和重型击实。小试筒适用于粒径不大于 20mm 的土，大试筒适用于粒径不大于 40mm 的土。击实试验的方法种类见表 1-19。

表 1-19　　　　　　　　　击 实 试 验 方 法 种 类

| 试验方法 | 类型 | 锤底直径（cm） | 锤质量（kg） | 落高（cm） | 试筒尺寸 | | 试样尺寸 | | 层数 | 每层击数 | 击实功（kJ/m²） | 最大粒径（mm） |
| --- | --- | --- | --- | --- | --- | --- | --- | --- | --- | --- | --- | --- |
| | | | | | 内径（cm） | 高（cm） | 高（cm） | 容积（cm³） | | | | |
| 轻型 | I-1 | 5 | 2.5 | 30 | 10 | 12.7 | 12.7 | 997 | 3 | 27 | 598.2 | 20 |
| | I-2 | 5 | 2.5 | 30 | 15.2 | 17 | 12 | 2177 | 3 | 59 | 598.2 | 40 |
| 重型 | II-1 | 5 | 4.5 | 45 | 10 | 12.7 | 12.7 | 997 | 5 | 27 | 2687.0 | 20 |
| | II-2 | 5 | 4.5 | 45 | 15.2 | 17 | 12 | 2177 | 3 | 98 | 2677.2 | 40 |

【检测方法】　重型击实法。

击实仪外观见图 1-9，重型击实法试验过程见图 1-10，其内容及要求见表 1-20。

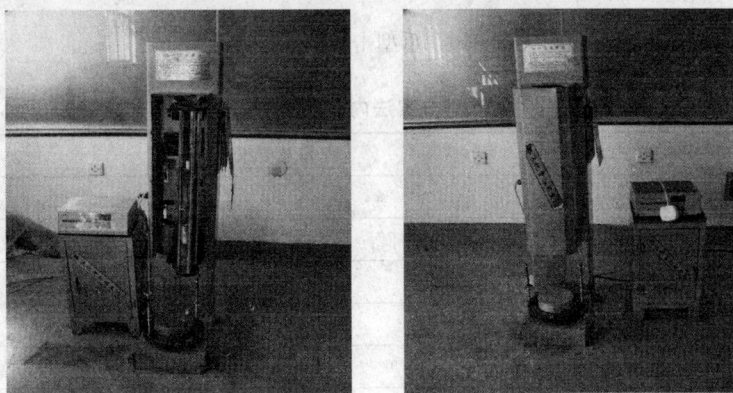

图 1-9　击实仪

拌匀土样

称量试模

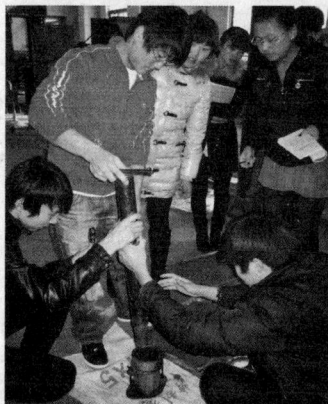
人工击实

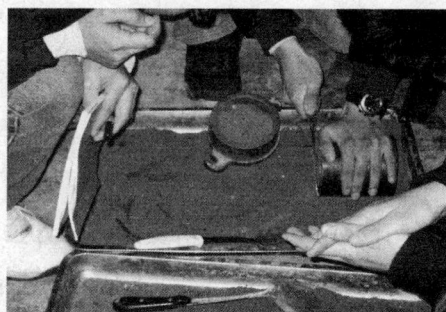
削土

称量土加试模重

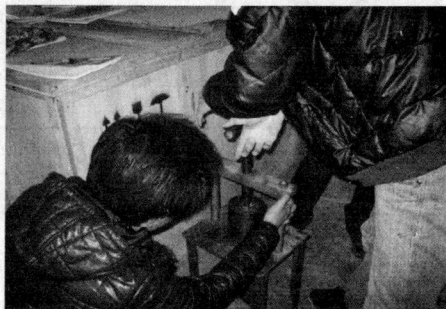
脱模

图 1-10　重型击实法试验过程

表 1-20　　　　　　　　　　　重型击实法内容及要求

| 序号 | 内容及要求 |
| --- | --- |
| 一、仪器准备 | |
| 1 | 标准击实仪：击实筒、击实锤、导杆等 |
| 2 | 烘箱及干燥器 |
| 3 | 天平：感量 0.01g |
| 4 | 台称：称量 10kg，感量 5g |
| 5 | 其他：方盘、铲子、喷水设备、量筒、铝盒、修土刀等 |

续表

| 序号 | 内容及要求 |
|---|---|
| **二、试样准备** | |

本试验可分别采用不同的方法准备试样。各方法可按下表准备试验用料：

**试 验 用 料**

| 使用方法 | 试筒内径<br>（cm） | 最大粒径<br>（mm） | 试料用量<br>（kg） |
|---|---|---|---|
| 干土法试样<br>不重复使用 | 10 | 20 | 至少 5 个试样，每个 3kg |
| | 15.2 | 40 | 至少 5 个试样，每个 6kg |
| 湿土法试样<br>不重复使用 | 10 | 20 | 至少 5 个试样，每个 3kg |
| | 15.2 | 40 | 至少 5 个试样，每个 6kg |

序号 1（上表）

2　试样制备分干土法和湿土法两种。对一般土，干土法制样与湿土法所得击实结果有一定差异，对于具体试验应根据土的性质选择制备方法。

干土法制样：将代表性土样风干或在低于 50℃ 温度下烘干，放在橡皮板上用木碾碾散，过筛（筛号视粒径大小而定）拌匀备用。按四分法取筛下土样，对于小试筒取样 3kg，大试筒取样 6kg

3　估计土样风干或天然含水率，如风干含水率低于开始含水率太多时，可将土样铺于一不吸水的盘里，均匀地喷洒适量的水，并充分拌和，闷料一夜备用

| 序号 | 内容及要求 |
|---|---|
| **三、试验步骤** | |

1　称击实筒质量，精确至 1g

2　将击实筒放在坚硬的地面上，取制备好的土样，按所选击实方法分 5 次倒入筒内，小试筒每次 400～500g（其量应使击实后的土样等于或略高于筒高的 1/5），对于大试筒应先将垫块放入筒内底板上，按三层法时每层需试样约 1700g，按规定的击实次数进行击实。击实时击锤应自由垂直下落，锤迹必须均匀分布于土样表面，第一层击实后，将试样表面"拉毛"，然后再装入第二层。重复上述方法，进行其余各层土的击实。击实后对于小试筒，余土高度不应超过试筒顶面 5mm，对于大试筒，余土高度不应超过试筒顶面 6mm

3　用修土刀沿套筒内壁削刮，使试样与套筒脱离后，扭动并取下套筒，齐筒顶削平试样，擦净筒外壁，称量，精确至 1g。测定击实后土样的湿密度

4　用脱模器推出筒内试样，从试样中心处取样测其含水率，精确至 0.1%。测定含水率用试样的数量按下表规定取样：

**测定含水率用试样的数量**

| 最大粒径<br>（mm） | 试样质量<br>（g） | 个数 |
|---|---|---|
| <5 | 15～20 | 2 |
| 约 5 | 约 50 | 1 |
| 约 20 | 约 250 | 1 |
| 约 40 | 约 500 | 1 |

续表

| 序号 | 内容及要求 |
|---|---|
| 5 | 将试样搓散，洒水、拌和，每次增加试样的2%～3%的含水率，其中有两个大于和两个小于最佳含水率的试样。重复上述2～4步骤，进行其他不同含水率试样的击实。所需的加水量按下式计算：<br><br>$$m_w = \frac{m_i}{1+0.01\omega_i} \times 0.01(\omega - \omega_i)$$<br><br>式中　$m_w$——所需的加水量，g；<br>　　　$m_i$——风干含水率时土样的质量，g；<br>　　　$\omega_i$——土样的风干含水率，%；<br>　　　$\omega$——要求达到的含水率，% |

**四、结果整理**

| | |
|---|---|
| 1 | 计算各点的湿密度：<br><br>$$\rho = \frac{m_2 - m_1}{V}$$<br><br>式中　$m_1$——击实筒质量，g；<br>　　　$m_2$——击实筒加试样质量，g；<br>　　　$V$——击实筒容积，$cm^3$ |
| 2 | 计算各点的干密度：<br><br>$$\rho_d = \frac{\rho}{1+0.01\omega}$$<br><br>式中　$\rho$——试样的湿密度，$g/cm^3$；<br>　　　$\rho_d$——试样的干密度，$g/cm^3$；<br>　　　$\omega$——含水率，% |
| 3 | 以干密度为纵坐标，含水率为横坐标，绘制干密度与含水率的关系曲线，曲线上峰值点的纵、横坐标分别为最大干密度和最佳含水率。如曲线不能绘出明显的峰值点，应进行补点或重做 |

**五、精密度和允许差**

本试验含水率需进行两次平行测定，取其算术平均值，允许平行差值应符合下表规定：

含水率测定的允许平行差值

| 含水率<br>（%） | 允许平行差值<br>（%） |
|---|---|
| 5 以下 | 0.3 |
| 40 以下 | ≤1 |
| 40 以上 | ≤2 |

**六、试验注意事项**

| | |
|---|---|
| 1 | 试验时加水拌和要均匀，在边洒边拌的情况下，使水能均匀地分布于土样内，这是保证击实试验精确性的关键 |
| 2 | 要严格控制击实后的余土高度。由于击实筒余土高度不一所产生的影响，不仅使试验数据分散，而且随着余土高度的增大，最大干密度有逐渐偏小的趋势 |

**检测项目六　室内承载比（CBR）试验**

CBR 又称加州承载比，是 California Beating Ratio 的缩写，由美国加利福尼亚州公路局首先提出来，用于评定路基土和路面材料的强度指标。在国外大多采用 CBR 作为路面材料和路基土的设计参数。

我国现行沥青和水泥混凝土路面设计规范对路面、路基的设计参数是采用回弹模量指标，而在境外修建的公路工程多采用 $CBR$ 指标。为了进一步积累经验用于实际，以促进国际学术交流，参考了国内外的情况，将 $CBR$ 指标列入《公路路基设计规范》（JTG D30—2004）、《公路路基施工技术规范》（JTG F10—2006）和《公路沥青路面设计规范》（JTG D50—2006），作为路基填料选择的依据。路基填料最小强度要求见表 1-21。

表 1-21                          路基填料最小强度要求

| 项目分类 | | 路面底面下深度（cm） | 最小强度 CBR（%） | | 填料最大粒径（mm） |
|---|---|---|---|---|---|
| | | | 高速公路、一级公路 | 其他等级公路 | |
| 填方路基 | 上路床 | 0～30 | 8 | 6 | 10 |
| | 下路床 | 30～80 | 6 | 4 | 10 |
| | 上路堤 | 80～150 | 4 | 3 | 15 |
| | 下路堤 | 150 以下 | 3 | 2 | 15 |
| 零填及路堑路床 | | 0～30 | 8 | 6 | 10 |

注  1 当路床填料 $CBR$ 值达不到表列要求时，可采用掺石灰或其他稳定材料等措施处理。

2 其他公路铺筑高级路面时，应采取高速公路、一级公路的规定值。

本试验方法只适用于在规定的试筒内制件后，对各种土和路面基层、底基层材料进行承载比试验。试样的最大粒径宜控制在 20mm 以内，最大不得超过 40mm 且含量不超过 5%。

测定土的地基承载力。承载比（$CBR$）试验方法只适用于在规定的试筒内制件后，对各种土和路面基层、底基层材料进行承载比试验。试样的最大粒径宜控制在 20mm 以内，最大不得超过 40mm。

试验原理：试验时，按路基施工时的最佳含水率及压实度要求在试筒内制备试件；为了模拟材料在使用过程中的最不利状态，加载前饱水 4 昼夜；在浸水过程中及贯入试验时，在试件顶面施加荷载板以模拟路面结构对土基的附加应力；贯入试验中，材料的承载能力越强，对其压入一定贯入深度所需施加的荷载越大。所谓 $CBR$ 值，就是试样贯入量达到 2.5mm 或 5mm 时的单位压力与标准碎石压入相同贯入量时标准荷载强度（7MPa 或 10.5MPa）的比值，用百分数表示。

【检测方法】  贯入法。

试验设备见图 1-11、图 1-12，试验过程见图 1-13，其内容及要求见表 1-22。

图 1-11  贯入杆

图 1-12  承载比试验仪

击实得到试件

试件泡水

静置15min

进行灌入试验

图 1-13　贯入法试验步骤

表 1-22　　　　　　　　　　贯 入 法 内 容 及 要 求

| 序号 | 内容及要求 |
|---|---|
| 一、仪器准备 | |
| 1 | 圆孔筛：孔径 40、20、5mm 筛各 1 个 |
| 2 | 重型标准击实仪器设备：试筒、击实锤等 |
| 3 | 贯入杆：端面直径 50mm，长约 100mm 的金属柱 |
| 4 | 路面材料强度仪或其他载荷装置：能量不小于 50kN，能调节贯入速度至每分钟贯入 1mm，可采用测力计式 |
| 5 | 百分表、测力环、荷载板等 |
| 二、试样准备 | |
| 1 | 　试验采用风干试样，按四分法备料：将具有代表性的风干试料（必要时可在 50℃烘箱内烘干）用木碾捣碎，但应尽量注意不使土或粒料的单个颗粒破碎。土团均应捣碎至通过 5mm 的筛孔。采取有代表性的试料 50kg，用 40mm 筛筛除大于 40mm 的颗粒，并记录超尺寸颗粒的百分数。将已过筛的试料按四分法取出约 25kg，再用四分法将取出的试料分成 4 份，每份质量为 6kg，供击实试验和制试件之用。在预定做击实试验的前一天，取具有代表性的试料测定其风干含水率 |
| 2 | 　做击实试验，求试料的最大干密度和最佳含水率，按最佳含水率制备试件：<br>（1）称试筒本身质量（$m_1$），将试筒固定在底板上，将垫块放入筒内，并在垫块上放一张滤纸，安上套环。<br>（2）将 1 份试料按规定的层数击实，求试料的最大干密度和最佳含水率。<br>（3）将其余 3 份试料按最佳含水率制备 3 个试件。将一份试料平铺于金属盘内，按事先计算得到的该份试料应加的水量均匀地喷洒在试料上。<br>所需的加水量按下式计算： |

| 序号 | 内容及要求 |
|---|---|
| 2 | $$m_\text{w} = \frac{m_i}{1 + 0.01\omega_i} \times 0.01(\omega - \omega_i)$$ 式中　$m_\text{w}$——所需的加水量，g；<br>　　　$m_i$——风干含水率时土样的质量，g；<br>　　　$\omega_i$——土样的风干含水率，%；<br>　　　$\omega$——要求达到的含水率，%。<br>用小铲将试料充分拌和至均匀状态，然后装入密闭容器或塑料口袋内浸润备用。<br>浸润时间：重黏土不得少于 24h，轻黏土可缩短到 12h，砂土可缩短到 1h，天然沙砾可缩短到 2h 左右。制每个试件时，都要取样测定试料的含水率。<br>**注**：需要时，可制备三种干密度试件，如每种干密度试件制 3 个，则共制 9 个试件。每层击数分别为 30、50、98 次，使试件的干密度从低于 95% 到等于 100% 的最大干密度。这样，9 个试件共需试料约 55kg |
| 3 | 将试筒放在坚硬的地面上，取准备好的试样分 3 次倒入筒内，每层需试样 1700g 左右（其量应使击实后的试样高出 1/3 筒高 1～2mm）。整平表面，并稍加压紧，然后按规定的击数进行第一层试样的击实，击实时锤应自由垂直落下，锤迹必须均匀分布在试样面上。<br>第一层击实完后，将试样层面"拉毛"，然后装入套筒，重复上述方法进行其余每层试样的击实。大试筒击实后，试样不宜高出筒高 10mm |
| 4 | 卸下套环，用直刮刀沿试筒顶修平击实的试件，表面不平整处用细料修补。取出垫块，称试筒和试件的质量（$m_2$） |
| 5 | 试件泡水测膨胀量：<br>（1）在试件制成后，取下试件顶面的破残滤纸，放一张好滤纸，并在其上安装附有调节杆的多孔板，在多孔板上加 4 块荷载板。<br>（2）将试筒与多孔板一起放入槽内（先不放水），并用拉杆将模具拉紧，安装百分表，并读取初读数。<br>（3）向水槽内放水，使水自由进到试件顶部和底部。在泡水期间，槽内水面应保持在试件顶面以上大约 25mm。通常试件要泡水 4 昼夜。<br>（4）泡水终了时，读取试件上百分表的终读数，并用下式计算膨胀量：<br>$$膨胀量 = \frac{泡水后试件高度变化}{原试件高（120mm）} \times 100$$ |
| 6 | 从水槽中取出试件，倒出试件顶面的水，静止 15min，让其排水，然后卸去附加荷载和多孔板、底板和滤纸，并称量（$m_3$），以计算试件的湿度和密度的变化 |

**三、试验步骤（贯入试验）**

| | |
|---|---|
| 1 | 将泡水试验终了的试件放到路面材料强度实验仪的升降台上，调整偏球座，对准整平，并使贯入杆与试件顶面全面接触，在贯入杆周围放置 4 块荷载板 |
| 2 | 先在贯入杆上施加 45N 荷载，然后将测力和测变形的百分表指针都调整至零点 |
| 3 | 加荷使贯入杆以 1～1.25mm/min 的速度压入试件，记录测力计内百分表某些整读数（如 20、40、60）时的贯入量，并注意使贯入量为 $250 \times 10^{-2}$ mm 时，能有 5 个以上的读数。因此，测力计内的第一个读数应是贯入量 $30 \times 10^{-2}$ mm 左右 |

**四、结果整理**

| | |
|---|---|
| 1 | 以单位压力（$p$）为横坐标，贯入量（$l$）为纵坐标，绘制 $p$-$l$ 关系曲线，如下图所示： |

| 序号 | 内容及要求 |
|---|---|
| 1 | 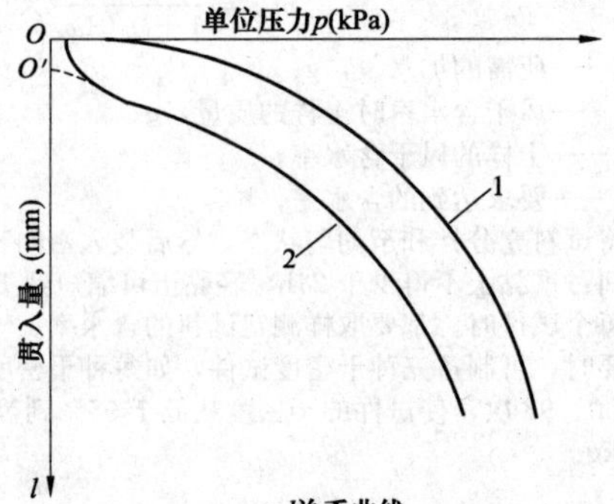 图中曲线 1 是合适的；曲线 2 开始段是凹曲线，需要进行修正。修正时，在变曲率点引一切线，与纵坐标交于 $O'$ 点，$O'$ 即为修正后的原点 |

_p-l 关系曲线_

| 2 | 一般采用贯入量为 2.5mm 时的单位压力与标准压力之比作为材料的承载比（$CBR$），即 $$CBR = \frac{p}{7000} \times 100$$ 式中　$CBR$——承载比，%（精确至 0.1）； 　　　　$p$——单位压力，kPa。 同时计算贯入量为 5mm 时的承载比，即 $$CBR = \frac{p}{10\,500} \times 100$$ 如贯入量为 5mm 时的承载比大于 2.5mm 时的承载比，则试验要重做。如结果仍然如此，则采用 5mm 时的承载比 |
|---|---|
| 3 | 试件的湿密度用下式计算： $$\rho = \frac{m_2 - m_1}{2177}$$ 式中　$\rho$——试件的湿密度，$g/cm^3$（精确至 0.01）； 　　　　$m_2$——试筒和试件的合质量，g； 　　　　$m_1$——试筒的质量，g； 　　　　2177——试筒的容积，$cm^3$ |
| 4 | 试件的干密度用下式计算： $$\rho_d = \frac{\rho}{1 + 0.01\omega}$$ 式中　$\rho_d$——试件的干密度，$g/cm^3$（精确至 0.01）； 　　　　$\omega$——试件的含水率 |
| 5 | 泡水后试件的吸水量按下式计算： $$w_a = m_3 - m_2$$ 式中　$w_a$——泡水后试件的吸水量，g； 　　　　$m_3$——泡水后试筒和试件的合质量，g； 　　　　$m_2$——试筒和试件的合质量，g |

续表

| 序号 | 内容及要求 |
|------|-----------|
| 五、精密度及允许差 | |

　　如根据 3 个平行试验结果计算得到的承载比变异系数 $C_v$ 大于 12%，则去掉一个偏离大的值，取其余两个结果的平均值。如 $C_v$ 小于 12%，且 3 个平行试验结果计算的干密度偏差小于 $0.03g/cm^3$，则取 3 个结果的平均值。

　　如 3 个试验结果计算的干密度偏差超过 $0.03g/cm^3$，则去掉一个偏离大的值，取两个结果的平均值。承载比小于 100，相对偏差不大于 5%；承载比大于 100，相对偏差不大于 10%

| 六、试验注意事项 | |
|------|-----------|
| 1 | 在加荷装置上安装好贯入杆后，为了使贯入杆端面与试样表面充分接触，在贯入杆上施加 45N 的预压力，将此荷载作为试验时的零荷载，并将该状态的贯入量作为零点 |
| 2 | 绘制的压力和贯入量关系曲线，若起始部分呈反弯，则表示试验开始时贯入杆端面与土表面接触不好，应对曲线进行修正 |

# 任务 1.2　施工阶段的检测

## 1.2.1　任务导入

　　路基工程施工阶段的检测项目除了按试验检测频率对准备阶段的项目进行检测外，还需进行一些现场的试验检测，避免不合格的成品产生。路基工程施工阶段现场检测的项目见表 1-23。

表 1-23　　　　　　　　　　　路基工程在施工阶段的现场检测项目

| 序号 | 检测项目 | 采用规程（标准） |
|------|----------|------------------|
| 1 | 压实度试验 | 《公路工程质量检验评定标准　第一册　土建工程》（JTG F80/1—2004） |
| 2 | 现场承载比 CBR 试验 | |
| 3 | 弯沉试验 | 《公路路基路面现场测试规程》（JTG E60—2008） |
| 4 | 厚度检测 | |

## 1.2.2　任务实施

### 检测项目一　压实度试验

　　路基填筑用土是由固体颗粒、水和气体三部分所组成的三相体，经碾压密实后，能有效地提高路基的强度、刚度和稳定性，因此路基压实质量控制是道路工程施工质量管理最重要的内容之一。

　　压实度是反映路基现场压实质量的重要技术指标，它是指工地实际达到的干密度与室内标准击实试验所得的最大干密度的比值。路基土的最大干密度和相应的最佳含水率可以通过在室内模拟现场施工条件的标准击实试验获得。

　　现场压实质量用压实度表示，对于路基土及路面基层，压实度是指工地实际达到的干密度与室内标准击实试验所得的最大干密度的比值，其现行的检测方法主要包括挖坑灌砂法、环刀法、核子密湿度仪法、钻芯法和无核密湿度仪法。这里介绍挖坑灌砂法、环刀法和核子密湿度仪法，其他方法见学习情境 3。

（1）挖坑灌砂法适用于在现场测定细粒土、砂类土和砾石土路基压实度，但不适用于填石路堤等有大孔洞或大孔隙材料的压实度检测。采用挖坑灌砂法测定密度和压实度时，应符合下列规定：当集料的最大粒径小于 13.2mm，测定层的厚度不超过 150mm 时，宜采用直径 100mm 的小型灌砂筒测试；当集料的最大粒径等于或大于 13.2mm，但不大于 31.5mm，测定层的厚度超过 150mm，但不超过 200mm 时，应用直径 150mm 的大型灌砂筒测试。

（2）环刀法测定土基及路面材料的密度及压实度。环刀法适用于测定细粒土及无机结合料稳定细粒土的密度。但对无机结合料稳定细粒土，其龄期不宜超过 2d，且宜用于施工过程中的压实度检验。

（3）核子密湿度仪法。该方法适用于现场用核子密湿度仪以散射法或直接透射法测定路基或路面材料的密度和含水率，并计算施工压实度，可用于施工质量的现场快速评定，不宜用作仲裁试验或评定验收的依据。本方法用于测定沥青混合料面层的压实度时，在表面用散射法测定，所测定沥青面层的层厚应不大于根据仪器性能决定的最大厚度。用于测定土基或基层材料的压实度及含水率时，打洞后用直接透射法测定，测定层的厚度不宜大于 20cm。

**【检测方法 1】** 挖坑灌砂法。

标定试验步骤见图 1-14。

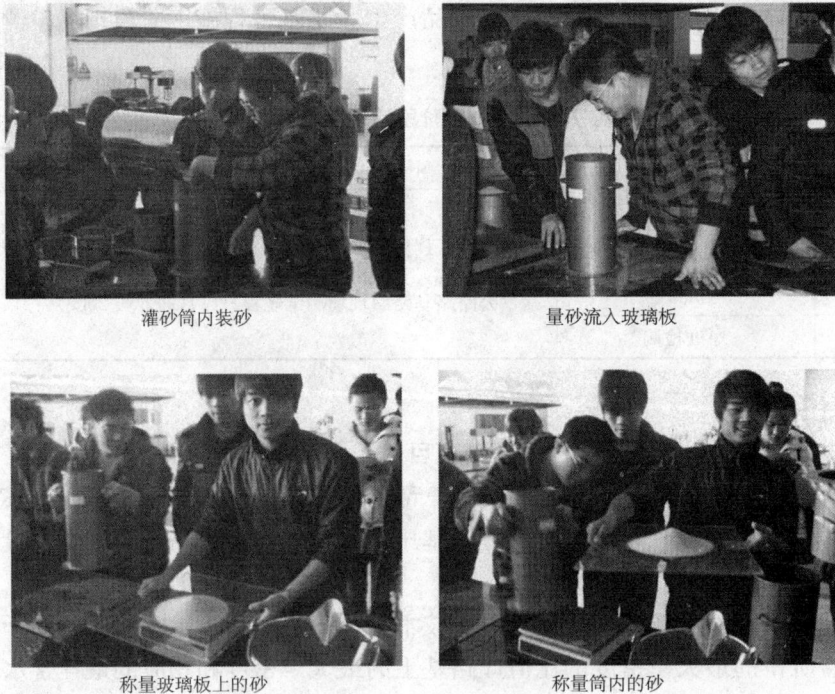

灌砂筒内装砂　　　　　　　　　　量砂流入玻璃板

称量玻璃板上的砂　　　　　　　　称量筒内的砂

图 1-14　标定试验步骤

现场灌砂试验步骤见图 1-15。

准备灌砂筒、基板、天平、铝盒等

现场挖坑

收集挖出的土

称量挖土重

称盒重

称土样测含水率

灌砂筒装砂

称砂总重

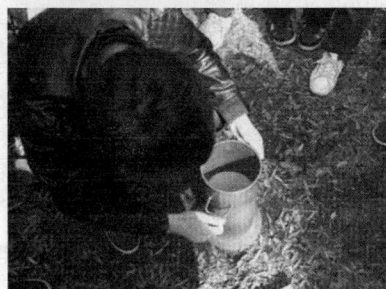

灌砂

称剩余砂

图 1-15  现场灌砂试验步骤

挖坑灌砂法内容及要求见表 1-24。

表 1-24　　　　　　　　　　　挖坑灌砂法内容及要求

| 序号 | 内容及要求 |
|---|---|
| **一、仪器准备** | |
| 1 | 灌砂筒：有大小两种，根据需要采用。当尺寸与下表中规定不一致，但不影响使用时，也可使用： |

灌砂仪的主要尺寸

| 结构 | | 单位 | 小型灌砂筒 | 大型灌砂筒 |
|---|---|---|---|---|
| 灌砂筒 | 直径 | mm | 100 | 150 |
| | 容积 | cm³ | 2120 | 4600 |
| 流砂孔 | 直径 | mm | 10 | 15 |
| 金属标定罐 | 内径 | mm | 100 | 150 |
| | 外径 | mm | 150 | 200 |
| 金属方盘基板 | 边长 | mm | 350 | 400 |
| | 深 | mm | 40 | 50 |
| | 中孔直径 | mm | 100 | 150 |

| | |
|---|---|
| | 灌砂筒筒底中心有一个圆孔，下部装一倒置的圆锥形漏斗，漏斗上端开口，直径与灌砂筒的圆孔相同。漏斗焊接在一块铁板上，铁板中心有一圆孔与漏斗上开口相接。在灌砂筒筒底与漏斗顶端铁板之间设有开关。开关为一薄铁板，一端与筒底及漏斗铁板铰接在一起，另一端伸至筒身外。铁板上也有一个相同直径的圆孔。 |
| 2 | 金属标定罐：用薄铁板制作的金属罐，上端周围有一罐缘 |
| 3 | 基板：用薄铁板制作的金属方盘，盘的中心有一圆孔 |
| 4 | 玻璃板：边长为 500～600mm 的方形板 |
| 5 | 试样盘：小筒挖出的试样可用饭盒存放，大筒挖出的试样可用 300mm×500mm×40mm 的搪瓷盘存放 |
| 6 | 天平或台秤：称量 10～15kg，感量不大于 1g。用于含水率测定的天平精度，对细粒土、中粒土、粗粒土宜分别为 0.01、0.1、1.0g |
| 7 | 含水率测定器具：铝盒、烘箱等 |
| 8 | 量砂：粒径 0.30～0.60mm 清洁干燥的均匀砂，质量 20～40kg，使用前须洗净、烘干，并放置足够的时间，使其与空气的湿度达到平衡。<br>注：通常，量砂烘干后存放 7d，就足以使砂的含水率与空气的湿度相平衡。不要将砂放在密闭的容器内，在使用前应该将砂彻底拌和 |
| 9 | 盛砂的容器：塑料桶等 |
| 10 | 其他：凿子、改锥、铁锤、长把勺、长把小簸箕、毛刷等 |
| **二、试验准备** | |
| 1 | 确定灌砂筒下部圆锥体内砂的质量。其步骤如下：<br>（1）在灌砂筒筒口高度上，向灌砂筒内装砂，到至筒顶的距离为 15mm 左右为止。称取筒内砂的质量 $m_1$，精确至 1g。以后每次标定及试验都应该维持装砂高度与质量不变。<br>（2）将开关打开，使灌砂筒筒底的流砂孔、圆锥形漏斗上端开口圆孔及开关铁板中心的圆孔上下对准重叠在一起，让砂自由流出，并使流出砂的体积与工地所挖试坑内的体积相当（或等于标定罐的容积），然后关上开关。<br>（3）不晃动灌砂筒的砂，轻轻地将灌砂筒移至玻璃板上，将开关打开，让砂流出，直至筒内砂不再流时，将开关关上，并细心地取走灌砂筒。<br>（4）收集并称量留在玻璃板上的砂或称量筒内的砂，精确至 1g。玻璃板上的砂就是填满筒下部圆锥体的砂（$m_2$）。<br>（5）重复上述测量 3 次，取其平均值 |

续表

| 序号 | 内容及要求 |
|---|---|
| 2 | 标定量砂的松方密度 $\rho_s$（$g/cm^3$）。其步骤如下：<br>（1）用水确定标定罐的容积 $V$，精确至 1mL。<br>　将空罐放在台秤上，使罐的上口处于水平位置，读记罐质量 $m_5$，精确至 1g。向标定罐中灌水，注意不要将水弄到台秤上或罐的外壁，将一直尺放在罐顶，在罐中水面快接近直尺时，用滴管向罐中加水，直至水面接触直尺，移去直尺，读记罐和水的合计质量 $m_4$，精确至 1g。重复测量 5～6 次，以获得精确的平均值 $m_4$。重复测量时，仅需从罐中取出少量水（用吸管），并用滴管重新将水加满至接触直尺。<br>　标定罐的体积：<br>$$V = m_4 - m_5$$<br>式中　$V$——标定罐的体积，$cm^3$；<br>　　　$m_4$——标定罐和水的合计质量，g；<br>　　　$m_5$——标定罐的质量，g。<br>（2）在灌砂筒中装入质量为 $m_1$ 的砂，并将灌砂筒放在标定罐上，将开关打开，让砂流出。在整个流砂过程中，不要碰动灌砂筒，直至灌砂筒内的砂不再下流时，将开关关闭。取下灌砂筒，称取筒内剩余砂的质量（$m_3$），精确至 1g。<br>（3）按下式计算填满标定罐所需砂的质量 $m_a$（g）：<br>$$m_a = m_1 - m_2 - m_3$$<br>式中　$m_1$——装入灌砂筒内砂的总质量，g；<br>　　　$m_2$——灌砂筒下部圆锥体内砂的质量，g；<br>　　　$m_3$——灌砂入标定罐后，筒内剩余砂的质量，g。<br>（4）重复上述测量 3 次，取其平均值。<br>（5）计算量砂的 $\rho_s$：<br>$$\rho_s = \frac{m_a}{V}$$ |

**三、试验步骤**

| 序号 | |
|---|---|
| 1 | 在试验地点选一块平坦的表面，并将其清扫干净，其面积不得小于基板面积。<br>　将基板放在平坦表面上。当表面的粗糙度较大时，则将盛有量砂（$m_5$）的灌砂筒放在基板中间的圆孔上，将灌砂筒的开关打开，让砂流入基板的中孔内，直至灌砂筒内的砂不再下流时关闭开关。取下灌砂筒，并称量筒内砂的质量（$m_6$），精确至 1g |
| 2 | 取走基板，并将留在试验地点的量砂收回，重新将表面清扫干净 |
| 3 | 将基板放回清扫干净的表面上（尽量放在原处），沿基板中孔凿洞（洞的直径与灌砂筒一致）。在凿洞过程中，应注意不使凿出的材料丢失，并随时将凿松的材料取出装入塑料袋中，不使水分蒸发。也可放在大试样盒内，试坑的深度应等于测定层厚度，但不得有下层材料混入，最后将洞内的全部凿松材料取出。对土基或基层，为防止试样盘内材料的水分蒸发，可分几次称取材料的质量。全部取出材料的总质量为 $m_w$ 精确至 1g |
| 4 | 从挖出的全部材料中取有代表性的样品，放在铝盒或洁净的搪瓷盘中，测定含水率（$\omega$，以%计）。样品的数量如下：用小灌砂筒测定时，对于细粒土，不少于 100g；对于各种中粒土，不少于 500g。用大灌砂筒测定时，对于细粒土，不少于 200g；对于各种中粒土，不少于 1000g。对于粗粒土、石灰、粉煤灰等无机结合料稳定材料，宜将取出的全部材料烘干，且不少于 2000g，称其质量（$m_d$），精确至 1g |
| 5 | 将基板安放在试坑上，将灌砂筒安放在基板中间（灌砂筒内放满砂至要求质量 $m_1$），使灌砂筒的下口对难基板的中孔及试坑，打开灌砂筒的开关，让砂流入试坑内。在此期间，应注意勿碰动灌砂筒。当灌砂筒内的砂不再下流时，关闭开关。仔细取走灌砂筒，并称量筒内剩余砂的质量（$m_4$），精确至 1g |
| 6 | 如清扫干净的平坦表面的粗糙度不大，也可省去步骤 2 和步骤 3 的操作。在试坑挖好后，将灌砂筒直接对准放在试坑上，中间不需要放基板。打开筒的开关，让砂流入试坑内。在此期间，应注意勿碰动灌砂筒。当灌砂筒内的砂不再下流时，关闭开关。仔细取走灌砂筒，并称量剩余砂的质量（$m_4$），精确至 1g |
| 7 | 仔细取出试筒内的量砂，以备下次试验时再用。若量砂的湿度已发生变化或量砂中混有杂质，则应该重新烘干、过筛，并放置一段时间，使其与空气的湿度达到平衡后再用 |

续表

| 序号 | 内容及要求 |
|---|---|
| 四、结果整理 | |
| 1 | 计算填满试坑所用砂的质量 $m_b$(g)。<br>(1) 灌砂时，试坑上放有基板：<br>$$m_b = m_1 - m_4 - (m_5 - m_6)$$<br>(2) 灌砂时，试坑上没放基板：<br>$$m_b = m_1 - m_4' - m_2$$<br>式中　　$m_b$——填满试坑的砂的质量，g；<br>　　　　$m_1$——灌砂前灌砂筒内砂的质量，g；<br>　　　　$m_2$——灌砂筒下部圆锥体内砂的质量，g；<br>　　$m_4、m_4'$——灌砂后灌砂筒内剩余砂的质量，g；<br>　　$m_5 - m_6$——灌砂筒下部圆锥体内及基板和粗糙表面间砂的合计质量，g |
| 2 | 计算试坑材料的湿密度 $\rho_w$(g/cm³)<br>$$\rho_w = \frac{m_w}{m_b} \times \rho_s$$<br>式中　　$m_w$——试坑中取出的全部材料的质量，g；<br>　　　　$\rho_s$——量砂的松方密度，g/cm³ |
| 3 | 计算试坑材料的干密度 $\rho_d$(g/cm³)<br>$$\rho_d = \frac{\rho_w}{1 + 0.01\omega}$$<br>式中　　$\omega$——试坑材料的含水率，%。<br>　　在水泥、石灰、粉煤灰等无机结合料稳定土的场合，可按下式计算干密度 $\rho_d$(g/cm³)<br>$$\rho_d = \frac{m_d}{m_b} \times \rho_s$$<br>式中　　$m_d$——试坑中取出的稳定土的烘干质量，g |
| 4 | 计算施工压实度 $K$：<br>$$K = \frac{\rho_d}{\rho_c} \times 100$$<br>式中　　$K$——测试地点的施工压实度，%；<br>　　　　$\rho_d$——试样的干密度，g/cm³；<br>　　　　$\rho_c$——由击实试验得到的试样的最大干密度，g/cm³。<br>注：试坑材料组成与击实试验的材料有较大差异时，可以试坑材料作标准击实求取实际的最大干密度 |

**注**　如集料的量大粒径超过 31.5cm，则应相应地增大灌砂筒和标定罐的尺寸，如集料的最大粒径超过 53cm，灌砂筒和现场试坑的直径应为 200mm。

**【检测方法 2】**　环刀法。

环刀法内容及要求见表 1-25。

表 1-25　　　　　　　　　　　环 刀 法 内 容 及 要 求

| 序号 | 内容及要求 |
|---|---|
| 一、仪器准备 | |
| 1 | 人工取土器：包括环刀、环盖、定向筒和击实锤系统（导杆、落锤、手柄）。环刀内径 6~8cm，高 2~3cm，壁厚 1.5~2mm |
| 2 | 电动取土器：由底座、行走轮、立柱、齿轮箱、升降机构、取芯头等组成 |
| 3 | 天平：感量 0.1g（用于取芯头内径小于 70mm 样品的称量），或 1.0g（用于取芯头内径 100mm 样品的称量） |
| 4 | 其他：镐、小铁锹、修土刀、毛刷、直尺、钢丝锯、凡士林、木板及测定含水率设备等 |

续表

| 序号 | 内容及要求 |
|---|---|
| **二、试样准备** | |
| | 按有关试验方法对检测试样用同种材料进行击实试验，得到最大干密度以及最佳含水率 |
| **三、试验步骤** | |
| 1 | 用人工取土器测定黏性土及无机结合料稳定细粒土密度的步骤：<br>(1) 擦净环刀，称取环刀质量 $m_2$，精确至 0.1g。<br>(2) 在试验地点，将面积约 30cm×30cm 的地面清扫干净，并铲去压实层表面浮动及不平整的部分，达一定深度，使环刀打下后，能达到要求的取土深度，但不得将下层扰动。<br>(3) 将定向筒齿钉固定于铲平的地面上，顺次将环刀、环盖放入定向筒内与地面垂直。<br>(4) 将导杆保持垂直状态，用取土器落锤将环刀打入压实层中，到环盖顶面与定向筒上口齐平为止。<br>(5) 去掉击实锤和定向筒，用镐将环刀及试样挖出。<br>(6) 轻轻取下环盖，用修土刀自边至中削去环刀两端余土，用直尺检测直到修平为止。<br>(7) 擦净环刀外壁，用天平称取出环刀及试样合计质量 $m_1$，精确至 0.1g。<br>(8) 自环刀中取出试样，取具有代表性的试样测定其含水率（$\omega$） |
| 2 | 用人工取土器测定砂性土或砂层密度时的步骤：<br>(1) 如为湿润的砂土，试验时不需使用击实锤和定向筒。在铲平的地面上，细心挖出一个直径较环刀外径略大的砂土柱，将环刀刃口向下，平置于砂土柱上，用两手平稳地将环刀垂直压下，直到砂土柱突出环刀上端约 2cm 时为止。<br>(2) 削掉环刀口上的多余砂土，并用直尺刮平。<br>(3) 在环刀上口盖一块平滑的木板，一手按住木板，另一手用小铁锹将试样从环刀底部切断，然后将装满试样的环刀反转过来，削去环刀刃口上部的多余砂土，并用直尺刮平。<br>(4) 擦净环刀外壁，称环刀与试样合计质量（$m_1$），精确至 0.1g。<br>(5) 自环刀中取具有代表性的试样测定其含水率。<br>(6) 干燥的砂土不能挖成砂土柱时，可直接将环刀压入或打入土中 |
| 3 | 用电动取土器测定无机结合料细粒土和硬塑土密度的步骤：<br>(1) 装上所需规格的取芯头。在施工现场取芯前，选择一块平整的路段，将四只行走轮打起，四根定位销钉采用人工加压的方法，压入路基土层中。松开锁紧手柄，旋动升降手轮，使取芯头刚好与土层接触，锁紧手柄。<br>(2) 将电瓶与调速器接通，调速器的输出端接入取芯机电源插口，指示灯亮，显示电路已通；启动开关，电动机工作，带动取芯机构转动。根据土层含水率调节转速，操作升降手柄，上提取芯机构，停机，移开机器。由于取芯头圆筒外表面有几条螺旋状突起，切下的土屑排在筒外顺螺纹上旋抛出地表，因此将取芯套筒套在切削好的土芯立柱上，摇动即可取出样品。<br>(3) 取出样品，立即按取芯套筒长度用修土刀或钢丝锯修平两端，制成所需规格土芯，如拟进行其他试验项目，则装入铅盒，送试验室备用。<br>(4) 用天平称量土芯带套筒质量（$m_1$），精确至 0.1g，从土芯中心部分取试样测定含水率 |
| 4 | 本试验须进行两次平行测定，其平行差值不得大于 0.03g/cm³，求其算术平均值 |
| **四、结果整理** | |
| 1 | 按下式计算试样的湿密度及干密度：<br><br>$$\rho = \frac{m_1 - m_2}{V} = \frac{4(m_1 - m_2)}{\pi d^2 h}$$<br><br>$$\rho_d = \frac{\rho_w}{1 + 0.01\omega}$$<br><br>式中  $\rho$——试样的湿密度，g/cm³；<br> $\rho_d$——试样的干密度，g/cm³；<br> $m_1$——环刀或取芯套筒与试样合计质量，g；<br> $m_2$——环刀或取芯套筒质量，g；<br> $d$——环刀或取芯套筒直径，cm；<br> $h$——环刀或取芯套筒高度，cm<br> $\omega$——试坑材料的含水率，% |

| 序号 | 内容及要求 |
|------|-----------|
| 2 | 按下式计算压实度 $K$：$$K = \frac{\rho_d}{\rho_c} \times 100$$ 式中 $K$——测试地点的施工压实度，%；<br>$\rho_d$——试样的干密度，$g/cm^3$；<br>$\rho_c$——由击实试验得到的试样的最大干密度，$g/cm^3$ |

五、报告

试验应报告土的鉴别分类、含水率、湿密度、干密度、最大干密度及压实度等

**【检测方法 3】** 核子密湿度仪法。

本试验适用于现场用核子密湿度仪以散射法或直接透射法测定路基或路面材料的密度和含水率，并计算施工压实度。

核子密湿度仪是现场检测压实度较常用的一种方法，仪器按规定方法标定后，其结果可作为工程质量评定与验收的依据。本方法可检测土壤、碎石、土石混合物、沥青混合料和非硬化水泥混凝土等材料。

本方法属非破坏性检测，允许对同一个测试位置进行重复测试，并监测密度和压实度的变化，以确定合适的碾压方法，达到所要求的压实度。

本方法用于测定沥青混合料面层的压实度或硬化水泥混凝土等难以打孔材料的密度时宜使用散射法；用于测定土基、基层材料或非硬化水泥混凝土等可以打孔材料的密度及含水率时，应使用直接透射法。其内容及要求见表 1-26。

在表面用散射法测定时，所测定沥青面层的层厚应根据仪器的性能决定最大厚度。用于测定土基或基层材料的压实度及含水率时，打洞后用直接透射法所测定的层厚不宜大于 30cm。

表 1-26 核子密湿度仪法内容及要求

| 序号 | 内容及要求 |
|------|-----------|
| 一、仪器准备 | |
| 1 | 核子密湿度仪：符合国家规定的关于健康保护和安全使用标准，密度的测定范围为 $1.12 \sim 2.73g/cm^3$，测定误差不超过 $\pm 0.03g/cm^3$。含水率测量范围为 $0 \sim 0.64g/cm^3$，测定误差不超过 $\pm 0.015g/cm^3$。它主要包括下列部件：<br>(1) γ射线源：双层密封的同位素放射源，如铯-137、钴-60 或镭-226 等。<br>(2) 中子源：镅（241）-铍等。<br>(3) 探测器：γ射线探测器，如 G-M 计数管；热中子探测器，如氦-3 等。<br>(4) 读数显示设备：液晶显示器、脉冲计数器、数率表或直接连数表。<br>(5) 标准计数块：密度和含氢量都均匀不变的材料块，用于检验仪器进行状况和射线计数的参考标准。<br>(6) 安全防护设备：符合国家规定要求。<br>(7) 刮下板、钻杆、接线等 |
| 2 | 细砂：$0.15 \sim 0.3mm$ |
| 3 | 天平或台秤 |
| 4 | 其他：毛刷等 |

续表

| 序号 | 内容及要求 |
|---|---|
| **二、试样准备** | |
| 1 | 每天使用前或者对测试结果有怀疑时,按下列步骤用标准板计数块测定仪器的标准值:<br>(1)进行标准值测定时的地点至少应离开其他放射源10m的距离,地面必须经压实且平整。<br>(2)接通电源,按照仪器使用说明书建议的预热时间预热测定仪。<br>(3)在测定前,应检查仪器性能是否正常。将仪器在标准计数块上放置平稳,按照仪器使用说明书的要求进行标准化计数,并判断仪器标准化计数值是否符合要求。当标准化计数值超过规定的限值时,应确认标准计数的方法和环境是否符合要求,并重复进行标准化计数;若第二次标准化计数值仍超出规定的限界,则需视作故障并进行仪器检查 |
| 2 | 在进行沥青混合料压实层密度测定前,应用核子密湿度仪对钻孔取样的试件进行标定;测定其他材料密度时,宜与挖坑灌砂法的结果进行标定。标定的步骤如下:<br>(1)选择压实的路表面,与试验段测定时的条件一致,对纹理较大的路面必须用细砂填平,然后将仪器放置在测试点上转动几下,或者在测试点上用刮平板平刮几下,以达到测试条件。按要求的测定步骤用核子密湿度仪测定密度,读数。<br>(2)在测定的同一位置用钻机钻孔法或挖坑灌砂法取样,量测厚度,按规定的标准方法测定材料的密度。<br>(3)对同一种路面厚度及材料类型,在使用前至少测定15处,求取两种不同方法测定的密度的相互关系,其相关系数 R 应不小于0.95 |
| 3 | 测试位置的选择:<br>(1)按照随机取样的方法确定测试位置,但与距路面边缘或其他物体的最小距离不得小于30cm。核子密湿度仪距其他的射线源不得少于10m。<br>(2)当用散射法测定时,应用细砂填平测试位置路表结构凹凸不平的空隙,使路表面平整,能与仪器紧密接触。<br>(3)当使用直接透射法测定时,应在表面用钻杆打孔,孔深略深于要求测定的深度。孔应竖直圆滑并稍大于射线源探头 |
| 4 | 按照规定的时间预热仪器 |
| **三、试验步骤** | |
| 1 | 如用散射法测定沥青混合料压实层密度时,应将核子密湿度仪平稳地置于测试位置上。测定稳定应与试验段测定时一致,一组不少于13点,取平均值。检测精度通过试验路段与钻孔试件比较评定 |
| 2 | 当用直接透射法测定时,应将放射源棒放下并插入已预先打好的孔内 |
| 3 | 打开仪器,测试员退出仪器2m以外,按照选定的测定时间进行测量,到达测定时间后,读取显示的各项数值,并迅速关机 |
| **四、结果整理** | |

计算施工干密度及压实度:

$$\rho_d = \frac{\rho_w}{1 + 0.01\omega}$$

$$K = \frac{\rho_d}{\rho_c} \times 100$$

式中  $\omega$——试坑材料的含水率,%;

$K$——测试地点的施工压实度,%;

$\rho_d$——试样的干密度,g/cm³;

$\rho_c$——由击实试验得到的试样的最大干密度,g/cm³

续表

| 序号 | 内容及要求 |
|---|---|
| 五、使用安全注意事项 | |
| | （1）仪器工作时，所行人员均应退至距离仪器 2m 以外的地方。<br>（2）仪器不使用时，应将手柄置于安全位置，仪器应装入专用的仪器箱内，放置在符合核辐射安全规定的地方。<br>（3）仪器应由经有关部门审查合格的专人保管，专人使用。对从事仪器保管及使用的人员，应遵照有关核辐射检测的规定 |
| 六、报告 | |
| | 测定路面密度及压实度的同时，应记录气温、路面的结构深度、沥青混合料类型、面层结构及测定厚度等数据和资料 |

检测项目二　土基现场 CBR 值测试

在公路土基现场条件下按规定方法进行贯入试验，得到荷载压强-贯入量曲线，读取规定贯入量的荷载压强与标准压强的比值，称为土基现场 *CBR* 值，以百分数表示。

测定土基现场 *CBR* 值常用的方法为承载板法和落球仪快速测定法。

**【检测方法 1】** 承载板法。

承载板法适用于在公路现场测定各种土基材料的现场 *CBR* 值，同时也适合于基层、底基层砂类土、天然砂砾、级配碎石等材料 *CBR* 值的试验。

本方法所用试样的最大集料粒径宜小于 19.0mm，最大不得超过 31.5mm。其内容及要求见表 1－27。

**表 1－27　　　　　　　　　　　承载板法内容及要求**

| 序号 | 内容及要求 |
|---|---|
| 一、仪器准备 | |
| 1 | 荷重装置：装载有铁块或巢料等重物的载重汽车，后轴重不小于 60kN，在汽车大梁的后轴之后设有一加劲横梁作反力架用 |
| 2 | 现场测试装置：由千斤顶（机械或液压）、测力计（测力环或压力表）及球座组成。千斤顶可使贯入杆的贯入速度调节成 1mm/min。测力计的容量不小于土基强度，测定精度不小于测力计量程的 1‰ |
| 3 | 贯入杆：直径 50mm、长约 200mm 的金属圆柱体 |
| 4 | 承载板：每块 1.25kg，直径 150mm，中心孔眼直径 52mm，不少于 4 块，并沿直径分为两个半圆块 |
| 5 | 贯入量测定装置由平台及百分表组成。百分表量程 20mm，精度 0.01m，数量 2 个，对称固定于贯入杆上，端部与平台接触。平台跨度不小于 50cm。<br>注：此设备也可用两台贝克曼梁弯沉仪代替 |
| 6 | 细砂：洁净干燥的细砂，粒径 0.3～0.6mm |
| 7 | 其他：铁铲、盘、直尺、毛刷、天平等 |
| 二、试样准备 | |
| 1 | 将试验地点直径约 30cm 范围内的表面找平，用毛刷刷净浮土，当表面为粗粒土时，应撒布少许洁净的干砂填平，但不能覆盖全部土基，以免形成夹层 |
| 2 | 安装测试设备，千斤顶顶在汽车后轴上且调节至高度适中。贯入杆应与土基表面紧密接触 |
| 3 | 安装贯入量测定装置，将支架平台、百分表（或两台贝克曼梁弯沉仪）安装好 |

续表

| 序号 | 内容及要求 |
|---|---|
| 三、试验步骤 | |
| 1 | 在贯入杆位置安放 4 块质量为 1.25kg、分开成半圆的承载板（共 5kg） |
| 2 | 试验贯入前，先在贯入前杆上施加 45N 荷载后，将测力计及贯入量百分表调零，记录初始读数 |
| 3 | 启动千斤顶，使贯入杆以 1mm/min 的速度压入土基，当相应于贯入量为 0.5、1.0、1.5、2.0、2.5、3.0、4.0、5.0、6.5、10.0、11.5mm 时，分别读取测力计读数。根据情况，也可在贯入量达 6.5mm 时结束试验。<br>注：用千斤顶连续加载，两个贯入量百分表及测力计均应在同一时刻读数，当两个百分表读数不超过平均值的 30％时，以其平均值作为贯入量；当两个表读数差值超过平均值的 30％时，应停止试验 |
| 4 | 卸除荷载，移去测定装置 |
| 5 | 在试验点下取样，测定材料含水率。取样数量如下：<br>(1) 最大粒径不大于 4.5mm，试样数量约 120g；<br>(2) 最大粒径不大于 19.0mm，试样数量约 250g；<br>(3) 最大粒径不大于 31.5mm，试样数量约 500g |
| 6 | 在紧靠试验点旁边的适当位置，用灌砂法或环刀法等测定土基的密度 |
| 四、结果整理 | |
| 1. 绘制荷载压强 - 贯入量曲线 | 用贯入试验得到的等级荷重数除以贯入断面积（19.625cm²），得到各级压强（MPa），绘制荷载压强 - 贯入量曲线如下图所示：<br><br><br><br>荷载压强 - 贯入量关系曲线<br><br>当图中曲线在起点处有明显的凹凸情况时，应在曲线的拐弯处作切线延长进行修正，以与坐标轴相交的点 $O'$ 作原点，得到修正后的压强 - 贯入量曲线 |
| 2. 计算现场 CBR 值 | 从荷载压强 - 贯入量关系曲线上读取贯入量为 2.5mm 及 5.0mm 时的荷载压强 $p_1$，按下式计算现场 CBR 值：<br><br>$$现场\ CBR(\%) = \frac{p_1}{p_0} \times 100(\%)$$<br><br>式中　$p_1$——荷载压强，MPa；<br>　　　$p_0$——标准压强，当贯入量为 2.5mm 时为 7，当贯入量为 5.0mm 时为 10.5，MPa。<br>$CBR$ 一般以贯入量 2.5mm 时的测定值为准，当贯入量 5.0mm 时的 $CBR$ 大于 2.5mm 时的 $CBR$ 时，应重新试验，如重新试验仍然如此，则以贯入量 5.0mm 时的 $CBR$ 为准 |

| 序号 | 内容及要求 |
|------|-----------|
| 五、报告 | |
| 1 | 土基含水率（%） |
| 2 | 测点的干密度（g/cm³） |
| 3 | 现场 CBR 值及相应的灌入量 |

**【检测方法 2】** 落球仪快速测定法。

本方法适用于细粒土路基施工现场 CBR 值的测定，试验精度较高，方法可靠，快速简便，能满足路基施工现场检验的要求。

1. 主要仪器

（1）落球仪：包括底座、落球支架、导杆及落球、导杆卡口开关、刻度标尺、仪器平整水泡、100mm 内径的底座套板。

（2）卡尺或钢板尺、刮刀、水平尺等。

2. 试验原理

一定质量的球从一定高度自由下落到土基表面，陷入深度越小，表明路基强度越高。根据落球在一定高度自由下落陷入土面所做的功与室内标准试验贯入深度所做的功相等的原理，推导得出由落球陷痕直径 D 值计算现场 CBR 值的公式。

3. 试验技术要点

（1）将测点土基表面刮平。

（2）将落球仪置于测点，使球体自由落下，用卡尺量落球陷痕直径 D 值。

（3）计算现场 CBR 值。

落球仪测定的现场 CBR 值，因土基的含水率和压实度与室内 CBR 试验标准条件不同，也未经泡水，所测结果与承载板法测土基现场 CBR 值相近，同样，应通过对比试验，建立落球仪 CBR 值与室内 CBR 值的相关关系，换算为室内 CBR 值后，再用于评定路基强度。

### 检测项目三　土基回弹模量测定

路基的回弹模量是反映路基承载能力的重要技术指标，也是路面的设计参数之一。

回弹模量是土基强度的一种表示方法。根据理论计算，弹性无限土体的回弹模量按以下公式计算：

$$E_i = \frac{\pi D}{4} \times \frac{P_i}{L_i}(1 - \mu_0^2)$$

常用承载板、贝克曼梁测定土基回弹模量。土基回弹模量也可用长杆贯入综合次数法和 CBR 值间接推算法来求算。

承载板法适用于在土基表面通过承载板对土基逐级加载、卸载的方法，测出每级荷载下相应的土基回弹变形值，经过计算求得土基回弹模量。本方法测定的土基回弹模量可作为路面设计参数使用。

贝克曼梁测定路基回弹模量试验方法适用于在土基和厚度不小于 1m 的粒料整层表面，用弯沉仪测试各测点的回弹弯沉值，通过计算求得该材料回弹模量值的试验，也适用于在旧路表面测定路基路面的综合回弹模量。

　　长杆贯入综合次数法是利用长杆贯入仪，试验时记录测头击入土中每 10cm 所需的锤击次数，直到贯入土中 80cm 为止。综合贯入次数是按布辛公式以距路基表面深度为 5、15、25、35、45、55、65、75cm 时的压应力略加调整作为各层的全数，再按关系式计算路基回弹模量。CBR 值间接推算法是利用 CBR 测试结果按关系式求算 E 值。

　　【检测方法 1】　承载板法。

　　承载板法内容及要求见表 1 - 28。

表 1 - 28　　　　　　　　　　　　　　　承载板法内容及要求

| 序号 | 内容及要求 |
|---|---|
| 一、仪器准备 | |
| 1 | 加载设施：载有铁块或集料等重物、后轴重不小于 60kN 的载重汽车一辆，作为加载设备。在汽车大梁的后轴之后约 80cm 处，附设加劲小梁一根作反力架。汽车轮胎充气压力为 0.50MPa |
| 2 | 现场测试装置，由千斤顶、测力计（测力环或压力表）及球座组成 |
| 3 | 刚性承载板一块，板厚 20mm，直径为 30cm，直径两端设有立柱可以调整高度的支座，用于安放弯沉仪测头，承载板安放在土基表面 |
| 4 | 路面弯沉仪两台，由贝克曼梁、百分表及其支架组成 |
| 5 | 液压千斤顶一台（80~100kN），装有经过标定的压力表或测力环，其容量不小于土基强度，测定精度不小于测力计量程的 1% |
| 6 | 秒表 |
| 7 | 水平尺 |
| 8 | 其他：细砂、毛刷、垂球、镐、铁锹、铲等 |
| 二、试样准备 | |
| 1 | 根据需要选择有代表性的测点，测点应位于水平的路基上，土质均匀，不含杂物 |
| 2 | 仔细平整上基表面，撒干燥洁净的细砂填平土基各处，但砂子不可覆盖全部土基表面，避免形成夹层 |
| 3 | 安置承载板，并用水平尺进行校正，使承载板处于水平状态 |
| 4 | 将试验车置于测点上，在加劲小梁中部悬挂垂球测试，使之恰好对准承载板中心，然后收起垂球 |
| 5 | 在承载板上安放千斤顶，上面衬垫钢圆筒、钢板，并将球座置于顶部与加劲横梁接触。当用测力环时，应将测力环置于千斤顶与横梁中间，千斤顶及衬垫物必须保持垂直，以免加压时千斤顶倾倒发生事故并影响测试数据的准确性 |
| 6 | 安放弯沉仪，将两台弯沉仪的测头分别置于承载板立柱的支座上，百分表对零或其他合适的初始位置上 |
| 三、试验步骤 | |
| 1 | 用千斤顶开始加载，观察测力环或压力表，至预压 0.05MPa，稳压 1min，使承载板与土基紧密接触，同时检查百分表的工作情况是否正常，然后放松千斤顶油门卸载，稳压 1min 后，将指针对零，或记录初始读数 |
| 2 | 测定土基的压力-变形曲线。用千斤顶加载，采用逐级加载卸载法，用压力表或测力环控制加载量，荷载小于 0.1MPa 时，每级增加 0.02MPa，以后每级增加 0.04MPa 左右。为了使加载和计算方便，加载数值可适当调整为整数。每次加载至预定荷载（P）后，稳定 1min，立即读记两台弯沉仪百分表数值，然后轻轻放开千斤顶油门卸载至 0，待卸载稳定 1min 后，再次读数，每次卸载后百分表不再对零。当两台弯沉仪百分表读数之差小于平均值的 30% 时，取平均值；如超过 30%，则应重测。当回弹变形值超过 1mm 时，即可停止加载 |

续表

| 序号 | 内容及要求 |
|---|---|
| 3 | 各级荷载的回弹变形和总变形按以下公式计算：<br>回弹变形（L）＝（加载后读数平均值－卸载后读数平均值）×弯沉仪杠杆比<br>总变形（L′）＝（加载后读数平均值－加载初始前读数平均值）×弯沉仪杠杆比 |
| 4 | 测定总影响量 a。最后一次加载卸载循环结束后，取走千斤顶，重新读取百分表初读数，然后将汽车开出 10m 以外，读取终读数，两只表的初、终读数差之平均值即为总影响量 a |
| 5 | 在试验点下取样，测定材料含水率。取样数量如下：<br>（1）最大粒径不大于 4.75mm，试样数量约 120g；<br>（2）最大粒径不大于 19.0mm，试样数量约 250g；<br>（3）最大粒径不大于 31.5mm，试样数量约 500g |
| 6 | 在紧靠试验点旁边的适当位置，用灌砂法或环刀法等测定土基的密度 |
| 7 | 本试验的各项数值可记录在记录表上 |

## 四、数据整理

| 1 | 影响量的计算：各级压力的回弹变形值加上该级的影响量后，则为计算回弹变形值。下表中的数据是按后轴重 60kN 的标准车为测试车的各级荷载影响量的计算值。当使用其他类型测试车时，各级压力下的影响量按下式计算：<br><br>$$a_i = \frac{(T_1 + T_2)\pi D^2 P_i}{4 T_1 Q} a$$<br><br>式中　$T_1$——测试车前后轴距，m；<br>　　　$T_2$——加劲小梁距后轴距离，m；<br>　　　$D$——承载板直径，m；<br>　　　$Q$——测试车后轴重，N；<br>　　　$P_i$——该级承载板压力，Pa；<br>　　　$a$——总影响量，0.01mm；<br>　　　$a_i$——该级压力的分级影响量，0.01mm |
|---|---|

| 2 | **各级荷载影响量**（后轴 60kN 车）<br><br>| 承载板压力（MPa） | 0.05 | 0.10 | 0.15 | 0.20 | 0.30 | 0.40 | 0.50 |<br>|---|---|---|---|---|---|---|---|<br>| 影响量 | 0.06a | 0.12a | 0.18a | 0.24a | 0.36a | 0.48a | 0.60a |<br><br>注：a 为总影响量。 |
|---|---|

| 3 | 将各级计算回弹变形值点绘于标准计算纸上，排除显著偏离的异常点并绘出顺滑的 p‑l 曲线，如曲线起始部分出现反弯，应按下图所示修正原点 O，O′则是修正后的原点。<br><br><br><br>修正原点示意图 |
|---|---|

续表

| 序号 | 内容及要求 |
|---|---|
| 4 | 计算相应于各级荷载下的土基回弹模量 $E_i$ 值：$$E_i = \frac{\pi D}{4} \times \frac{p_i}{L_i}(1-\mu_0^2)$$ 式中　$E_i$——相应于各级荷载下的土基回弹模量，MPa；<br>　　　$\mu_0$——土的泊松比，根据部颁路面设计规范规定选用；<br>　　　$D$——承载板直径，m；<br>　　　$p_i$——承载板压力，MPa；<br>　　　$L_i$——相对于荷载 $p_i$ 时的回弹变形值，cm |
| 5 | 取结束试验前的各回弹变形值按线性回归方法由下式计算土基回弹模量 $E_0$ 值：$$E_0 = \frac{\pi D}{4} \times \frac{\sum p_i}{\sum L_i}(1-\mu_0^2)$$ 式中　$E_0$——土基回弹模量，MPa；<br>　　　$\mu_0$——土的泊松比，根据部颁设计规范规定取用；<br>　　　$L_i$——结束试验前的各级实测回弹变形值；<br>　　　$p_i$——对应于 $L_i$ 的各级压力值，cm |

**【检测方法2】** 贝克曼梁法。

贝克曼梁法内容及要求见表1-29。

表1-29　　　　　　　　　　贝克曼梁法内容及要求

| 序号 | 内容及要求 |
|---|---|
| 一、仪器准备 | |
| 1 | 标准车：双轴、后轴双侧4轮的载重车，其标准轴荷载、轮胎尺寸、轮胎间隙及轮胎气压等主要参数应符合下表的要求。测试车可根据需要按公路等级选择，高速公路、一级及二级公路应采用后轴10t的BZZ-100标准车；其他等级公路可采用后轴6t的BZZ-60标准车。<br><br>**测定弯沉用的标准车参数**<br><br>| 标准轴载等级 | BZZ-100 |<br>|---|---|<br>| 后轴标准轴载 $P$（kN） | 100±1 |<br>| 一侧双轮荷载（kN） | 50±0.5 |<br>| 轮胎充气压力（kN） | 0.70±0.05 |<br>| 单轮传压面当量直径（cm） | 21.30±0.5 |<br>| 轮隙宽度 | 应满足能自由插入弯沉测头的测试要求 | |
| 2 | 路面弯沉仪：由贝克曼梁、百分表及表架组成。贝克曼梁由合金铝制成，上有水准泡，其前臂（接触路面）与后臂（装百分表）长度比为2∶1，标准弯沉仪前、后臂分别为240mm和120mm，加长弯沉仪分别为360mm和180mm。弯沉采用百分表量得 |
| 3 | 路表温度计：分度不大于1℃ |
| 4 | 接长杆：直径16mm，长500mm |
| 5 | 其他：皮尺、口哨、粉笔、指挥旗等 |

续表

| 序号 | 内容及要求 |
|---|---|
| **二、试样准备** | |
| 1 | 选择洁净的路基路面表面作为测点，在测点处做好标记并编号 |
| 2 | 无结合料粒料基层的整层试验段（试槽）应符合下列要求：<br>（1）整层试槽可修筑在行车带范围内或路肩及其他合适处，也可在室内修筑，但均应适于用汽车测定弯沉。<br>（2）试槽应选择在干燥或中湿路段处，不得铺筑在软土基上。<br>（3）试槽面积不小于 3m×2m，厚度不宜小于 1m。铺筑时，先挖 3m×2m×1m（长×宽×深）的坑，然后用欲测定的同一种路面材料按有关施工规范规定的压实层厚度分层铺筑并压实，直至顶面，使其达到要求的压实度标准。同时应严格控制材料组成，配比均匀一致，符合施工质量要求。<br>（4）试槽表面的测点布置在中间 2m×1m 的范围内，可测定 23 点 |
| **三、试验步骤** | |
| | 选择适当的标准车，实测各测点处的路面回弹弯沉值 $L_1$。当在旧沥青面层上测定时，应读取温度，并按 JTG E60—2008 中 T 0951 规定的方法进行测定弯沉值的温度修正，得到标准温度 20℃时的弯沉值 |
| **四、数据整理** | |
| 1 | 计算全部测定值的算术平均值 $\overline{L}$、单次测定的标准差 $S_0$ 和自然误差 $r_0$：<br><br>$$\overline{L} = \frac{\sum L_i}{N}$$<br>$$S_0 = \sqrt{\frac{\sum (L_i - \overline{L})^2}{N-1}}$$<br>$$r_0 = 0.675 S_0$$<br><br>式中　$\overline{L}$——回弹弯沉的算术平均值，0.01mm；<br>　　　$S_0$——回弹弯沉测定值的标准差，0.01mm；<br>　　　$r_0$——回弹弯沉测定值的自然误差，0.01mm；<br>　　　$L_i$——各测点的回弹弯沉值，0.01mm；<br>　　　$N$——测点总数 |
| 2 | 计算各测点的测定值与算术平均值的偏差值 $d_i = L_i - \overline{L}$，并计算较大的偏差与自然误差之比 $d_1/r_0$。当某个测点观测值的 $d_i/r_0$ 值大于下表中的 $d/r$ 极限值时，则应舍弃该测点，然后重复步骤 1，计算所余各测点的算术平均值（$\overline{L}$）及标准差（$S_0$）。<br><br>**相应于不同观测次数的 $d/r$ 极限值**<br><table><tr><td>观测次数 $N$</td><td>5</td><td>10</td><td>15</td><td>20</td><td>50</td></tr><tr><td>$d/r$</td><td>2.5</td><td>2.9</td><td>3.2</td><td>3.3</td><td>3.8</td></tr></table> |
| 3 | 按下式计算代表弯沉值 $L_1$：<br><br>$$L_1 = \overline{L} + S$$<br><br>式中　$L_1$——代表弯沉值，0.01mm；<br>　　　$\overline{L}$——舍弃不合要求的测点后所余各测点弯沉的算术平均值，0.01mm；<br>　　　$S$——舍弃不合要求的测点后所余各测点弯沉的标准差，0.01mm |
| 4 | 按下式计算土基、整层材料的回弹模量 $E_1$ 或旧路的综合回弹模量：<br><br>$$E_1 = \frac{2p\delta}{L_1}(1-\mu^2)\alpha$$<br><br>式中　$E_1$——土基、整层材料的回弹模量或旧路的综合回弹模量，MPa；<br>　　　$p$——测定车轮的平均垂直荷载，MPa；<br>　　　$\delta$——测定用标准车双圆荷载单轮传压面当量圆的半径，cm；<br>　　　$\mu$——测定层材料的泊松比，根据部颁路面设计规范的规定取用；<br>　　　$\alpha$——弯沉系数，为 0.712 |

| 序号 | 内容及要求 |
| --- | --- |
| 五、报告 | |
| 报告应包括弯沉测定表、计算的代表弯沉、采用的泊松比及计算得到的材料回弹模量 $E_1$ 等，对沥青路面应报告测试时的路面温度 | |

## 任务 1.3　路基工程的评定

### 一、路基工程检测与评定的内容

（1）材料的检测与评定。路基填料土、砂石的种类、状态，砌筑工程的石料、砂浆的标号和各种技术要求都要进行评定与检测。

（2）一般工程的检测与评定。包括路基、排水、防护支挡结构的评定与检测。其中要特别注意基底处理、地下排水、地基基础等结构工程，这些结构物的质量关系到工程整体的质量，但是一旦完工却又掩埋于下面。除了严格检查以外，有关施工材料、过程，施工中出现的问题和采取的措施都应详细记录。

（3）原始记录。包括材料品种、规格、数量、产地以及试验报告等各种记录。施工过程中，则有准备工作、基地处理、填（砌）筑过程和整修作业的相应记录。此外，还有技术处理和变更设计等各种报告材料。

### 二、路基工程检测与评定的步骤

（一）一般规定

（1）土方路基和石方路基的实测项目技术指标的规定值或允许偏差按高速公路、一级公路和其他公路（指二级及以下公路）两档设定，其中土方路基压实度按高速公路和一级公路、二级公路、三级和四级公路三档设定。

（2）本单元规定的实测项目的检查频率，如果检查路段以延米计，则为双车道公路每一检查段内的最低检查频率；多车道公路必须按车道数与双车道之比，相应增加检查数量。

（3）路基压实度须分层检测，并符合本单元路基路面压实度评定的规定。路基其他检查项目均在路基顶面进行检查测定。

（4）路肩工程可作为路面工程的一个分项工程进行检查评定。

（5）服务区停车场、收费广场的土方工程压实标准可按土方路基要求进行监控。

（二）工程质量评定的顺序

1. 基本要求的检查

路基工程的施工，对不同结构物提出了相应的材料要求、施工方法和填筑、砌筑质量要求。材料是构成结构物的基本元素，必须符合工程的要求。不同的结构物有不同的施工方法，只有遵守施工规程才能修筑出符合质量要求的工程。

2. 工程项目实测检查

实测检查是对路基工程的规定检查项目进行的，项目包括结构的几何尺寸、密实度、强度和表面状况等。一般，相应的技术标准都提出了数量上的要求。检查按规定的频率，现场抽样进行。

3. 外观鉴定

路基路面工程各结构物的外观形状是有一定要求的，它构成了整个道路轮廓，即路容。外观鉴定有的有尺寸的要求，有的则按目力评定与检测。

（1）土方路基。

1）实测项目见表1-30。

表 1-30　　　　　　　　　　　　土 方 路 基 实 测 项 目

| 项次 | 检查项目 | | | 规定值或允许偏差 | | | 检查方法和频率 | 权值 |
| --- | --- | --- | --- | --- | --- | --- | --- | --- |
| | | | | 高速公路、一级公路 | 其他公路 | | | |
| | | | | | 二级公路 | 三、四级公路 | | |
| 1△ | 压实度（%） | 零填及挖方（m） | 0～0.30 | — | — | 94 | 按有关方法检查：每200m、每压实层测4处 | 3 |
| | | | 0.30～0.80 | ≥96 | ≥95 | — | | |
| | | 填方（m） | 0～0.80 | ≥96 | ≥95 | ≥94 | | |
| | | | 0.80～1.50 | ≥94 | ≥94 | ≥93 | | |
| | | | ＞1.50 | ≥93 | ≥92 | ≥90 | | |
| 2△ | 弯沉（0.01mm） | | | 不大于设计值 | | | 按JTG F80/1—2004中规定检查 | 3 |
| 3 | 纵断面高程（mm） | | | −15～+10 | −20～+10 | | 水准仪：每200m'测4断面 | 2 |
| 4 | 中线偏位（mm） | | | 50 | 100 | | 经纬仪：每200m测4点，弯道加HY、YH两点 | 2 |
| 5 | 宽度（mm） | | | 符合设计要求 | | | 米尺：每200m测4处 | 2 |
| 6 | 平整度（mm） | | | 15 | 20 | | 3m直尺：每200m测2处×10尺 | 2 |
| 7 | 横坡（%） | | | ±0.3 | ±0.5 | | 水准仪：每200m测4断面 | 1 |
| 8 | 边坡坡度 | | | 符合设计要求 | | | 尺量：每200m测4处 | 1 |

注　表中△表示关键项目。

2）基本要求。

① 在路基用地和取土坑范围内，应清除地表植被、杂物、积水、淤泥和表土，处理坑塘，并按规范和设计要求对基底进行压实。

② 路基填料应符合规范和设计的规定，经认真调查、试验后合理选用。

③ 填方路基须分层填筑压实，每层表面平整，路拱合适，排水良好。

④ 施工临时排水系统应与设计排水系统结合，避免冲刷边坡，勿使路基附近积水。

⑤ 在设定取土区内合理取土，不得滥开滥挖。完工后应按要求对取土坑和弃土场进行

修整，保持合理的几何外形。

3）外观鉴定。

① 路基表面平整，边线直顺，曲线圆滑。不符合要求时，单向累计长度每 50m 减 1～2 分。

② 路基边坡坡面平顺、稳定、不得亏坡，曲线圆滑。不符合要求时，单项累计长度每 50m 减 1～2 分。

③ 取土坑、弃土堆、护坡道、碎落台的位置适当，外形整齐、美观，防止水土流失。不符合要求时，每处减 1～2 分。

（2）石方路基。

1）实测项目见表 1-31。

表 1-31 石方路基实测项目

| 项次 | 检查项目 | | 规定值或允许偏差 | | 检查方法和频率 | 权值 |
|---|---|---|---|---|---|---|
| | | | 高速公路、一级公路 | 其他公路 | | |
| 1△ | 压实度（%） | | 层厚和碾压遍数符合要求 | | 查施工记录 | 3 |
| 2 | 纵断面高程（mm） | | −20～+10 | −30～+10 | 水准仪：每 200m 测 4 断面 | 2 |
| 3 | 中线偏位（mm） | | 50 | 100 | 经纬仪：每 200m 测 4 点，弯道加 HY、YH 两点 | 2 |
| 4 | 宽度（mm） | | 符合设计要求 | | 米尺：每 200m 测 4 处 | 2 |
| 5 | 平整度（mm） | | 20 | 30 | 3m 直尺：每 200m 测 2 处×10 尺 | 2 |
| 6 | 横坡（%） | | ±0.3 | ±0.5 | 水准仪：每 200m 测 4 断面 | 1 |
| 7 | 边坡坡度 | 坡度 | 符合设计要求 | | 尺量：每 200m 测 4 处 | 1 |
| | | 平顺度 | | | | |

2）基本要求。

① 石方路堑的开挖宜采用光面爆破法。爆破后应及时清理险石、松石，确保边坡安全、稳定。

② 修筑填石路堤时，应进行地表清理，逐层水平填筑石块，摆放平稳，码砌边部。填筑层厚度及石块尺寸应符合设计和施工规范规定。填石空隙用石渣、石屑嵌压稳定。上、下路床填料和石料最大尺寸应符合规范规定。采用振动压路机分层碾压，压至填筑层顶面石块稳定，20t 以上压路机振压两遍无明显标高差异。

③ 路基表面应整修平整。

3）外观鉴定。

① 上边坡不得有松石。不符合要求时，每处减 1～2 分。

② 路基边线直顺，曲线圆滑。不符合要求时，单向累计长度每 50m 减 1～2 分。

### 三、路基路面压实度评定

路基和路面基层、底基层的压实度以重型击实标准为准，沥青层压实度以《公路沥青路面施工技术规范》（JTG F40—2004）的规定为准。对于特殊干旱、潮湿地区或过湿土，以路基设计施工规范规定的压实度标准进行评定。

标准密度应做平行试验，求其平均值作为现场检验的标准值。对于均匀性差的路基土质和路面结构层材料，应根据实际情况增补标准密度试验，求得相应的标准值，以控制和检验施工质量。

路基路面压实度以 1～3km 长的路段为检验评定单元，按本标准各有关章节要求的检测频率进行现场压实度抽样检查，求算每一测点的压实度 $K_i$。细粒土现场压实度检查可以采用灌砂法或环刀法；粗粒土及路面层压实度检查可以采用灌砂法、水袋法或钻孔取样蜡封法。采用核子密湿度仪时，须经对比试验检验，确认其可靠性。

各类基层和底基层压实度代表值（平均值的下置信界限）不得小于规定代表值，单点不得小于规定极值。小于规定代表值 2 个百分点的测点，应按其占总检查点数的百分率计算合格率。垫层的质量要求同相同材料的其他公路的底基层；联结层的质量要求同相应的基层或面层；中级路面的质量要求同相同材料的其他公路的基层。

检验评定段的压实度代表值 $K$（算术平均值的下置信界限）按下式计算

$$K = \bar{k} - \frac{t_a}{\sqrt{n}} S$$

式中　$\bar{k}$——检验评定段内各测点压实度的平均值；

　　　$t_a$——$t$ 分布表中随测点和保证率（或置信度 $\alpha$）而变的系数；

　　　$S$——检测值的标准差；

　　　$n$——检测点数。

保证率：高速公路、一级公路，其基层、底基层为 99%，路基、路面面层为 95%；其他公路，其基层、底基层为 95%，路基、路面面层为 90%。

对于路基、基层和底基层：

当 $K \geqslant K_0$（压实度标准值），且单点压实度 $K_i$ 全部大于或等于规定值减 2 个百分点时，评定路段的压实度合格率为 100%。

当 $K \geqslant K_0$，且单点压实度全部大于或等于规定极值时，按测定值不低于规定值减 2 个百分点的测点数计算合格率。

当 $K < K_0$ 或某一单点压实度 $K_i$ 小于规定极值时，该评定路段压实度为不合格，相应分项工程评为不合格。

路堤施工段较短时，分层压实度应各点均符合要求，且样本数不少于 6 个。

对于沥青面层：

当 $K \geqslant K_0$ 且全部测点大于或等于规定值减 1 个百分点时，评定路段的压实度合格率为 100%；当 $K \geqslant K_0$ 时，且单点压实度全部大于或等于规定极值时，按测定值不低于规定值减 1 个百分数点的测点数计算合格率。

当 $K < K_0$ 时，评定路段的压实度为不合格，相应分项工程评为不合格。

$t_a / \sqrt{n}$ 值见表 1-32。

**表 1-32**　　　　　　　　　　　　　　　　　$t_\alpha/\sqrt{n}$ 值

| 保证率（％）<br>$n$ | 99 | 95 | 90 | 保证率（％）<br>$n$ | 99 | 95 | 90 |
|---|---|---|---|---|---|---|---|
| 2 | 22.501 | 4.465 | 2.176 | 21 | 0.552 | 0.376 | 0.289 |
| 3 | 4.021 | 1.686 | 1.089 | 22 | 0.537 | 0.367 | 0.282 |
| 4 | 2.270 | 1.177 | 0.819 | 23 | 0.523 | 0.358 | 0.275 |
| 5 | 1.676 | 0.953 | 0.686 | 24 | 0.510 | 0.350 | 0.269 |
| 6 | 1.374 | 0.823 | 0.603 | 25 | 0.498 | 0.342 | 0.264 |
| 7 | 1.188 | 0.734 | 0.544 | 26 | 0.487 | 0.335 | 0.258 |
| 8 | 1.060 | 0.670 | 0.500 | 27 | 0.477 | 0.328 | 0.253 |
| 9 | 0.966 | 0.620 | 0.466 | 28 | 0.467 | 0.322 | 0.248 |
| 10 | 0.892 | 0.580 | 0.437 | 29 | 0.458 | 0.316 | 0.244 |
| 11 | 0.833 | 0.546 | 0.414 | 30 | 0.449 | 0.310 | 0.239 |
| 12 | 0.785 | 0.518 | 0.393 | 40 | 0.383 | 0.266 | 0.206 |
| 13 | 0.744 | 0.494 | 0.376 | 50 | 0.340 | 0.237 | 0.184 |
| 14 | 0.708 | 0.473 | 0.361 | 60 | 0.308 | 0.216 | 0.167 |
| 15 | 0.678 | 0.455 | 0.347 | 70 | 0.285 | 0.199 | 0.155 |
| 16 | 0.651 | 0.438 | 0.335 | 80 | 0.266 | 0.186 | 0.145 |
| 17 | 0.626 | 0.423 | 0.324 | 90 | 0.249 | 0.175 | 0.136 |
| 18 | 0.605 | 0.410 | 0.314 | 100 | 0.236 | 0.166 | 0.129 |
| 19 | 0.586 | 0.398 | 0.305 | >100 | $\dfrac{2.3265}{\sqrt{n}}$ | $\dfrac{1.6449}{\sqrt{n}}$ | $\dfrac{1.2815}{\sqrt{n}}$ |
| 20 | 0.568 | 0.387 | 0.297 | | | | |

[例 1-2]　某新建公路路基施工中，对其中的一段压实质量进行检查，压实度检测结果见表 1-33 所列，压实度标准为 95％。请按保证率为 95％计算该路段压实度的代表值，并进行质量评定。

**表 1-33**　　　　　　　　　　　　　　压 实 度 检 测 结 果

| 序号 | 1 | 2 | 3 | 4 | 5 | 6 | 7 | 8 | 9 | 10 |
|---|---|---|---|---|---|---|---|---|---|---|
| 压实度（％） | 96.4 | 95.4 | 93.5 | 97.3 | 96.3 | 95.8 | 95.9 | 96.7 | 95.3 | 95.6 |
| 序号 | 11 | 12 | 13 | 14 | 15 | 16 | 17 | 18 | 19 | 20 |
| 压实度（％） | 97.6 | 95.8 | 96.8 | 95.7 | 96.1 | 96.3 | 95.1 | 95.5 | 97.0 | 95.3 |

**解**　由题意，$K_0 = 95\%$；经计算，$\bar{k} = 95.97\%$，$S = 0.91\%$；

由 $n = 20$，$\alpha = 95\%$，查表 1-32 得：$t_\alpha/\sqrt{n} = 0.387$。

故 $K = \bar{k} - \dfrac{t_\alpha}{\sqrt{n}} S = 95.97\% - 0.387 \times 0.91\% = 95.62\% \geqslant K_0$，且单点检验都符合要求，所以该路段压实度评为合格。

# 小　　结

路基工程是道路工程第一分项工程，路基工程在施工中容易出现各种质量问题，因此路基工程的试验检测非常重要。路基工程质量的检测与评定是道路竣工验收工作的一部分。

路基工程包括路基本体、排水构造物和防护支挡工程三大部分，每一部分检测与评定都应按一般要求、实测项目、外观鉴定这三项进行。

路基填筑用土是由固体颗粒、水和气体三部分所组成的三相体，经碾压密实后，能有效地提高路基的强度、刚度和稳定性，因此路基压实质量控制是道路工程施工质量管理最重要的内容之一。

本学习情境介绍了土的分类，各类公路用土具有的不同工程性质，选择路基填筑材料的方法，路基工程施工前准备阶段、施工阶段、竣工验收阶段的检测内容和检测方法，以及路基工程的质量评定方法。

通过学习，使学生对路基工程各阶段的质量检测有一个系统的掌握。

# 习　　题

1. 检测界限含水率的意义是什么？界限含水率试验允许误差是多少？锥入深度、锥尖距离控制在多少？

2. 击实试验的目的是什么？击实试验采用的方法中分几层装入土样？每层击数是多少？

3. 简述界限含水率试验的步骤。

4. 不同材料的路基应采用哪种方法检测其压实度？

5. 简述灌砂法测定现场压实度的要点。

6. 在标准击实试验中准备试样的方法有哪些？

7. 简述用落球仪检测路基现场 $CBR$ 值的试验步骤。

8. 路基回弹模量的检测方法有哪些？试简述其试验步骤。

9. 土方路基、石方路基施工质量检查项目有何不同？

10. 某二级公路路基工程进行交工验收，已知压实度规定值为 93%，规定极值为 88%，测得某段路基压实度数值为 94.5%、95.5%、94.0%、93.5%、93.6%、92.5%、90.5%、94.5%、95.5%、95.5%，试对该段路基压实度检测结果进行评定。

# 学习情境 2 路面基层、底基层检测与评定

## 情境导入

路面基层、底基层是主要承重层，是路面结构的主要部分，因此，它必须具有足够的强度、刚度、稳定性，为满足这些要求，切实保证路面基层、底基层的施工质量，对路面基层、底基层材料技术性能的检测显得尤为重要。

在进场前，应该合理地选择基层底基层填料。基层、底基层填筑前应对照设计文件，现场调查填料，初拟填料的类型、来源地点、可供开采的数量、运输距离与条件、上路桩号，并对填料进行系列试验，以判断填料的可用性。

## 学习目标

### 知识目标

完成本学习情境的学习，学生能够熟悉路面基层、底基层工程的施工工艺；熟悉各项检测任务的目的和检测方法、步骤以及试验的原理；熟悉各种检测仪器的性能；熟悉与所检测项目相关的技术标准、技术规范和技术规程；能用定量的方法科学地评定路面基层、底基层的质量。

### 能力目标

学生能够熟练掌握路面基层、底基层工程在施工准备阶段、施工阶段、竣工验收阶段质量检验评定的工作过程，明确路面基层、底基层工程在各阶段中所要进行的各种检测项目，能熟练操作各种检测仪器进行试验；能够正确如实地填写原始记录；能够运用数理统计方面的知识对检测结果进行数据处理及评定。

## 任务 2.1 施工准备阶段的检测

### 2.1.1 任务导入

公路路面基层、底基层按材料力学行为可分为柔性类、半刚性类和刚性类三大类；按材料组成可分为有结合料稳定类和无黏结粒料类。高等级公路路面基层、底基层目前采用较广泛的是无机结合料稳定类，即半刚性基层、底基层材料，世界其他国家及我国部分公路应用了柔性基层。

半刚性基层、底基层的种类包括水泥稳定类、石灰稳定类、石灰工业废渣类（石灰粉煤灰、石灰钢渣等）及稳定综合类（水泥粉煤灰、水泥石灰稳定类等）。柔性基层、底基层的种类可分为有机结合稳定类（沥青碎石、沥青贯入等）和无黏结粒料类（级配碎石、级配砾石、级配砾碎石、填隙碎石等）。刚性基层类包括贫混凝土基层、水泥混凝土基层以及连续配筋水泥混凝土基层。半刚性材料、无黏结粒料类材料根据性能要求和设计标准，可运用于各级公路基层和底基层，而刚性基层一般适用于重交通（BZZ-100kN累计

标准轴次 1200 万～3000 万次/车道）、特重交通（BZZ-100kN 累计标准轴次大于 3000 万次/车道）或有特殊使用要求的路面基层。本情境主要就半刚性和无黏结粒料类基层、底基层材料的技术要求、混合料组成设计方法以及材料试验检测方法做较系统的论述。

　　基层、底基层施工准备阶段主要对原材料及各种配合比进行试验检测，避免不合格的材料用于工程，为开工做好前期准备工作。路面基层和底基层施工准备阶段需检测的项目见表 2-1。

**表 2-1　　　　　　　路面基层和底基层施工准备阶段需检测的项目**

| 序号 | 检测项目 | 采用规程（标准） |
|---|---|---|
| 1 | 原材料的技术性质分析 | 《公路工程质量检验评定标准》（JTG F80/1—2004）《公路工程无机结合料稳定材料试验规程》（JTG E51—2009） |
| 2 | 活性氧化钙、氧化镁含量测定 | |
| 3 | 无机结合料的组成设计 | |
| 4 | 水泥或石灰稳定土中石灰水泥剂量测定 | |
| 5 | 无机结合料稳定类材料的击实测定 | |
| 6 | 无机结合料稳定类材料的无侧限抗压强度测定 | |

　　在粉碎的或原状松散的土中掺入一定量的无机结合料（包括水泥、石灰或工业废渣等）和水，经拌和得到的混合料在压实与养生后，其抗压强度符合规定要求的材料称为无机结合料稳定材料。无机结合料稳定类基层与底基层主要有水泥稳定土、石灰稳定土、石灰工业废渣稳定土等。其中土作为基层材料的骨架，水泥和石灰则属于基层材料的胶凝物质。由于胶凝的机理不同，水泥属于水硬性胶凝材料，而石灰属于气硬性胶凝材料。无机结合料稳定土由于胶凝性质的不同和材料配比的多变性原因，其工程性质千差万别，则相应的试验检测方法也较复杂。

### 2.1.2　混合材料的组成设计

#### 一、混合材料成因及组成

（一）何谓无机结合料稳定土

　　在各种粉碎或原状松散的土、碎（砾）石、工业废渣中，掺入适当数量的无机结合料（如水泥、石灰或工业废渣等）和水，经拌和得到的混合料在压实和养生后，当其抗压强度符合规定的要求时，称为无机结合料稳定土。

　　无机结合料稳定材料的刚度介于柔性路面材料和刚性路面材料之间，常称之为半刚性材料。以此修筑的基层或底基层也称为半刚性基层或半刚性底基层。在我国已建成的高速公路和一级公路中，大多数路面都采用了这种基层。

（二）稳定土的组成

1. 稳定土的基本材料——土

　　土的矿物成分对稳定土性质具有重要影响，各类砂土、砂砾土、粉土和黏土均可用无机结合料稳定。一般规定土的液限不大于 40%，塑性指数不大于 20%。

　　级配良好的土用无机结合料稳定时，可节约无机结合料用量，并取得满意效果。

2. 稳定剂品种及其用量

（1）用石灰作稳定剂时，须测定石灰中有效 CaO 和 MgO 的含量。消石灰粉或生石灰粉，Ⅲ级以上的技术标准，妥善保管。

（2）用水泥作稳定剂时，硅酸盐类水泥较好，铝酸盐类水泥较差，优先选用终凝时间较长（6h 以上）的低强度水泥。水泥稳定土的强度随水泥剂量的增加而增长，但过多的水泥用量不经济，且易开裂，水泥剂量为 4％～6％较为合理。

（3）水泥稳定土的强度随水泥剂量增加而增加（石灰稳定土的强度一般存在最佳剂量，超过或低于此值石灰稳定土强度降低，对于黏性土及粉性土为 8％～14％；对砂性土则为 9％～16％）。

**二、原材料分析**

原材料中水泥质量的检测参见"道桥材料试验检测"课程，土的技术性质分析参见学习情境 1 中的内容，这里只介绍石灰质量的检测。

（一）石灰的认识

1. 何谓石灰

石灰是一种气硬性无机胶凝材料，生石灰是由以碳酸钙为主要成分的岩石（如石灰石）为原料，经过高温煅烧（加热至 900～1100℃），分解和排出 $CO_2$ 后得到的块状材料，主要成分为 CaO。其化学反应如下：

$$CaCO_3 \xrightarrow{>900℃} CaO + CO_2 \uparrow$$

优质的石灰色质洁白或略带灰色，质量较轻，其堆积密度为 800～1000kg/m³。

石灰在烧制过程中，往往由于石灰石原料的尺寸过大或窑中温度不均等原因，会生成欠火石灰。欠火石灰的颜色发青，内部含有未烧透的内核，未消化残渣含量高，有效氧化钙和氧化镁含量低，使用时缺乏黏结力。另一种情况是由于煅烧温度过高或时间过长，而生成过火石灰。过火石灰呈灰黑色，表面出现裂缝或玻璃状的外壳，体积收缩明显，密度大，消化缓慢。过火石灰用于建筑结构物中仍能继续消化，以致引起体积膨胀，导致产生裂缝等破坏现象，故危害极大。

2. 石灰的分类和组成

根据加工方法的不同将石灰分为：

（1）块状生石灰：由原料煅烧而成的原产品，主要成分为 CaO。

（2）生石灰粉：由块状生石灰磨细而得到的细粉，主要成分为 CaO。

（3）消石灰粉（也称熟石灰）：将生石灰用适量的水消化而得到的粉末，主要成分为 $Ca(OH)_2$。

（4）石灰浆（也称石灰膏）：将生石灰加多量的水（为石灰体积的 3～4 倍）消化而得到的可塑性浆体，主要成分为 $Ca(OH)_2$ 和水。如果水分加得更多，则呈白色悬浮液，称为石灰乳。

煅烧石灰的岩石常常会含有少量的碳酸镁，碳酸镁在 650℃时会分解生成氧化镁和排出 $CO_2$，因此石灰中含有次要成分氧化镁。石灰按氧化镁含量不同分为钙质石灰和镁质石灰。当氧化镁含量≤5％时，称为钙质石灰；当氧化镁含量＞5％时，称为镁质石灰。

3. 石灰的特性

（1）石灰的消化。块状生石灰在使用时必须加水使其消解成为粉末状的消石灰，这一过程称为消化或熟化，故消石灰也称熟石灰。其化学反应如下：

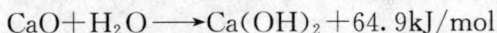

$$CaO + H_2O \longrightarrow Ca(OH)_2 + 64.9kJ/mol$$

消化的目的是使生石灰便于施工操作、具有一定的黏结性，并剔除杂质。

消化过程的特点：一是放热反应；二是体积膨胀，体积增大 1～2.5 倍。石灰消解的理论加水量仅为石灰质量的 32％，但由于消化是一个放热反应，实际加水量需达 70％以上。

在石灰消化时，应严格控制加水速度和加水量。对活性大的石灰，消解时加水要快，水量要多，并不断搅拌，避免已消化的石灰颗粒包围于未消化颗粒的周围，使内部石灰不易消化。对活性差的石灰，加水要慢，水量要少，使水温不至于过低，以尽量减少未消化颗粒的含量。为了消除过火石灰的危害，可在石灰消化后陈伏半月左右再使用。在陈伏期间，石灰浆表面应有一层水膜，使之与空气隔绝，以防止碳化。

（2）石灰的硬化。石灰的硬化过程包括干燥硬化和碳酸化两部分。

1）石灰浆的干燥硬化：石灰浆在使用中，因水分的蒸发或被砌体吸收，引起溶液过饱和而使 $Ca(OH)_2$ 结晶析出，产生结晶强度。但晶体数量极少，强度增长不显著。其化学反应如下：

$$[Ca(OH)_2 + nH_2O] \xrightarrow{\text{晶化}} Ca(OH)_2 + nH_2O\uparrow$$

2）硬化石灰浆的碳化：石灰浆体中的氢氧化钙与空气中的二氧化碳作用生成碳酸钙晶体。石灰浆体经碳化后获得的最终强度，称为碳化强度。碳化反应只有在有水的条件下才能进行，化学反应如下：

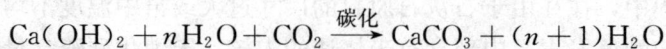

$$Ca(OH)_2 + nH_2O + CO_2 \xrightarrow{\text{碳化}} CaCO_3 + (n+1)H_2O$$

石灰浆体的硬化包括上面两个同时进行的过程，即内部以干燥硬化为主，表层则以碳化硬化为主。随着反应的进行，在石灰表面形成一层坚硬的碳酸钙薄层，使二氧化碳不易进入内部，内部的水分也不易蒸发，石灰的硬化速度随时间逐渐减慢。

**（二）石灰的技术性质**

用于道路或桥梁工程的石灰应符合下列技术要求：

（1）有效氧化钙和氧化镁含量。石灰中产生黏结性的有效成分是活性氧化钙和氧化镁，它们的含量是评价石灰质量的主要指标。石灰中有效氧化钙和氧化镁的含量越多，石灰的活性越高，质量越好，黏结性也越好。

有效氧化钙含量是石灰中活性的游离氧化钙占石灰试样质量的百分率，用中和滴定法测定；氧化镁含量是石灰中氧化镁占石灰试样质量的百分率，用络合滴定法测定。

（2）未消化残渣含量。未消化残渣含量是指石灰按标准方法消化后，未能消化而存留在 5mm 圆孔筛上的残渣质量占试样总质量的百分率。这些残渣为过火石灰或欠火石灰的颗粒，其含量越多，石灰质量越差。

（3）含水率。消石灰粉含水率是指化学结合水以外的含水率。生石灰在消化时的加水量是理论需水量的 2～3 倍，除部分水被消化放热蒸发掉外，多加的水均残留于氢氧化钙中，蒸发后留下的孔隙会加剧消石灰粉的碳化作用，从而影响石灰的质量。

（4）细度。细度是指消石灰粉颗粒的粗细程度，以消石灰粉在 0.71mm 和 0.125mm 方孔筛上的筛余百分率控制。石灰越细，其活性越大。石灰消解是否完全直接影响石灰的黏结性。筛余物包括未消化的过火石灰和欠火石灰颗粒，以及含有大量钙盐的石灰颗粒或未燃尽的煤渣等。

**（三）石灰的技术要求**

在公路工程中，石灰技术指标应符合我国行业标准《公路路面基层施工技术规范》（JTJ 034—2000）的规定。

**表 2-2　　　　　　　　石 灰 的 技 术 指 标**

| 项目 \ 类别 | 钙质生石灰 | | | 镁质生石灰 | | | 钙质消石灰 | | | 镁质消石灰 | | |
|---|---|---|---|---|---|---|---|---|---|---|---|---|
| 等级 | I | II | III | I | II | III | I | II | III | I | II | III |
| 有效钙加氧化镁含量（%） | ≥85 | ≥80 | ≥70 | ≥80 | ≥75 | ≥65 | ≥65 | ≥60 | ≥55 | ≥60 | ≥55 | ≥50 |
| 未消化残渣含量（5mm 圆孔筛的筛余，%） | ≤7 | ≤11 | ≤17 | ≤10 | ≤14 | ≤20 | | | | | | |
| 含水率（%） | | | | | | | ≤4 | ≤4 | ≤4 | ≤4 | ≤4 | ≤4 |
| 细度 — 0.71mm 方孔筛的筛余（%） | | | | | | | 0 | ≤1 | ≤1 | 0 | ≤1 | ≤1 |
| 细度 — 0.125mm 方孔筛的累计筛余（%） | | | | | | | ≤13 | ≤20 | — | ≤13 | ≤20 | — |
| 钙镁石灰的分类界限，氧化镁含量（%） | ≤5 | | | >5 | | | ≤4 | | | >4 | | |

**注**　硅、铝、镁氧化物含量之和大于 5% 的生石灰，有效钙加氧化镁含量指标，I 等≥75%，II 等≥70%，III 等≥60%；未消化残渣含量指标与镁质生石灰指标相同。

**（四）材料的工程应用**

（1）在道路工程中，石灰稳定土、石灰和水泥综合稳定土、石灰工业废渣稳定土等广泛用于路面的基层。

1）石灰稳定土。石灰稳定土是在粉碎的或原来松散的土（包括各种粗、中、细粒土）中，掺入足量的石灰和水，经拌和、压实及养生后得到的混合料。其包括以下两类：

① 石灰土。用石灰稳定细粒土得到的混合料，称为石灰土。其特点是：具有板体性，强度比砂石路面要高；有一定的水稳性和抗冻性，初期强度低，但其强度随龄期较长时间增长；收缩性大，容易开裂。

② 石灰砂砾土、石灰碎石土（统称石灰粒料）。

用石灰稳定中粒土和粗粒土得到的混合料，原材料为天然砂砾土或级配砂砾时，称为石灰砂砾土；原材料为碎石土或级配碎石时，称为石灰碎石土。其特点是：强度、水稳性、抗裂性均优于水泥土、石灰土，但不及水泥碎石（砂砾）和二灰碎石（砂砾）。

石灰稳定土具有一定的强度和耐水性，因此适用于各级公路的底基层，以及二级和二级以下公路的基层，但石灰土不得用做二级公路的基层和二级以下公路高级路面的基层。在冰冻地区的潮湿路段以及其他地区的过分潮湿路段，不宜采用石灰土做基层。但石灰稳定土的耐磨性差，不适宜作为路面的面层。

2）综合稳定土。同时用水泥和石灰稳定某种土得到的混合料，称为综合稳定土。综合稳定时，若水泥用量占结合料总量的 40% 以上，按水泥稳定类考虑，否则按石灰稳定类考虑。

3）石灰工业废渣稳定土。一定数量的石灰和粉煤灰或石灰和煤渣与其他集料配合，加入适量的水，经拌和、压实及养生后得到的混合料，称为石灰工业废渣稳定土（简称石灰工业废渣）。它可分为两大类：

① 石灰粉煤灰类。

  a. 二灰土、二灰砂。用石灰和粉煤灰稳定细粒土（或砂）得到的混合料，简称二灰土（或二灰砂）。其抗压强度及抗冻性优于石灰土，收缩性小于水泥土和石灰土，但早期强度低，施工受季节限制。

  b. 二灰砾石、二灰碎石（统称二灰集料）。用石灰和粉煤灰稳定级配碎石或级配砾石得到的混合料，分别简称二灰级配碎石（二灰碎石）或二灰级配砾石（二灰砾石）。其特点是，除早期强度偏低外，其他特点类同水泥砂砾（碎石），但抗裂性更好。用石灰、粉煤灰稳定钢渣、高炉重矿渣（须经水淬或经陈化稳定）得到的混合料，简称二灰钢渣、二灰重矿渣。其特点同二灰粒料。

  ② 石灰其他废渣类。

  a. 二渣类。用石灰、煤渣和土以及用石灰、煤渣和集料得到的混合料，分别称为石灰煤渣土和石灰煤渣集料等。

  b. 石灰钢渣类。用石灰稳定钢渣得到的混合料，简称石灰钢渣或钢渣石灰。如再加土得到的混合料则称为石灰钢渣土。用石灰、水淬渣稳定碎石得到的混合料简称石灰水淬渣碎石。钢渣混合料的早期强度和整体强度均高于碎石灰土和二灰碎石，是一种优质的半刚性材料。

  石灰工业废渣稳定土适用于各级公路的基层和底基层，但二灰、二灰土和二灰砂不应用做二级和二级以上公路高级路面的基层。

  （2）在桥梁工程中，用石灰膏或消石灰粉可配制成石灰砂浆、石灰水泥混合砂浆或石灰粉煤灰砂浆，广泛用于圬工砌体或抹面等装饰工程。

  （3）加固软土地基。在软土地基中打入生石灰桩，可利用生石灰吸水产生膨胀对桩周土壤起挤密作用，利用生石灰和黏土矿物间产生的胶凝反应使周围的土固结，从而达到提高地基承载力的目的。

### 三、混合材料的组成设计

（一）水泥稳定土的组成设计

1. 一般规定

（1）各级公路用水泥稳定土的 7d 浸水抗压强度应符合表 2-3 的规定。

表 2-3    **公路用水泥稳定土 7d 浸水抗压强度标准**    MPa

| 公路等级<br>层位 | 二级或二级以下公路 | 高速公路和一级公路 |
|---|---|---|
| 基层 | 2.0～3.0 | 3.0～4.0 |
| 底基层 | ≥1.5 | ≥2.0 |

  注　1　设计累计标准轴次小于 $12×10^6$ 的公路可采用低限值；设计累计标准轴次超过 $12×10^6$ 的公路可用中值；主要行驶重载车辆的公路应用高限值。某一具体公路应采用一个值，而不用某一范围。

    2　二级以下公路可取低限值；行驶重载车辆的公路，应取较高的值；二级公路可取中值；行驶重载车辆的二级公路应取高限值。某一具体公路应采用一个值，而不用某一范围。

  （2）水泥稳定土的组成设计应根据表 2-3 的强度标准，通过试验选取最适宜于稳定的土，确定必需的水泥剂量和混合料的最佳含水率，在需要改善混合料的物理力学性质时，还应确定掺加料的比例。

  （3）综合稳定土的组成设计应通过试验选取最适宜于稳定的土，确定必需的水泥和石灰剂量以及混合料的最佳含水率。

（4）采用综合稳定时，如水泥用量占结合料总量的 30％以上，应按本章的技术要求进行组成设计。水泥和石灰的比例宜取 60∶40、50∶50 或 40∶60。

（5）水泥稳定土的各项试验应按 JTG E51—2009 进行。

2. 原材料的试验

（1）在水泥稳定土层施工前，应取所定料场中有代表性的土样按 JTG E40—2007 的规定进行下列试验：

1）颗粒分析；

2）液限和塑性指数；

3）相对密度；

4）击实试验；

5）碎石或砾石的压碎值；

6）有机质含量（必要时做）；

7）硫酸盐含量（必要时做）。

（2）对级配不良的碎石、碎石土、砂砾、砂砾土、砂等，宜改善其级配。

（3）应检验水泥的标号和终凝时间。

3. 材料的技术要求

对于高速公路和一级公路，水泥稳定土所用的粗粒土和中粒土应满足以下要求：

（1）水泥稳定土用做底基层时，单个颗粒的最大粒径不应超过 37.5mm。水泥稳定土的颗粒组成应在表 2-4 所列 1 号级配范围内，土的不均匀系数应大于 5。细粒土的液限不应超过 40％，塑性指数不应超过 17。对于中粒土和粗粒土，如土中小于 0.6mm 的颗粒含量在 30％以下，塑性指数可稍大些。实际工作中，宜选用不均匀系数大于 10、塑性指数小于 12 的土。塑性指数大于 17 的土，宜采用石灰稳定，或用水泥和石灰综合稳定。对于中粒土和粗粒土，宜采用表 2-4 中 2 号级配，但小于 0.075mm 的颗粒含量和塑性指数可不受限制。

（2）水泥稳定土用做基层时，单个颗粒的最大粒径不应超过 31.5mm。水泥稳定土的颗粒组成应在表 2-4 所列 3 号级配范围内。

**表 2-4　　　　　　　　　水泥稳定土的颗粒组成范围**

| 筛孔尺寸（mm） ＼ 颗粒级配 | 1 | 2 | 3 |
|---|---|---|---|
| 37.5 | | | 100 |
| 31.5 | 100 | 100 | 93～100 |
| 19 | 68～86 | 90～100 | 75～90 |
| 9.5 | 38～58 | 60～80 | 50～70 |
| 4.75 | 22～32 | 29～49 | 29～50 |
| 2.36 | 16～28 | 15～32 | 15～35 |
| 0.6 | 8～15 | 6～20 | 6～20 |
| 0.075 | 0～3 | 0～5 | 0～5 |

4. 混合料的设计步骤

（1）分别按下列五种水泥剂量配制同一种土样、不同水泥剂量的混合料。

1）做基层用：

中粒土和粗粒土：3%、4%、5%、6%、7%。

塑性指数小于 12 的细粒土：5%、7%、8%、9%、11%。

其他细粒土：8%、10%、12%、14%、16%。

2）做底基层用：

中粒土和粗粒土：3%、4%、5%、6%、7%。

塑性指数小于 12 的细粒土：4%、5%、6%、7%、9%。

其他细粒土：6%、8%、9%、10%、12%。

注：在能估计合适剂量的情况下，可以将五个不同剂量缩减到三或四个。如要求用做基层的混合料有较高强度时，水泥剂量可用 4%、5%、6%、7%、8%。

（2）确定各种混合料的最佳含水率和最大干（压实）密度，至少应做三个不同水泥剂量混合料的击实试验，即最小剂量、中间剂量和最大剂量。其他两个剂量混合料的最佳含水率和最大干密度用内插法确定。

（3）按规定压实度分别计算不同水泥剂量的试件应有的干密度。

（4）按最佳含水率和计算得到的干密度制备试件。进行强度试验时，作为平行试验的最少试件数量应不小于表 2-5 的规定。若试验结果的变异系数大于表中规定的值，则应重做试验，并找出原因，加以解决。如不能降低变异系数，则应增加试件数量。

表 2-5　　　　　　　　　　　　最少试件数量

| 土类 \ 变异系数（%） | <10 | 10~15 | 15~20 |
|---|---|---|---|
| 细粒土 | 6 | 9 | — |
| 中粒土 | 6 | 9 | 13 |
| 粗粒土 | — | 9 | 13 |

（5）试件在规定温度下保湿养生 6d，浸水 24h 后，按 JTG E51—2009 的规定进行无侧限抗压强度试验。

（6）计算试验结果的平均值和变异系数。

（7）根据表 2-3 的强度标准，选定合适的水泥剂量。此试件室内试验结果的平均抗压强度 $\overline{R}$ 应符合下列公式的要求：

$$\overline{R} \geqslant R_{d}/(1 - Z_{\alpha}C_{\nu}) \tag{2-1}$$

式中　$R_d$——设计抗压强度；

　　　$C_\nu$——试验结果的变异系数（以小数计）；

　　　$Z_\alpha$——标准正态分布表中随保证率（或置信度 $\alpha$）而变的系数，高速公路和一级公路应取保证率 95%，即 $Z_\alpha = 1.645$；其他公路应取保证率 90%，即 $Z_\alpha = 1.282$。

（8）工地实际采用的水泥剂量应比室内试验确定的剂量增加 0.5%～1.0%。采用集中厂拌法施工时，可只增加 0.5%；采用路拌法时，宜增加 1%。

（9）水泥的最小剂量应符合表 2-6 的规定。

（10）水泥改善土的塑性指数应不大于 6，承载比应不小于 240。

**表 2 - 6** 　　　　　　　　　　　　　**水 泥 的 最 小 剂 量** 　　　　　　　　　　　　　％

| 土类 ＼ 拌和方法 | 路拌法 | 集中厂拌法 |
|---|---|---|
| 细粒土或中粒土 | 4 | 3 |
| 粗粒土 | 5 | 4 |

（二）石灰稳定土的组成设计

1. 一般规定

（1）各级公路用石灰稳定土的 7d 浸水抗压强度应符合表 2-7 的规定。

**表 2 - 7** 　　　　　　　**公路用石灰稳定土 7d 浸水抗压强度标准** 　　　　　　　MPa

| 层位 ＼ 公路等级 | 二级或二级以下公路 | 高速公路和一级公路 |
|---|---|---|
| 基层 | ≥0.8 | — |
| 底基层 | 0.5～0.7 | ≥0.8 |

（2）石灰水泥稳定土的组成设计应根据表 2-7 的强度标准，通过试验选取最适宜于稳定的土，确定必需的或最佳的石灰剂量和混合料的最佳含水率，在需要改善混合料的物理力学性质时，还应确定掺加料的比例。

（3）采用综合稳定时，如水泥用量占结合料总量的 30％以上，应按本单元的技术要求进行组成设计。

（4）石灰稳定土的各项试验应按 JTG E51—2009 进行。

2. 原材料的试验

（1）在石灰稳定土层施工前，应取所定料场中有代表性的土样按 JTG E40—2007 进行下列试验：

1）颗粒分析；

2）液限和塑性指数；

3）击实试验；

4）碎石或砾石的压碎值；

5）有机质含量（必要时做）；

6）硫酸盐含量（必要时做）。

（2）对级配不良的碎石、碎石土、砂砾、砂砾土、砂等，宜改善其级配。

（3）应检验石灰的有效氧化钙和氧化镁含量。

3. 混合料的设计步骤

（1）分别按下列石灰剂量配制同一种土样、不同石灰剂量的混合料。

1）做基层用：

砂砾土和碎石土：3％、4％、5％、6％、7％。

塑性指数小于 12 的黏性土：10％、12％、13％、14％、16％。

塑性指数大于 12 的黏性土：5％、7％、9％、11％、13％。

2）做底基层用：

塑性指数小于 12 的黏性土：8％、10％、11％、12％、14％。

塑性指数大于 12 的黏性土：5％、7％、8％、9％、11％。

（2）确定各种混合料的最佳含水率和最大干（压实）密度，至少应做三个不同石灰剂量混合料的击实试验，即最小剂量、中间剂量和最大剂量。其他两个剂量混合料的最佳含水率和最大干密度用内插法确定。

（3）按规定压实度分别计算不同石灰剂量的试件应有的干密度。

（4）按最佳含水率和计算得到的干密度制备试件。进行强度试验时，作为平行试验的最少试件数量应不小于表 2-5 的规定。如试验结果的变异系数大于表中规定的值，则应重做试验，并找出原因，加以解决。如不能降低变异系数，则应增加试件数量。

（5）试件在规定温度下保湿养生 6d，浸水 24h 后，按 JTG E51—2009 进行无侧限抗压强度试验。

（6）计算试验结果的平均值和变异系数。

（7）根据表 2-7 的强度标准，选定合适的石灰剂量，此试件室内试验结果的平均抗压强度 $\overline{R}$ 应符合式（2-1）的要求。

（8）工地实际采用的石灰剂量应比室内试验确定的剂量 0.5％～1.0％。采用集中厂拌法施工时，可只增加 0.5％；采用路拌法时，宜增加 1％。

（9）石灰稳定不含黏性土的级配碎石、未筛分碎石和级配砂砾用做高级沥青路面的基层时，碎石和砂砾的颗粒组成应符合 JTJ 034—2000 中规定的级配碎石、未筛分碎石或级配砾石的级配范围，并应添加黏性土。石灰和所加土的总质量与碎石或砂砾的质量比宜为 1∶4～1∶5，即碎石或砾石在混合料中的质量应不小于 80％。

（10）综合稳定土的组成设计与上述步骤相同。

（三）石灰工业废渣稳定土的组成设计

1. 一般规定

（1）各级公路用石灰工业废渣稳定土的 7d 浸水抗压强度应符合表 2-8 的规定。

表 2-8　　　　　　　　　　　　　二灰混合料的抗压强度标准　　　　　　　　　　　　MPa

| 层位 \ 公路等级 | 二级或二级以下公路 | 高速公路和一级公路 |
|---|---|---|
| 基层 | ≥0.6 | ≥0.8 |
| 底基层 | ≥0.5 | ≥0.5 |

（2）石灰工业废渣稳定土的组成设计应根据表 2-8 的强度标准，通过试验选取最适宜于稳定的土，确定石灰、粉煤灰或石灰与煤渣的比例，确定石灰粉煤灰或石灰煤渣与土的质量比例，确定混合料的最佳含水率。

（3）对于 CaO 含量为 2％～6％的硅铝粉煤灰，采用石灰粉煤灰做基层或底基层时，石灰与粉煤灰的比例可以是 1∶2～1∶9。

（4）采用二灰土做基层或底基层时，石灰与粉煤灰的比例可为 1∶2～1∶4（对于粉性土，以 1∶2 为宜），石灰粉煤灰与细粒土的比例可以是 30∶70～90∶10。

（5）采用二灰级配集料做基层时，石灰与粉煤灰的比例可用 1∶2～1∶4，石灰粉煤灰与细粒土的比例可以是 20∶80～15∶85。

（6）采用石灰煤渣做基层或底基层时，石灰与煤渣的比例可为 20：80～15：85。

（7）采用石灰煤渣土做基层或底基层时，石灰与煤渣的比例可选用 1：2～1：4，石灰煤渣与细粒土的比例可以是 1：1～1：4。混合料中石灰不少于 10%，或通过试验选取强度较高的配合比。

（8）采用石灰煤渣做基层或底基层时，石灰：煤渣：集料可选用（7～9）：（26～33）：（67～58）。

（9）为提高石灰工业废渣的早期强度，可以外加 1%～2% 的水泥。

（10）各种混合料的各项试验应按 JTG E51—2009 进行。

2．原材料的试验

在石灰工业废渣稳定土层施工前，应取有代表性的土样进行下列试验：

（1）颗粒分析；

（2）液限和塑性指数；

（3）碎石或砾石的压碎值；

（4）有机质含量（必要时做）；

（5）石灰的有效钙和氧化镁含量；

（6）收集或试验粉煤灰的化学成分、细度和烧失量。

3．混合料的设计步骤

（1）制备不同比例的石灰粉煤灰混合料（如 10：90，15：85，20：80，25：75，30：70，35：65，40：60，45：55 和 50：50），确定其各自的最佳含水率和最大干密度，确定同一龄期和同一压实度试件的抗压强度，选用强度最大时的石灰粉煤灰比例。

（2）根据试验所得的二灰比例，制备同一种土样的 4～5 种不同配合比的二灰土或二灰级配集料。其配合比宜位于上述一般规定中第（4）条和第（5）条所列范围内。

（3）确定各种二灰土或二灰级配集料的最佳含水率和最大干密度（用重型击实试验法）。

（4）按规定达到的压实度，分别计算不同配合比时二灰土、二灰级配集料试件应有的干密度。

（5）按最佳含水率和计算得到的干密度制备试件。进行强度试验时，作为平行试验的试件数量应符合表 2-9 中的规定。如试验结果的变异系数大于表中规定的值，则应重做试验，并找出原因，加以解决。如不能降低变异系数，则应增加试件数量。

表 2-9　　　　　　　　　　　　最　少　试　件　数　量

| 变异系数（%）<br>土类 | <10 | 10～15 | 15～20 |
|---|---|---|---|
| 细粒土 | 6 | 9 | |
| 中粒土 | 6 | 9 | 13 |
| 粗粒土 | | 9 | 13 |

（6）试件在规定温度下保湿养生 6d，浸水 24h 后，按 JTG E51—2009 进行无侧限抗压强度试验。

（7）计算试验结果的平均值和变异系数。

（8）根据表 2-8 的强度标准，选定混合料的配合比。在此配合比下试件室内试验结果

的平均抗压强度 $\overline{R}$ 应符合式（2-1）的要求。

（9）石灰煤渣混合料的设计可参照上述石灰粉煤灰混合料的设计步骤。

### 2.1.3　任务实施

#### 检测项目一　石灰有效氧化钙和氧化镁含量测定

测定原理：利用活性氧化钙能与蔗糖化合成在水中溶解度较大的蔗糖钙，而其他钙盐则不与蔗糖作用的条件，用已知浓度的盐酸对石灰进行滴定（用酚酞指示剂），根据达到终点时盐酸的消耗量，可计算出活性 CaO 的含量，此方法称为中和法。

石灰的质量（活性）主要取决于活性 CaO 与 MgO 的含量。它们的含量越高，则石灰黏结性越好。

氧化镁与蔗糖作用反应缓慢，测定时间长，故此法测定的含量实际上以氧化钙为主。若要测定 MgO 的含量，可采用 EDTA 综合滴定法。先测定钙、镁总量，然后测定出钙含量，再计算镁含量。

在石灰土中，在同种剂量下石灰的等级越高，其效果越好。石灰的细度越大，比表面积越大，稳定效果越好。因此，一般石灰应达到三等以上标准。

【检测方法】　石灰有效氧化钙和氧化镁简易测定方法。

本方法适用于氧化镁含量在 5% 以下的低镁石灰，检测内容及要求见表 2-10。

表 2-10　　　　　　　　　石灰有效氧化钙和氧化镁检测内容及要求

| 序号 | 内容及要求 |
|---|---|
| 一、仪器准备 | |
| 1 | 方孔筛：0.15mm 各 1 个 |
| 2 | 烘箱：50～250℃，1 台 |
| 3 | 干燥器：直径 25cm，1 个 |
| 4 | 称量瓶：$\phi$30×50mm，10 个 |
| 5 | 瓷研钵：$\phi$12～13cm，1 个 |
| 6 | 分析天平：量程不小于 50g，感量 0.0001g，1 台 |
| 7 | 电子天平：量程不小于 500g，感量 0.01g，1 台 |
| 8 | 滴定台、滴定管、锥形瓶、玻璃珠若干等 |
| 二、试剂准备 | |
| 1 | 标 1mol/L 盐酸标准溶液：取 83mL（相对密度 1.19）浓盐酸用蒸馏水稀释至 1L，按下述方法标定其摩尔浓度后备用。<br>　　称取已在 180℃烘箱内烘干 2h 的碳酸钠（优级纯或基准纯）1.5～2g（精确到 0.0001g），记录为 $m_0$，置于 250mL 三角瓶中，加 100mL 水使其完全溶解；然后加入 2～3 滴 0.1% 甲基橙指示剂，记录滴定管中待标定的盐酸标准溶液初始体积 $V_1$，用待标定的盐酸标准溶液滴定，至碳酸钠溶液由黄色变为橙红色；将溶液加热至微沸，并保持微沸 3min，然后放在冷水中冷却至室温，如此时橙红色变为黄色，再用盐酸标准溶液滴定，到溶液出现稳定橙红色时为止，记录滴定管中盐酸标准溶液体积 $V_2$。$V_1$、$V_2$ 的差值即为盐酸标准溶液的消耗量 $V$ |
| 2 | 盐酸溶液的摩尔浓度计算：<br>$$N = m_0/0.053V \quad (mol/L)$$<br>式中　$m_0$——无碳酸钠的质量，g；<br>　　　　$V$——滴定时消耗盐酸标准溶液的体积，mL；<br>　　　　0.053——与 1.00mL 盐酸标准溶液相当的以克表示的无水碳酸钠的质量 |

续表

| 序号 | 内容及要求 |
|---|---|
| **三、试样准备** | |
| 1 | 生石灰试样：将生石灰试样粉碎，使颗粒不大于 1.18mm。拌和均匀后用四分法缩减至 200g 左右，放入研体中磨细，再经四分法缩减至 20g 左右。研磨所得石灰样品，应通过 0.15mm（方孔筛）的筛。从此细样中均匀挑取 10 余克，置于称量瓶中在 105℃烘箱中烘至恒重，储于干燥器中，供试验用 |
| 2 | 消石灰试样：将消石灰样品用四分法缩减至 10 余克。如有大颗粒存在，须在瓷研钵中磨细至无不均匀颗粒存在。置于称量瓶中在 105℃的烘箱中烘至恒重，储于干燥器中，供试验用 |
| **四、试验步骤** | |
| 1 | 迅速称取石灰试样 0.8～1.0g（准确至 0.0001g）置于 300mL 三角瓶中，记录试样质量 $m$。加入 150mL 新煮沸且冷却的蒸馏水和 10 颗玻璃珠。瓶口上插一短颈漏斗，使用带电阻的电炉加热 5min（调到最高挡），但勿使液体沸腾，放入冷水中迅速冷却 |
| 2 | 向三角瓶中滴入酚酞指示剂 2 滴，记录滴定管中盐酸溶液体积 $V_3$，在不断摇动下以盐酸标准溶液滴定，控制速度为 2～3 滴/s，至粉红色完全消失。稍停，又出现红色，继续滴入盐酸，如此重复几次，直到 5min 内不出现红色为止，记录滴定管中盐酸标准溶液体积 $V_4$。$V_3$、$V_4$ 的差值即为盐酸标准溶液的消耗量 $V_5$（读数精确至 0.1mL）。如滴定过程持续 0.5h 以上，则结果只能作参考 |
| **五、结果整理** | |
| 1 | 有效氧化钙与氧化镁含量的计算：<br>$$X = \frac{V_5 \times N \times 0.028}{m} \times 100 \qquad （\%）$$<br>式中　$V_5$——滴定消耗盐酸标准溶液的体积，mL；<br>　　　$N$——盐酸标准溶液的摩尔浓度，mol/L；<br>　0.028——氧化钙的毫克当量，因为氧化镁含量甚少，并且两者的毫克当量相差不大，故有效氧化钙和氧化镁的毫克当量都以氧化钙的毫克当量计算；<br>　　　$m$——试样质量，g |
| 2 | 对同一石灰样品至少应做两个试样和进行两次测定，并取两次测定结果的平均值代表最终结果 |

### 检测项目二　无机结合料稳定类材料的击实试验

不同的无机结合料稳定土，在不同的无机结合料剂量、不同的含水率、不同的击实功下可以达到不同的密实度，在公路工程的施工质量控制过程中，要求在一定压实功的作用下达到最大的密实度。本试验方法适用于在规定的试筒内，对水泥稳定土（在水泥水化前）、石灰稳定土及石灰（或水泥）粉煤灰稳定土进行击实试验，以绘制稳定土的含水率-干密度关系曲线，从而确定其最佳含水率和最大干密度。

【检测方法】　击实法。

试验集料的最大粒径宜控制在 31.5mm 以内（方孔筛）。

本试验方法分为三类，各类击实方法的主要参数列于表 2-11，其内容及要求见表 2-12。

表 2-11　　　　　　　　　　　　　　试验方法类别

| 类别 | 锤的质量（kg） | 锤击面直径（cm） | 落高（cm） | 试筒尺寸 | | | 锤击次数 | 每层锤击次数 | 平均单位击实功（J） | 容许最大粒径（mm） |
|---|---|---|---|---|---|---|---|---|---|---|
| | | | | 内径（cm） | 高（cm） | 容积（cm³） | | | | |
| 甲 | 4.5 | 5.0 | 45 | 10 | 12.7 | 997 | 5 | 27 | 2.687 | 19.0 |
| 乙 | 4.5 | 5.0 | 45 | 15.2 | 12.0 | 2177 | 5 | 59 | 2.687 | 19.0 |
| 丙 | 4.5 | 5.0 | 45 | 15.2 | 12.0 | 2177 | 3 | 98 | 2.677 | 37.5 |

**表 2 - 12**　　　　　　　　　　　　　**击 实 法 内 容 及 要 求**

| 序号 | 内容及要求 |
|---|---|
| **一、仪器准备** | |
| 1 | 击实筒：小型，内径 100mm、高 127mm 的金属圆筒，套环高 50mm，底座；中型，内径 152mm、高 170mm 的金属圆筒，套环高 50mm，直径 151mm、高 50mm 的筒内垫块，底座 |
| 2 | 多功能自控电动击实仪：击锤的底面直径 50mm，总质量 4.5kg。击锤在导管内的总行程为 450mm |
| 3 | 电子天平：量程 4000g，感量 0.1g |
| 4 | 电子天平：称量 15kg，感量 0.1g |
| 5 | 方孔筛：孔径 53、37.5、26.5、19、4.75、2.36mm 的筛各 1 个 |
| 6 | 量筒：50、100、500mL 的量筒各 1 个 |
| 7 | 直刮刀：长 200～250mm、宽 30mm、厚 3mm、一侧开口的直刮刀，用以刮平和修饰大粒料试件的表面 |
| 8 | 刮土刀：长 150～200mm、宽约 20mm 的刮刀，用以刮平和修饰小试件的表面 |
| 9 | 测定含水率用的铝盒、烘箱、脱模器、拌和工具、工字形刮平尺及游标卡尺等用具 |
| **二、试样准备** | |
| 1 | 将具有代表性的风干试料（必要时，也可以在 50℃烘箱内烘干）用木锤或木碾捣碎。土团均应捣碎到能通过 4.75mm 的筛孔，但应注意不使粒料的单个颗粒破碎或不使其破碎程度超过施工中拌和机械的破碎率 |
| 2 | 如试料是细粒土，将已捣碎的具有代表性的土过 4.75mm 筛备用（用甲法或乙法做试验）。<br>如试料中含有粒径大于 4.755mm 的颗粒，则先将试料过 19mm 的筛，如存留在筛孔 19mm 筛上的颗粒含量不超过 10%，则过 26.5mm 筛，留作备用（用甲法或乙法做试验）。<br>如试料中粒径大于 19mm 的颗粒含量超过 10%，则将试料过 37.5mm 的筛；如果存留在 37.5mm 筛上的颗粒不超过 10%，则过 53mm 的筛备用（用丙法试验） |
| 3 | 每次筛分后，均应记录超尺寸颗粒的百分率 $P$ |
| 4 | 在预定做击实试验的前一天，取有代表性的试料测定其风干含水率。对于细粒土，试样应不少于 100g；对于中粒土，试样不少于 1000g；对于粗粒土的各种集料，试样应不少于 2000g |
| **三、试验步骤** | |
| （一）甲法 | （1）将已筛分的试样用四分法逐次分小，至最后取出 10～15kg 试料。再用四分法将已取出的试料分成 5～6 份，每份试料的干质量为 2.0kg（对于细粒土）或 2.5kg（对于各种中粒土）。<br>（2）预定 5～6 个不同含水率，依次相差 0.5%～1.5%，且其中至少有两个大于和两个小于最佳含水率。<br>**注：** 对于中、粗粒土，最佳含水率附近取 0.5%，其余取 1%；对于细粒土，取 1%，但对于黏土，特别是重黏土，可能取 2%。<br>（3）按预定含水率制备试样。将五份试料平铺于金属盘内，将事先计算得到的该份试料中应加的水量均匀地喷洒在试料上，用小铲将试料充分拌和至均匀状态（如为石灰稳定土和水泥、石灰综合稳定土，可将石灰和试料一起拌匀），然后装入密闭容器或塑料口袋内浸润备用。<br>浸润时间：黏性土 12～24h，粉性土 6～8h，砂性土、砂砾土、红土砂砾、级配砂砾等可以缩短到 4h 左右，含土很少的未筛分碎石、砂砾和砂可缩短到 2h。浸润时间一般不超过 24h。<br>应加水量可按下式计算：<br>$$m_w = \left(\frac{m_n}{1+0.01\omega_n} + \frac{m_c}{1+0.01\omega_c}\right) \times 0.01\omega - \frac{m_n}{1+0.01\omega_n} \times 0.01\omega_n - \frac{m_c}{1+0.01\omega_c} \times 0.01\omega_c$$<br>式中　$m_w$——混合料中应加的水量，g；<br>　　　$m_n$——混合料中素土（或集料）的质量（原始含水率为 $\omega_n$，即风干含水率），g；<br>　　　$m_c$——混合料中水泥或石灰的质量（原始含水率为 $\omega_c$），g；<br>　　　$\omega$——要求达到的混合料的含水率，%。 |

续表

| 序号 | 内容及要求 |
|---|---|
| （一）甲法 | （4）将所需要的稳定剂水泥加到浸润后的试料中，并用小铲、泥刀或其他工具充分拌和至均匀状态。加有水泥的试样拌和后，应在 1h 内完成下述击实试验，拌和后超过 1h 的试样，应作废（石灰稳定土和石灰粉煤灰除外）。<br><br>（5）试筒套环与击实底板应紧密连接。将击实筒放在坚实的地面上，取制备好的试样（仍用四分法）400～500g（其量应使击实后的试件等于或略高于筒高的 1/5）倒入筒内，整平其表面并稍加压紧，然后按所需击实数进行第一层试样的击实。击实时，击锤自由铅直落下，落高应为 45cm，锤迹必须均匀分布于试样表面。第一层击实完后，检查该层高度是否合适，以便调整以后几层的试样用量。用刮土刀将已击实层的表面"拉毛"，然后重复上述做法，进行其余四层试样的击实。最后一层试样击实后，试样超出试筒顶的高度不得大于 6mm，超出高度过大的试件应该作废。<br><br>（6）用刮土刀沿套环内壁削挖（使试样与套环脱离）后，扭动并取下套环。齐筒顶细心刮平试样，并拆除底板。如试样底面略突出筒外或有孔洞，则应细心刮平或修补。最后用工字形刮平尺齐筒顶和筒底将试样刮平。擦净试筒的外壁，称其质量 $m_1$。<br><br>（7）用脱模器推出筒内试样。在试样内部从上到下取两个有代表性的样品（可将脱出试件用锤打碎后，用四分法采取），测定其含水率，计算至 0.1%。两个试样的含水率差值不得大于 1%。所取样品的数量见下表（如只取一个样品测定含水率，则样品的质量应为表列数值的两倍）：<br>擦净试筒，称其质量 $m_2$。<br><br>**测定含水率样品的数量**<br><br><table><tr><td>最大粒径（mm）</td><td>样品质量（g）</td></tr><tr><td>2.36</td><td>约 50</td></tr><tr><td>19</td><td>约 300</td></tr><tr><td>37.5</td><td>约 1000</td></tr></table><br>烘箱的温度应事先调整到 110℃ 左右，以使放入的试样能立即在 105～110℃ 的温度下烘干。<br><br>（8）按第（3）～第（7）项的步骤进行其余含水率下稳定土的击实和测定工作。凡已用过的试样，一律不再重复使用 |
| （二）乙法 | 当缺乏内径 10cm 的试筒，以及需要与承载比等试验结合起来进行时，采用乙法进行击实试验。本法更适宜于粒径达 19mm 的集料。<br><br>（1）将已过筛的试料用四分法逐次分小，至最后取出约 30kg 试料。再用四分法将取出的试料分成 5～6 份，每份试料的干重约为 4.4kg（细粒土）或 5.5kg（中粒土）。<br><br>（2）以下各部的做法与甲法第（2）～第（8）项相同，但应该先将垫块放入筒内底板上，然后加料并击实。所不同的是，每层需取制备好的试样约 900g（对于水泥或石灰稳定细粒土）或 1100g（对于稳定中粒土），每层的锤击次数为 59 次 |
| （三）丙法 | （1）将已过筛的试料用四分法逐次分小，至最后取出约 33kg 试料。再用四分法将取出的试料分成 6 份（至少要 5 份），每份质量约 5.5kg（风干质量）。<br><br>（2）预定 5～6 个不同含水率，依次相差 0.5%～1.5%，在估计的最佳含水率附近可只差 0.5%～1.5%。<br>注：对于水泥稳定类材料，在最佳含水率附近取 0.5%；对于石灰、二灰稳定类材料，根据具体情况在最佳含水率附近取 1%。<br><br>（3）同甲法第（3）项。<br><br>（4）同甲法第（4）项。<br><br>（5）将试筒、套环与夯击底板紧密地连接在一起，并将垫块放在筒内底板上。击实筒应放在坚实（最好是水泥混凝土）的地面上；取制备好的试样 1.8kg 左右［其量应使击实后的试样略高于筒高的 1/3（高出 1～2mm）］倒入筒内，整平其表面，并稍加压紧。然后将其安装到多功能自控电动击实仪上，设定所需锤击次数，进行第一层试样的击实。第一层击实完后检查该层的高度是否合适，以便调整以后两层的试样用量。用刮土刀或改锥将已击实的表面"拉毛"，然后重复上述做法，进行其余两层试样的击实。最后一层试样击实后，试样超出试筒顶的高度不得大于 6mm。超出高度过大的试件应该作废。<br><br>（6）用刮土刀沿套环内壁削挖（使试样与套环脱离）后，扭动并取下套环。齐筒顶细心刮平试样，并拆除底板，取走垫块。擦净试筒的外壁，称其质量 $m_1$。 |

续表

| 序号 | 内容及要求 |
|---|---|
| （三）丙法 | （7）用脱模器推出筒内试样。在试样内部从上到下取两个有代表性的样品（可将脱出试件用锤打碎后，用四分法采取），测定其含水率，计算至 0.1%，两个试样的含水率差值不得大于 1%。所取样品的数量应不少于 700g，如只取一个样品测定含水率，则样品的数量应不少于 1400g。烘箱的温度应事先调整到 110℃ 左右，以使放入的试样能立即在 105～110℃ 的温度下烘干。擦净试筒，称其质量 $m_2$。<br>（8）按第（3）～第（7）项进行其余含水率下稳定土的击实和测定。凡已用过的试料，一律不再重复使用 |

**四、结果整理**

| | |
|---|---|
| 1 | 计算每次击实后稳定土的湿密度：<br>$$\rho_w = \frac{m_1 - m_2}{V}$$<br>式中　$\rho_w$——稳定土的湿密度，$g/cm^3$；<br>　　　$m_1$——试筒与湿试样的合质量，g；<br>　　　$m_2$——试筒的质量，g；<br>　　　$V$——试筒的容积，$cm^3$ |
| 2 | 计算每次击实后稳定土的干密度：<br>$$\rho_d = \frac{\rho_w}{1 + 0.01\omega}$$<br>式中　$\rho_d$——稳定土的干密度，$g/cm^3$；<br>　　　$\omega$——土样的含水率，% |
| 3 | 制图：<br>（1）以干密度为纵坐标，以含水率为横坐标，绘制含水率-干密度曲线。曲线必须为凸形，如试验点不足以连成完整的凸形曲线，则应该进行补充试验。<br>（2）将试验各点采用二次曲线方法拟合曲线，曲线的峰值点对应的含水率及干密度即为最佳含水率和最大干密度 |
| 4 | 超尺寸颗粒的校正：当试样中大于规定最大粒径的超尺寸颗粒的含量为 5%～30% 时，按下式对试验所得最大干密度和最佳含水率进行校正（超尺寸颗粒的含量小于 5% 时，可以不进行校正）。<br>（1）最大干密度按下式校正：<br>$$\rho'_{dm} = \rho_{dm}(1 - 0.01P) + 0.9 \times 0.01PG'_a$$<br>式中　$\rho'_{dm}$——校正后的最大干密度，$g/cm^3$；<br>　　　$\rho_{dm}$——试验所得的最大干密度，$g/cm^3$；<br>　　　$P$——试样中超尺寸颗粒的百分率，%；<br>　　　$G'_a$——超尺寸颗粒的毛体积相对密度，计算精确至 $0.01g/cm^3$。<br>（2）最佳含水率按下式校正：<br>$$\omega'_0 = \omega_0(1 - 0.01P) + 0.01P\omega_a$$<br>式中　$\omega'_0$——校正后的最佳含水率，%；<br>　　　$\omega_0$——试验所得的最佳含水率，%；<br>　　　$P$——试样中超尺寸颗粒的百分率，%；<br>　　　$\omega_a$——超尺寸颗粒的吸水量，% |

**五、精密度或允许误差**

应做两次平行试验，取两次试验的平均值作为最大干密度和最佳含水率。两次重复性试验最大干密度的差不应超过 $0.05g/cm^3$（稳定细粒土）和 $0.08g/cm^3$（稳定中粒土和粗粒土），最佳含水率的差不应超过 0.5%（最佳含水率小于 10%）和 1.0%（最佳含水率大于 10%）。若超过上述规定值，应重做试验，直至满足精度要求。

混合料密度计算应保留小数点后 3 位有效数字，含水率应保留小数点后 1 位有效数字

**六、报告**

报告应包括以下内容：试样的最大粒径、超尺寸颗粒的百分率；无机结合料类型及剂量；所用试验方法类别；最大干密度（$g/cm^3$）、最佳含水率（%），并附击实曲线

无机结合料稳定类材料的含水率测试方法。含水率对无机结合料稳定材料的强度有很大影响，当含水率过小时，其发生化学与物理化学作用不充分，不能保证土团得到最大限度的粉碎和均匀拌和，也不能保证达到最大压实度要求，因此对于无机结合料稳定类结构层，均存在一个最佳含水率。因此，必须对含水率的试验方法有所了解。目前测定含水率的方法有烘干法、砂浴法、酒精法等，其内容及要求见表 2-13。

**【检测方法 1】**　烘干法。

本法是测定无机结合料稳定土含水率的标准方法。在 105~110℃ 的条件下烘干到恒重的稳定土称为干稳定土，湿稳定土和干定土的质量之差与干稳定土的质量之比的百分率称为稳定土的水量。具体试验方法同 1.1 中含水率测试的烘干法。

值得注意的是测定无机结合料稳定土含水率需要将烘箱提前升温到 105~110℃，使放入的混合料一开始就能在 105~110℃ 的条件下烘干。这是因为水泥与水拌和就会发生水化作用，在较高温度下水化作用发生得较快。如需测含水率的水泥混合料放在原为室温的烘箱内，再启动烘箱升温，则在升温过程中水泥与水的水化作用发生得较快。而烘干法又不能除去已与水泥发生水化作用的水，这样得出的含水率往往偏小。

**【检测方法 2】**　砂浴法

本方法适用于在工地快速测定无机结合料稳定土的含水率。当土中含有大量石膏、碳酸或有机质时，不应使用本方法。其内容及要求见表 2-13。

表 2-13　　　　　　　　　　　砂浴法内容及要求

| 序号 | 内容及要求 |
| --- | --- |
| 一、仪器准备 | |
| 1 | 对于稳定细粒土：<br>(1) 铝盒：直径约 50mm，高 25~30mm。<br>(2) 电子天平：量程不小于 150g，感量 0.01g。<br>(3) 砂浴：直径约 200mm、深至少 25mm 的砂浴 1 个，其中放有清洁的砂。也可以使用更大的砂浴，一次烘干几个试样。<br>(4) 加热砂浴的设备：1 套。<br>(5) 调土刀：刀片长 100mm、宽 20mm |
| 2 | 对于稳定中粒土：<br>(1) 天平：量程不小于 1000g，感量 0.1g。<br>(2) 方盘：边长约 200mm、深约 50mm 的白铁皮方盘。<br>(3) 砂浴：能放入方盘的砂浴 1 个，砂深至少 25mm。<br>(4) 加热砂浴的设备：1 套。<br>(5) 调土刀：刀片长 100mm、宽 20mm。<br>(6) 长方盘：长约 200mm、宽约 100mm |
| 3 | 对于稳定粗粒土：<br>(1) 天平：量程不小于 3000g，感量 0.1g。<br>(2) 方盘：边长约 250mm、深 50~70mm。<br>(3) 砂浴：能放入方盘的砂浴 1 个，砂深至少 25mm。<br>(4) 加热砂浴的设备：1 套。<br>(5) 调土刀：刀片长 100mm、宽 20mm。<br>(6) 长方盘：长约 200mm、宽约 100mm |

续表

| 序号 | 内容及要求 |
|------|-----------|
| 二、试验步骤 | |
| 1 | 对于稳定细粒土，其步骤如下：<br>（1）铝盒应该是清洁干燥的，称其质量 $m_1$，并精确到 0.01g。至少取 30g 试样，经粉碎后松松地放在铝盒中，盖上盒盖，称其质量 $m_2$，并精确到 0.01g。<br>（2）取下盒盖，将盛有试样的铝盒放在正在加热的砂浴内，但需注意勿使砂浴温度太高。在加热过程中，应该经常用调土刀搅拌试样，以促使水分蒸发。<br>（3）在加热一段时间（通常 1h 足够）使试样干燥后，从砂浴中取出铝盒，盖上盒盖，并放置冷却。<br>（4）称铝盒和烘干试样质量 $m_3$，并精确到 0.01g |
| 2 | 对于稳定中粒土和粗粒土，其步骤如下：<br>（1）方盘应该是清洁干燥的，称其质量 $m_1$，并精确到 0.1g。稳定中粒土的试样至少要 300g，稳定粗粒土的试样至少要 2000g。将试样弄碎并均匀地撒布在方盘内，称方盘和试样的合质量 $m_2$，并精确到 0.1g。<br>（2）将方盘放在正在加热的砂浴内，应注意砂浴温度不要过高。在加热过程中，应该经常用调土刀搅拌试样，以促使水分蒸发。<br>（3）在加热一段时间（通常 1h 足够）后，从砂浴中取出方盘，并让其冷却。<br>（4）在方盘冷却后，立即称方盘和烘干试样的合计质量 $m_3$，并精确到 0.1g |
| 三、结果整理 | |
| 1 | 计算无机结合料稳定材料的含水率：<br>$$\omega = \frac{m_2 - m_1}{m_3 - m_1} \times 100 \qquad (\%)$$<br>式中　$m_1$——铝盒或方盘的质量，g；<br>　　　$m_2$——铝盒或方盘和湿稳定材料的合计质量，g；<br>　　　$m_3$——铝盒或方盘和干稳定材料的合计质量，g |
| 2 | 进行两次平行试验，取算术平均值，保留至小数点后两位。允许重复性误差应符合下表的要求：<br>　　　　　含水率测定的允许重复性误差值　　　　　%<br><table><tr><td>含水率</td><td>允许误差</td></tr><tr><td>≤7</td><td>≤0.5</td></tr><tr><td>>7 且≤40</td><td>≤1</td></tr><tr><td>>40</td><td>≤2</td></tr></table> |

**【检测方法 3】**　酒精法。

本方法适用于在工地快速测定无机结合料稳定土的含水率。对于粗粒土，因为需要大量酒精，而且火大有危险，所以不宜使用本方法。如果土中含有大量黏土、石膏、石灰质或有机质，则不能使用本方法。具体试验方法同 1.1 中含水率测试的酒精法。

砂浴法、酒精法测定含水率的精度较差，但是工地快速测定含水率的方法。

**检测项目三　无机结合料稳定类材料的无侧限抗压强度测定**

本试验方法适用于测定无机结合料稳定土（包括稳定细粒土、中料土和粗粒土）试件的无侧限抗压强度，从而可以对无机结合料稳定土的施工质量进行检测；还可以利用本试验进行无机结合料稳定土的组成设计。半刚性材料的压实度及 7d 抗压强度见表 2-14。

本试验方法包括按照预定干密度用静力压实法制备试件以及用锤击法制备试件。

**【检测方法】**　静力压实法。

　　试件都是高∶直径＝1∶1 的圆柱体。应该尽可能用静力压实法制备等干密度的试件。用击锤制备最大干密度的试件往往会遇到困难。其他稳定材料或综合稳定土的抗压强度试验应参照本方法。

　　半刚性材料的压实度及 7d 抗压强度见表 2－14。

表 2－14　　　　　　　　　　　　半刚性材料的压实度及 7d 抗压强度

| 混合料类型 | 层位 | 类别 | 高速公路、一级公路 | | 其他公路 | |
|---|---|---|---|---|---|---|
| | | | 压实度（％） | 抗压强度（kPa） | 压实度（％） | 抗压强度（kPa） |
| 水泥稳定类 | 基层 | 粗粒土 | 98 | 3～4 | 97 | 2～3 |
| | | 中粒土 | 98 | | 97 | |
| | | 细粒土 | — | | 95 | |
| | 底基层 | 粗粒土 | 96 | 2.0 | 95 | 1.5 |
| | | 中粒土 | 96 | | 95 | |
| | | 细粒土 | 95 | | 93 | |
| 石灰粉煤灰稳定类 | 基层 | 粗粒土 | 98 | 0.8 | 97 | 0.6 |
| | | 中粒土 | 98 | | 97 | |
| | | 细粒土 | — | | 95 | |
| | 底基层 | 粗粒土 | 96 | 0.5 | 95 | 0.5 |
| | | 中粒土 | 96 | | 95 | |
| | | 细粒土 | 95 | | 93 | |
| 石灰稳定类 | 基层 | 粗粒土 | | | 97 | 0.8 |
| | | 中粒土 | | | 97 | |
| | | 细粒土 | | | 95 | |
| | 底基层 | 粗粒土 | 96 | 0.8 | 95 | 0.5～0.7 |
| | | 中粒土 | 96 | | 95 | |
| | | 细粒土 | 95 | | 93 | |

　　路面强度试验仪外观见图 2－1，静力压实法内容及要求见表 2－15。

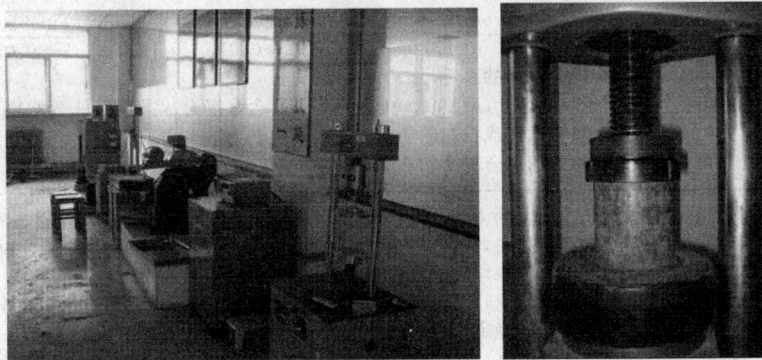

图 2－1　路面强度试验仪外观

表 2－15　　　　　　　　　　　　　　静力压实法内容及要求

| 序号 | 内容及要求 |
|---|---|
| **一、仪器准备** | |
| 1 | 方孔筛：孔径 53、37.5、31.5、26.5、4.75mm 和 2.36mm 的筛各一个 |
| 2 | 适用于下列不同土的试模尺寸为：<br>细粒土：试模的直径×高＝50mm×50mm；<br>中粒土：试模的直径×高＝100mm×100mm；<br>粗粒土：试模的直径×高＝150mm×150mm |
| 3 | 脱模器 |
| 4 | 反力框架：规格为 400kN 以上 |
| 5 | 液压千斤顶：200～1000kN |
| 6 | 钢板尺：量程 200mm 或 300mm，最小刻度 1mm |
| 7 | 压力机或万能试验机（也可用路面材料强度试验仪或测力计） |
| 8 | 标准养护室 |
| 9 | 水槽、游标卡尺、电子天平、量筒、拌和工具、漏斗、大小铝盒、烘箱等 |
| **二、试验准备** | |
| 1 | 　将具有代表性的风干试样（必要时，也可以在 50℃烘箱内烘干），用木锤和木碾捣碎，但应避免破坏料粒的原粒径。按照公称最大粒径的大一级筛，将土过筛并进行分类。<br>　在预定做试验的前一天，取有代表性的试样测定其风干含水率。对于细粒土，试样应不少于 100g；对于中粒土，试样应不少于 1000g；对于粗粒土，试样应不少于 2000g |
| 2 | 按照 JTG E51—2009 规定进行击实试验，确定无机结合料稳定材料的最佳含水率和最大干密度 |
| 3 | 　根据击实结果，称取一定质量的风干土，其质量随试件大小而变。对于 $\phi50×50mm$ 的试件，1 个试件需干土 180～210g；对于 $\phi100×100mm$ 的试件，1 个试件需干土 1700～1900g；对于 $\phi150×150mm$ 的试件，1 个试件需干土 5700～6000g。<br>　对于细粒土，可以一次称取 6 个试件的土；对于中粒土，一次宜称取 3 个试件的土；对于粗粒土，一次只称取 1 个试件的土 |
| 4 | 将准备好的试料分别装入塑料袋中备用 |
| **三、试件制作** | |
| 1 | 对于无机结合料稳定细粒土，至少应该制备 6 个试件；对于无机结合料稳定中粒土、粗粒土，至少分别应该制备 9 个和 13 个试件 |
| 2 | 根据击实结果和无机结合料的配合比，计算每份料的加水量、无机结合料的质量。<br>应加水量可按下式计算：<br>$$m_{w}=\left(\frac{m_{n}}{1+0.01\omega_{n}}+\frac{m_{c}}{1+0.01\omega_{c}}\right)×0.01\omega-\frac{m_{n}}{1+0.01\omega_{n}}×0.01\omega_{n}-\frac{m_{c}}{1+0.01\omega_{c}}×0.01\omega_{c}$$<br>式中　$m_{w}$——混合料中应加的水量，g；<br>　　　$m_{n}$——混合料中素土（或集料）的质量（原始含水率为 $\omega_{n}$，即风干含水率），g；<br>　　　$m_{c}$——混合料中水泥或石灰的质量（原始含水率为 $\omega_{c}$），g；<br>　　　$\omega$——要求达到的混合料的含水率，% |
| 3 | 　将称好的土放在长方盘（约 400mm×60mm×700mm）内。向土中加水拌料、闷料，石灰稳定材料和水泥、石灰综合稳定材料，石灰粉煤灰综合稳定材料，水泥粉煤灰综合稳定材料，可将石灰或粉煤灰和土一起拌和，将拌和均匀的试料放在密闭容器或塑料袋内浸润备用。<br>　对于细粒土（特别是黏性土），浸润时的含水率较佳含水率小 3%；对于中粒土和粗粒土，可按最佳含水率加水；对于水泥稳定类材料，加水量应比最佳含水率小 1%～2%。<br>　浸润时间：黏质土 12～24h，粉质土 6～8h，砂性土、砂砾土、红土砂砾、级配砂砾等可以缩短到 4h 左右；含土很少的未筛分碎石、砂砾及砂可以缩短到 2h。浸润时间一般不超过 24h |

续表

| 序号 | 内容及要求 |
|------|-----------|
| 4 | 在试件成型前 1h 内，加入预定数量的水泥或石灰并拌和均匀。在拌和过程中，应将预留的水（对于细粒土为 3%，对于水泥稳定类为 1%～2%）加入土中，使混合料达到最佳含水率。拌和均匀的加有水泥的混合料应在 1h 内按下列方法制成试件，超过 1h 的混合料应该作废。其他结合料稳定材料混合料更不受此限制，但也应尽快制成试件 |
| 5 | 用反力框架和液压千斤顶，或采用压力试验机制件。<br>将试模的下垫块放入试模的下部，但外露 2cm 左右。将称量的规定数量 $m_2$ 的稳定材料混合料分 2～3 次灌入试模中，每次灌入后用夯棒轻轻插实。如制的是 $\phi 50 \times 50mm$ 的小试件，则可以将混合料一次倒入试模中，然后将与试模配套的上垫块放入试模内，也应使其也外露 2cm 左右（即上、下垫块露出试模外的部分应该相等） |
| 6 | 将整个试模（连同上、下压块）放到反力框架内的千斤顶（千斤顶下应放一扁球座）或压力机上，以 1mm/min 的加载速度加压，直到上、下压柱都压入试模为止，并维持压力 2min |
| 7 | 解除压力后，取下试模，并放到脱模器上将试件顶出。采用水泥稳定有黏结性的材料（如黏质土）时，制件后可以立即脱模；采用水泥稳定无黏结性细粒土时，最好过 2～4h 再脱模；对于中、粗粒土的无机结合料稳定材料，也最好过 2～6h 脱模 |
| 8 | 在脱模器上取试件时，应用双手抱住试件侧面的中下部，然后沿水平方向轻轻旋转，待感觉到试件移动后，再将试件轻轻捧起，放置到试验台上。切勿直接将试件向上捧起 |
| 9 | 称试件的质量 $m_2$，小试件精确到 0.01g；中试件精确到 0.01g；大试件精确到 0.1g。然后用游标卡尺测量试件的高度 $h$，精确到 0.1mm。检查试件的高度和质量，不满足成型标准的试件作为废件 |
| 10 | 试件称量后应立即放在塑料袋中封闭，并用潮湿的毛巾覆盖，移放至养生室 |
| 11 | 计算单个试件的标准质量：$$m_0 = V\rho_{\max}(1 + \omega_{\mathrm{opt}})\gamma$$考虑到试件成型过程中的质量损耗，实际操作过程中每个试件的质量可增加 0%～2%，即$$m'_0 = m_0(1 + \delta)$$每个试件的干料（包括干土和无机结合料）总质量：$$m_1 = \frac{m'_0}{1 + \omega_{\mathrm{opt}}}$$每个试件中的无机结合料质量：<br>　外掺法　　　　　　　$$m_2 = m_1\frac{\alpha}{1 + \alpha}$$　内掺法　　　　　　　$$m_2 = m_1\alpha$$式中　$V$——试件体积，$cm^3$；<br>　　　$\omega_{\mathrm{opt}}$——混合料最佳含水率，%；<br>　　　$\rho_{\max}$——混合料最大干密度，$g/cm^3$；<br>　　　$\gamma$——混合料压实度标准，%；<br>$m_0$、$m'_0$——混合料质量，g；<br>　　　$m_1$——干混合料质量，g；<br>　　　$m_2$——无机结合料质量，g；<br>　　　$\delta$——计算混合料质量的冗余量，%；<br>　　　$\alpha$——无机结合料的掺量，%；<br>　　　$m_{\mathrm{w}}$——加水质量，g |
| 12 | 每个试件中的干土质量：$$m_3 = m_1 - m_2$$每个试件中的加水量：$$m_{\mathrm{w}} = (m_2 + m_3)\omega_{\mathrm{opt}}$$验算：$$m'_0 = m_2 + m_3 + m_{\mathrm{w}}$$式中　$m_3$——干土质量，g。<br>其余物理量含义同上式。 |

续表

| 序号 | 内容及要求 |
|------|-----------|
| **四、结果整理** | |
| 1 | 小试件的高度误差范围应为−0.1～+0.1cm；中试件的高度误差范围应为−0.1～+0.15cm；大试件的高度误差范围应为−0.1～+0.2cm |
| 2 | 质量损失要求：小试件应不超过标准质量5g；中试件应不超过25g；大试件应不超过50g |
| **五、养生** | |
| 1 | 试件从试模内脱出并称量后，中试件和大试件应装入塑料袋内。试件装入塑料袋后，将袋内的空气排除干净，扎紧袋口，将包好的试件放入养护室 |
| 2 | 标准养生的温度为20℃±2℃，标准养生的湿度≥95%。试件宜放在铁架或木架上，间距至少10～20mm。试件表面应保持一层水膜，并避免用水直接冲淋 |
| 3 | 对无侧限抗压强度试验，标准养生龄期是7d，最后一天浸水。对弯拉强度、间接抗拉强度，水泥稳定材料类的标准养生龄期是90d，石灰稳定材料类的标准养生龄期是180d。<br>在养生期的最后一天，将试件取出，观察试件的边角有无磨损和缺块，并称质量，然后将试件浸泡在20℃±2℃水中，应使水面高于试件顶约2.5cm |
| 4 | 如养生期间有明显的边角缺损，试件应作废。<br>对养生7d的试件，在养生期间，试件质量的损失应该符合下列规定：小试件不超过1g；中试件不超过10g；大试件不超过20g。质量损失超过此规定的试件，应该作废 |
| **六、抗压强度试验** | |
| 1 | 根据试验材料的类型和一般的工程经验，选择合适量程的测力计和压力机，试件破坏荷载应大于测力量程的20%且小于测力量程的80%。球形支座和上下顶板涂上机油，使球形支座能够灵活转动 |
| 2 | 将已浸水一昼夜的试件从水中取出，用软布吸去试件表面的水分，并称试件的质量 $m_4$ |
| 3 | 用游标卡尺量试件的高度 $h$，精确到0.1mm |
| 4 | 将试件放到路面材料强度试验仪或压力机上，并在升降台上先放一扁球座，进行抗压试验。试验过程中，应保持加载速率约为1mm/min。记录试件破坏时的最大压力 $P$(N) |
| 5 | 从试件内部取有代表性的样品（经过打破），测定其含水率 $\omega$ |
| 6 | 计算试件无侧限抗压强度：<br>$$R_c = \frac{P}{A} \qquad (\text{MPa})$$<br>式中　$P$——试件破坏时的最大压力，N；<br>　　　$A$——试件的截面积，$A = \frac{\pi}{4}D^2$；<br>　　　$D$——试件的直径，mm |
| **七、精密度或允许误差** | |

抗压强度保留1位小数。

同一组试件试验中，采用3倍均方差方法剔除异常值，小试件可以允许有1个异常值，中试件1～2个异常值，大试件2～3个异常值。异常值数量超过上述规定的试验应重做。

同一组试验的变异系数 $C_v$（%）符合下列规定时，方为有效试验：小试件不大于6%；中试件不大于10%；大试件不大于15%。

如不能保证试验结果的变异系数小于规定值，则应按允许误差10%和90%概率重新计算所需的试件数量，增加试件数量并另做新试验。新试验结果与老试验结果一并重新进行统计评定，直至变异系数满足上述规定

续表

| 序号 | 内容及要求 |
| --- | --- |
| 八、报告 | |

报告应包括以下内容：
(1) 材料的颗粒组成；
(2) 水泥的种类和强度等级，或石灰的等级；
(3) 重型击实的最佳含水率（%）和最大干密度（g/cm³）；
(4) 无机结合料类型及剂量；
(5) 试件干密度（保留 3 位小数，g/cm³）或压实度；
(6) 吸水量以及测抗压强度时的含水率（%）；
(7) 抗压强度保留 1 位小数；
(8) 若干个试验结果的最小值和最大值、平均值 $\overline{R}_c$、标准差 $S$、变异系数 $C_v$ 和 95% 保证率的值 $R_{c0.95}$（$R_{c0.95} = \overline{R}_c - 1.645S$）

## 任务 2.2　施工阶段的检测

### 2.2.1　任务导入

目前国内外应用最多的半刚性基层、底基层材料是无机结合料稳定类材料，无机结合料稳定类材料强度的高低、稳定性的好坏直接影响公路的质量。

基层、底基层施工阶段检测项目除了按试验检测频率对准备阶段的项目及各种配合比设计进行检测外，还需进行一些现场的试验检测，避免不合格的成品产生。路面基层和底基层施工阶段需检测的项目见表 2 - 16。

表 2 - 16　　　　　　　　　　路面基层和底基层施工阶段需检测的项目

| 序号 | 检测项目 | 采用规程（标准） |
| --- | --- | --- |
| 1 | 水泥或石灰稳定土中石灰水泥剂量测定 | 《公路工程质量检验评定标准》（JTG F80/1—2004） |
| 2 | 无机结合料稳定类材料的无侧限抗压强度测定 | 《公路工程无机结合料稳定材料试验规程》（JTG E51—2009） |
| 3 | 厚度检测 | |

### 2.2.2　任务实施

无机结合料稳定类材料的无侧限抗压强度测定参见本学习情境任务 2.1 中的内容，厚度检测参见学习情境 3 中的内容。

#### 检测项目　水泥或石灰稳定材料中水泥或石灰剂量测定

无机结合料稳定土是整体性半刚性材料，具有强度高、板体性能好的独有特性，广泛地被用于路面承重层基层上，尤其是石灰稳定土。而稳定土的效果，即强度形成有许多影响因素，其中无机结合料（石灰、水泥）的剂量起着决定性的作用。水泥（石灰）剂量是指水泥（石灰）的质量与干土质量的百分比。石灰剂量较低（3%～4%）时，石灰主要起稳定作用，土的塑性、膨胀、吸水量较小，使土的密实度、强度得到改善。随着剂量的增加，强度和稳定性提高，但剂量超过一定范围时，强度反而降低。生产中常用的最佳剂量范围，对于粉性土、黏性土为 8%～14%；对于砂性土则为 9%～16%。剂量的确定应根据结构层技术要求进行混合料组成设计。经试验，石灰土的石灰剂量不低于 6%，不高于 18%，以 10%～14% 为经济实用。

水泥稳定土的强度随水泥剂量的增加而增长，不存在最佳剂量。但过多的水泥用量，虽获得强度的增加，经济上却不一定合理，且容易开裂。试验和研究证明，水泥剂量为 4%～8% 较为合理。

稳定土无机结合料剂量的测定方法常用的有 EDTA 滴定法、钙电极快速测定法两种。前者适用于工地快速测定稳定土的无机结合料的剂量，并可检查拌和的均匀性；后者适用于测定新拌石灰土和水泥土的结合料剂量。

**【检测方法】** EDTA 滴定法。

本试验方法适用于在工地快速测定水泥和石灰稳定土中水泥和石灰的剂量，并可以检查拌和的均匀性（见图 2-2）。用于稳定的土可以是细粒士也可以是中粒土和粗粒上。本方法不受水泥和石灰的龄期（7d 以内）影响。工地水泥和石灰稳定土含水率的少量变化（2%），实际上不影响测定结果。

本方法也可以用来测定水泥和石灰综合稳定土中的结合料剂量。

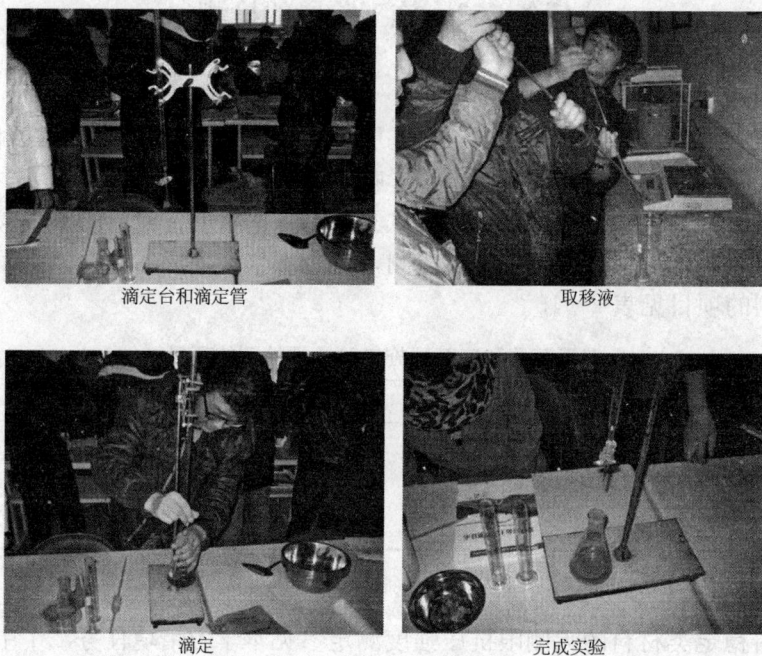

| 滴定台和滴定管 | 取移液 |
| 滴定 | 完成实验 |

图 2-2　EDTA 滴定法试验过程

EDTA 滴定法内容及要求见表 2-17。

表 2-17　　　　　　　　　　　　EDTA 滴定法内容及要求

| 序号 | 内容及要求 |
| --- | --- |
| 一、仪器准备 | |
| 1 | 滴定管（酸式）：50mL，1 支 |
| 2 | 滴定台：1 个 |
| 3 | 滴定管夹：1 个 |
| 4 | 大肚移液管：10mL，10 支 |

续表

| 序号 | 内容及要求 |
|---|---|
| 5 | 锥形瓶（即三角瓶）：200mL，20 支 |
| 6 | 烧杯：200mL 或 100mL，1 只；300mL，10 只 |
| 7 | 容量瓶：100mL，1 个 |
| 8 | 搪瓷杯：容量大于 1200mL，10 只 |
| 9 | 不锈钢棒（或粗玻璃棒）：10 根 |
| 10 | 量筒：100mL 和 5mL，各 1 只；50mL，2 只 |
| 11 | 棕色广口瓶：60mL，1 只 |
| 12 | 电子天平：量程不小于 1500g，感量 0.01g |
| 13 | 秒表：1 只 |
| 14 | 表面皿：直径 9cm，10 个 |
| 15 | 研钵：直径 12～13cm，1 个 |
| 16 | 土样筛：筛孔 2.0mm 或 2.5mm，1 个 |
| 17 | 洗耳球：1 两或 2 两，1 个 |
| 18 | 精密试纸：pH12～14 |
| 19 | 聚乙烯桶：20L，1 个（装蒸馏水）；10L，2 个（装氯化氨及 EDTA 二钠标准液）；5L，1 个（装氢氧化钠） |
| 20 | 毛刷、去污粉、吸水管、塑料勺、特种铅笔、厘米纸、洗瓶（塑料） |

二、试剂配制

| | |
|---|---|
| 1 | $0.1mol/m^3$ 乙二胺四乙酸二钠（简称 EDTA 二钠）标准液：准确称取 EDTA 二钠（分析纯）37.23g，用微热的无二氧化碳蒸馏水溶解，待全部溶解并冷却至室温后，定容至 1000mL |
| 2 | 10％氯化铵（$NH_4CL$）溶液：将 500g 氯化铵（分析纯或化学纯）放在 10L 的聚乙烯筒内，加蒸馏水 4500mL，充分振荡，使氯化铵完全溶解。也可以分批在 1000mL 的烧杯中配置，然后倒入塑料桶内摇匀 |
| 3 | 1.8％氢氧化钠（内含三乙醇胺）溶液：用电子天平称取 18g 氢氧化钠（分析纯），放入洁净干燥的 1000mL 烧杯中，加 1000mL 蒸馏水使其完全溶解，待溶液冷至室温后，加入 2mL 三乙醇胺（分析纯），搅拌均匀后储于塑料桶中 |
| 4 | 钙红指示剂：将 0.2g 钙试剂羟酸钠（分子式 $C_{21}H_{13}N_2NaO_7S$，分子量 460.39）与 20g 预先在 105℃烘箱中烘 1h 的硫酸钾混合，一起放入研钵中，研成极细粉末，储于棕色的广口瓶中，以防吸潮 |

三、准备标准曲线

| | |
|---|---|
| 1 | 取样：取工地用石灰和土。风干后用烘干法测其含水率（如为水泥，可假定其含水率为 0） |
| 2 | 混合料组成的计算：<br>公式：干料质量＝湿料质量／（1＋含水率）<br>（1）干混合料质量＝湿混合料／（1＋最佳含水率）<br>（2）干土质量＝干混合料质量／（1＋石灰或水泥剂量）<br>（3）干石灰或水泥质量＝干混合料质量－干土质量<br>（4）湿土质量＝干土质量×（1＋土的风干含水率）<br>（5）湿石灰质量＝干石灰质量×（1＋石灰的风干含水率）<br>（6）石灰土中应加入的水＝湿混合料质量－湿土质量－湿石灰质量 |

续表

| 序号 | 内容及要求 |
|------|-----------|
| 3 | 准备 5 种试样，每种两个样品（以水泥集料为例）。<br>　　如为水泥稳定中、粗粒土，每个样品取 1000g 左右（如为细粒土，则可称取 300g 左右）准备试验。为了减少中、粗粒土的离散，宜按设计级配单份掺配的方式备料。<br>　　5 种混合料的水泥剂量应为：水泥剂量为 0，接近最佳水泥剂量、最佳水泥剂量±2%和＋4%①，每种剂量取 2 个（为湿质量）试样，共 10 个试样，并分别放在 10 个大口聚乙烯桶（如为稳定细粒土，可用搪瓷杯或 1000mL 具塞三角瓶；如为粗粒土，可用 5L 的大口聚乙烯桶）内。土的含水率应等于工地预期达到的最佳含水率，土中所加的水应与工地所用的水相同。<br>　　注：在此，准备标准曲线的水泥剂量可为 0%、2%、4%、6%、8%。如水泥剂量较高或较低，应保证工地实际所用水泥或石灰的剂量位于标准曲线所用剂量的中间 |
| 4 | 取一个装有试样的盛样皿，在盛样皿中加入两倍试样质量（湿料质量）体积的 10%氯化铵溶液（如湿料质量为 300g，则氯化铵溶液为 600mL；如湿料质量为 1000g，则氯化铵溶液为 2000mL）。料为 300g，则搅拌 3min（每分钟搅拌 110～120 次）；料为 1000g，则搅拌 5min。如用 1000mL 具塞三角瓶，则手握三角瓶（瓶口向上）用力振荡 3min（每分钟 120 次±5 次），以代替搅拌棒搅拌。放置沉淀 10min，然后将上部清液转移到 300mL 烧杯中，搅匀，加盖表面皿待测。<br>　　注：如 10min 后得到的是混浊悬浮液，应增加放置时间，直到出现无明显悬浮颗粒的悬浮液为止，并记录所需时间，以后所有该种水泥或石灰稳定材料的试验均以这个时间为准 |
| 5 | 用移液管吸取液面下 1～2cm 悬浮液 10.0mL 放入 200mL 的三角瓶中，用量筒取 50mL 1.8%氢氧化钠（内含三乙醇胺）倒入三角瓶中，此时溶液的 pH 值为 12.5～13.0（可用 pH12～14 精密试纸检验），再加入钙红指示剂（质量为 0.2g），摇匀，溶液呈玫瑰红色。记录滴定管中 EDTA 二钠标准溶液的体积 $V_1$，然后用 EDTA 二钠标准液滴定，边滴边摇匀，并仔细观察溶液的颜色；在溶液颜色变为紫色时，放慢滴定速度，并摇匀，到纯蓝色为终点，记录滴定管中 EDTA 二钠标准溶液的体积 $V_2$（以 mL 计，读至 0.1mL）。计算 $V_1-V_2$，即为 EDTA 二钠标准溶液的消耗量 |
| 6 | 对其他几个盛样皿中的试样，用同样方法进行试验，并记录各自的 EDTA 二钠标准溶液消耗量 |
| 7 | 以同一水泥或石灰剂量稳定材料的 EDTA 二钠标准溶液消耗量的平均值（mL）为纵坐标，以水泥或石灰剂量（%）为横坐标制图，两者的关系应是一根顺滑的曲线。如素土、水泥或石灰改变，必须重作标准曲线 |

**四、试验步骤**

| | |
|------|-----------|
| 1 | 选取有代表性的无机结合料稳定材料，对稳定中、粗粒土取试样约 3000g，对稳定细粒土取试样约 1000g |
| 2 | 对水泥或石灰稳定细粒土，称 300g 放在搪瓷杯中，用搅拌棒将结块搅散，加 10%氯化铵溶液 600mL；对水泥或石灰稳定中、粗粒土，可直接称取 1000g 左右，放入 10%氯化铵溶液 2000mL，然后如前步骤进行试验 |
| 3 | 利用所绘制的标准曲线，根据 EDTA 二钠标准溶液的消耗量，确定混合料中的水泥或石灰剂量 |

**五、结果整理**

　　应进行两次平行测定，取算术平均值，精确至 0.1mL。允许重复性误差不得大于均值的 5%，否则重新进行试验

**六、报告**

　　报告中应包括：无机结合料稳定材料名称；试验方法名称；试验数量；试验结果极小值、极大值、平均值、标准差、变异系数

注意事项：

（1）每个样品搅拌的时间、速度和方式应力求相同，以增加试验精度。

（2）作标准曲线时，如工地实际水泥剂量较大，素集料和低剂量水泥的试样可以不做而直接用较高的剂量做试验，但应有两种剂量大于实际剂量，以及两种剂量小于实际剂量。应保证工地实际所用水泥或石灰的剂量位于标准曲线所用剂量的中间。

（3）配制的氯化铵溶液最好当天用完，不要放置过久，以免影响试验的精度。

## 任务 2.3　基层、底基层的评定

### 一、填隙碎石（矿渣）基层和底基层

（一）基本要求

（1）粗粒料应为质坚、无杂质的轧制石料或分解稳定的轧制矿渣，填缝料为 5mm 以下的轧制细料或粗砂。

（2）应用振动压路机碾压，使填缝料填满粗粒料空隙。

（二）实测项目

填隙碎石（矿渣）基层和底基层实测项目见表 2-18。

表 2-18　　　　　　　　　填隙碎石（矿渣）基层和底基层实测项目

| 项次 | 检查项目 | | 规定值或允许偏差 | | | | 检查方法和频率 | 权值 |
| --- | --- | --- | --- | --- | --- | --- | --- | --- |
| | | | 基层 | | 底基层 | | | |
| | | | 高速公路、一级公路 | 其他公路 | 高速公路、一级公路 | 其他公路 | | |
| 1△ | 固体体积率（%） | 代表值 | — | 85 | 85 | 83 | 灌砂法：每200m每车道2处 | 3 |
| | | 极值 | — | 82 | 82 | 80 | | |
| 2 | 弯沉值（×0.01mm） | | 符合设计要求 | | 符合设计要求 | | 按 JTG F80/1—2004 规定检查 | 2 |
| 3 | 平整度（mm） | | — | 12 | 12 | 15 | 3m 直尺：每200m测 2处×10尺 | 2 |
| 4 | 纵断面高程（mm） | | — | +5，−15 | +5，−15 | +5，−20 | 水准仪：每200m测 4个断面 | 1 |
| 5 | 宽度（mm） | | 符合设计要求 | | 符合设计要求 | | 尺量：每200m测 4处 | 1 |
| 6△ | 厚度（mm） | 代表值 | — | −10 | −10 | −12 | 按 JTG F80/1—2004 规定检查，每200m每车道测 1点 | 2 |
| | | 合格值 | — | −20 | −25 | −30 | | |
| 7 | 横坡（%） | | — | ±0.5 | ±0.3 | ±0.5 | 水准仪：每200m测 4个断面 | 1 |
| 合计 | | | | | | | | 12 |

（三）外观鉴定

表面应平整、坚实，边线整齐，无松散现象，不符合要求时，每处减1～2分。

## 二、级配碎（砾）石基层和底基层

（一）基本要求

(1) 选用质地坚韧，无杂质碎石、砂砾、石屑或砂，级配应符合要求。

(2) 配料必须准确，塑性指数必须符合规定。

(3) 混合料应拌和均匀，无明显离析现象。

(4) 碾压应遵循先轻后重的原则，洒水碾压至要求的密实度。

（二）实测项目

级配碎（砾）石基层和底基层实测项目见表2-19。

表2-19　　　　　　　　级配碎（砾）石基层和底基层实测项目

| 项次 | 检查项目 | | 规定值或允许偏差 | | | | 检查方法和频率 | 权值 |
| | | | 基层 | | 底基层 | | | |
| | | | 高速公路、一级公路 | 其他公路 | 高速公路、一级公路 | 其他公路 | | |
| 1△ | 压实度（%） | 代表值 | 98 | 98 | 96 | 96 | 按JTG F80/1—2004规定检查 每200m 每车道2处 | 3 |
| | | 极值 | 94 | 94 | 92 | 92 | | |
| 2 | 弯沉值（×0.01mm） | | 符合设计要求 | | 符合设计要求 | | 按规定检查 | 3 |
| 3 | 平整度（mm） | | 8 | 12 | 12 | 15 | 3m直尺：每200m 测2处×10尺 | 2 |
| 4 | 纵断面高程（mm） | | +5，-10 | +5，-15 | +5，-15 | +5，-20 | 水准仪：每200m 测4个断面 | 1 |
| 5 | 宽度（mm） | | 符合设计要求 | | 符合设计要求 | | 尺量：每200m 测4处 | 1 |
| 6△ | 厚度（mm） | 代表值 | -8 | -10 | -10 | -12 | 按规定检查，每200m 每车道测1点 | 2 |
| | | 合格值 | -15 | -20 | -25 | -30 | | |
| 7 | 横坡（%） | | ±0.3 | ±0.5 | ±0.3 | ±0.5 | 水准仪：每200m 测4个断面 | 1 |
| 合计 | | | | | | | | 13 |

（三）外观鉴定

表面平整、密实，边线整齐，无松散，不符合要求时，每处减1～2分。

## 三、水泥稳定粒料（碎石、砂砾或矿渣等）基层和底基层

（一）基本要求

(1) 粒料应符合设计和施工规范要求，并应根据当地料源选择质坚干净的粒料；矿渣应分解稳定，未分解渣块应予剔除。

(2) 水泥用量和矿料级配应按设计要求控制准确。

（3）路拌深度应达到层底。

（4）摊铺时应注意消除离析现象。

（5）混合料应处于最佳含水率状态，用重型压路机碾压至要求的压实度。从加水拌和到碾压终了的时间不应超过 3～4h，并应短于水泥的终凝时间。

（6）碾压检查合格后立即覆盖或洒水养生，养生期要符合规范要求。

（二）实测项目

水泥稳定粒料基层和底基层实测项目见表 2-20。

表 2-20　　　　　　　　　　　　水泥稳定粒料基层和底基层实测项目

| 项次 | 检查项目 | | 规定值或允许偏差 | | | | 检查方法和频率 | 权值 |
| --- | --- | --- | --- | --- | --- | --- | --- | --- |
| | | | 基层 | | 底基层 | | | |
| | | | 高速公路、一级公路 | 其他公路 | 高速公路、一级公路 | 其他公路 | | |
| 1△ | 压实度（%） | 代表值 | 96 | 97 | 96 | 95 | 按规定检查：每 200m 每车道 2 处 | 3 |
| | | 极值 | 94 | 93 | 92 | 91 | | |
| 2 | 平整度（mm） | | 8 | 12 | 12 | 15 | 3m 直尺：每 200m 测 2 处×10 尺 | 2 |
| 3 | 纵断面高程（mm） | | +5，−10 | +5，−15 | +5，−15 | +5，−20 | 水准仪：每 200m 测 4 个断面 | 1 |
| 4 | 宽度（mm） | | 符合设计要求 | | 符合设计要求 | | 尺量：每 200m 测 4 处 | 1 |
| 5△ | 厚度（mm） | 代表值 | −8 | −10 | −10 | −12 | 按规定检查，每 200m 每车道测 1 点 | 3 |
| | | 合格值 | −15 | −20 | −25 | −30 | | |
| 6 | 横坡（%） | | ±0.3 | ±0.5 | ±0.3 | ±0.5 | 水准仪：每 200m 测 4 个断面 | 1 |
| 7△ | 强度（MPa） | | 符合设计要求 | | 符合设计要求 | | 按规定检查 | 3 |
| 合计 | | | | | | | | 14 |

（三）外观鉴定

（1）表面平整、密实，无坑洼、无明显离析，不符合要求时，每处减 1～2 分。

（2）施工接茬平整、稳定，不符合要求时，每处减 1～2 分。

**四、石灰稳定粒料（碎石、砂砾或矿渣等）基层和底基层**

（一）基本要求

（1）粒料应符合设计和施工规范要求，矿渣应分解稳定后才能使用。

（2）石灰质量应符合设计要求，块灰须经充分消解才能使用。

（3）石灰的用量应按设计要求控制准确，未消解生石灰必须剔除。

（4）路拌深度要达到层底。

（5）混合料应处于最佳含水率状态，用重型压路机碾压至要求的压实度。

（6）保湿养生，养生期应符合规范要求。

**（二）实测项目**

石灰稳定粒料基层和底基层实测项目见表 2－21。

表 2－21　　　　　　　石灰稳定粒料基层和底基层实测项目

| 项次 | 检查项目 | | 规定值或允许偏差 | | | | 检查方法和频率 | 权值 |
| --- | --- | --- | --- | --- | --- | --- | --- | --- |
| | | | 基层 | | 底基层 | | | |
| | | | 高速公路、一级公路 | 其他公路 | 高速公路、一级公路 | 其他公路 | | |
| 1△ | 压实度（%） | 代表值 | — | 97 | 96 | 95 | 按规定检查：每 200m每车道 2 处 | 3 |
| | | 极值 | — | 93 | 92 | 91 | | |
| 2 | 平整度（mm） | | | 12 | 12 | 15 | 3m 直尺：每 200m测 2 处×10 尺 | 2 |
| 3 | 纵断面高程（mm） | | — | ＋5，−15 | ＋5，−15 | ＋5，−20 | 水准仪：每 200m测 4 个断面 | 1 |
| 4 | 宽度（mm） | | 符合设计要求 | | 符合设计要求 | | 尺量：每 200m测 4 处 | 1 |
| 5△ | 厚度（mm） | 代表值 | — | −10 | −10 | −12 | 按规定检查，每 200m每车道测 1 点 | 2 |
| | | 合格值 | — | −20 | −25 | −30 | | |
| 6 | 横坡（%） | | — | ±0.5 | ±0.3 | ±0.5 | 水准仪：每 200m测 4 个断面 | 1 |
| 7△ | 强度（MPa） | | 符合设计要求 | | 符合设计要求 | | 按规定检查 | 3 |
| 合计 | | | | | | | | 13 |

**（三）外观鉴定**

（1）表面平整、密实，无坑洼，不符合要求时，每处减 1～2 分。

（2）施工接茬平整、稳定，不符合要求时，每处减 1～2 分。

## 五、水泥土基层和底基层

**（一）基本要求**

（1）土质应符合设计要求，土块应经粉碎。

（2）水泥用量应按设计要求控制准确。

（3）路拌深度应达到层底。

（4）混合料应处于最佳含水率状态，用重型压路机碾压至要求的压实度。从加水拌和到碾压终了的时间不应超过 3～4h，并应短于水泥的终凝时间。

（5）碾压检查合格后立即覆盖或洒水养生，养生期应符合规范要求。

**（二）实测项目**

水泥土基层和底基层实测项目见表 2－22。

**（三）外观鉴定**

（1）表面平整、密实、无坑洼，不符合要求时，每处减 1～2 分。

（2）施工接茬平整、稳定，不符合要求时，每处减 1～2 分。

表 2-22　　　　　　　　　　　水泥土基层和底基层实测项目

| 项次 | 检查项目 | | 规定值或允许偏差 | | | | 检查方法和频率 | 权值 |
| | | | 基层 | | 底基层 | | | |
| | | | 高速公路、一级公路 | 其他公路 | 高速公路、一级公路 | 其他公路 | | |
| 1△ | 压实度（%） | 代表值 | — | 95 | 95 | 93 | 按规定检查：每 200m 每车道 2 处 | 3 |
| | | 极值 | — | 91 | 91 | 89 | | |
| 2 | 平整度（mm） | | — | 12 | 12 | 15 | 3m 直尺：每 200m 测 2 处×10 尺 | 2 |
| 3 | 纵断面高程（mm） | | — | +5，-15 | +5，-15 | +5，-20 | 水准仪：每 200m 测 4 个断面 | 1 |
| 4 | 宽度（mm） | | 符合设计要求 | | 符合设计要求 | | 尺量：每 200m 测 4 处 | 1 |
| 5△ | 厚度（mm） | 代表值 | — | -10 | -10 | -12 | 按规定检查，每 200m 每车道测 1 点 | 2 |
| | | 合格值 | — | -20 | -25 | -30 | | |
| 6 | 横坡（%） | | — | ±0.5 | ±0.3 | ±0.5 | 水准仪：每 200m 测 4 个断面 | 1 |
| 7△ | 强度（MPa） | | 符合设计要求 | | 符合设计要求 | | 按规定检查 | 3 |
| 合计 | | | | | | | | 13 |

## 六、石灰土基层和底基层

### （一）基本要求

（1）土质应符合设计要求，土块应经粉碎。

（2）石灰质量应符合设计要求，块灰须经充分消解才能使用。

（3）石灰和土的用量应按设计要求控制准确，未消解的生石灰块必须剔除。

（4）路拌深度要达到层底。

（5）混合料应处于最佳含水率状态，用重型压路机碾压至要求的压实度。

（6）保湿养生，养生期要符合规范要求。

### （二）实测项目

石灰土基层和底基层实测项目见表 2-23。

表 2-23　　　　　　　　　　　石灰土基层和底基层实测项目

| 项次 | 检查项目 | | 规定值或允许偏差 | | | | 检查方法和频率 | 权值 |
| | | | 基层 | | 底基层 | | | |
| | | | 高速公路、一级公路 | 其他公路 | 高速公路、一级公路 | 其他公路 | | |
| 1△ | 压实度（%） | 代表值 | — | 95 | 95 | 93 | 按规定检查：每 200m 每车道 2 处 | 3 |
| | | 极值 | — | 91 | 91 | 89 | | |

续表

| 项次 | 检查项目 | | 规定值或允许偏差 | | | | 检查方法和频率 | 权值 |
|---|---|---|---|---|---|---|---|---|
| | | | 基层 | | 底基层 | | | |
| | | | 高速公路、一级公路 | 其他公路 | 高速公路、一级公路 | 其他公路 | | |
| 2 | 平整度（mm） | | — | 12 | 12 | 15 | 3m 直尺：每 200m测 2 处×10 尺 | 2 |
| 3 | 纵断面高程（mm） | | — | +5，−15 | +5，−15 | +5，−20 | 水准仪：每 200m测 4 个断面 | 1 |
| 4 | 宽度（mm） | | 符合设计要求 | | 符合设计要求 | | 尺量：每 200m测 4 处 | 1 |
| 5△ | 厚度（mm） | 代表值 | — | −10 | −10， | −12 | 按规定检查，每 200m每车道测 1 点 | 2 |
| | | 合格值 | — | −20 | −25 | −30 | | |
| 6 | 横坡（%） | | — | ±0.5 | ±0.3 | ±0.5 | 水准仪：每 200m测 4 个断面 | 1 |
| 7△ | 强度（MPa） | | 符合设计要求 | | 符合设计要求 | | 按规定检查 | 3 |
| 合计 | | | | | | | | 13 |

**（三）外观鉴定**

（1）表面平整、密实，无坑洼，不符合要求时，每处减 1～2 分。

（2）施工接茬平整、稳定，不符合要求时，每处减 1～2 分。

## 七、石灰、粉煤灰土基层和底基层

**（一）基本要求**

（1）土质应符合设计要求，土块应经粉碎。

（2）石灰和粉煤灰质量应符合设计要求，石灰须经充分消解后才能使用。

（3）混合料配合比应准确，不得含有灰团和生石灰块。

（4）碾压时应先用轻型压路机稳压，后用重型压路机碾压至要求的压实度。

（5）保湿养生，养生期应符合规范要求。

**（二）实测项目**

石灰、粉煤灰土基层和底基层实测项目见表 2-24。

表 2-24　　　　　　　　　石灰、粉煤灰土基层和底基层实测项目

| 项次 | 检查项目 | | 规定值或允许偏差 | | | | 检查方法和频率 | 权值 |
|---|---|---|---|---|---|---|---|---|
| | | | 基层 | | 底基层 | | | |
| | | | 高速公路、一级公路 | 其他公路 | 高速公路、一级公路 | 其他公路 | | |
| 1△ | 压实度（%） | 代表值 | — | 95 | 95 | 93 | 按规定检查：每 200m每车道 2 处 | 3 |
| | | 极值 | — | 91 | 91 | 89 | | |
| 2 | 平整度（mm） | | — | 12 | 12 | 15 | 3m 直尺：每 200m测 2 处×10 尺 | 2 |

续表

| 项次 | 检查项目 | | 规定值或允许偏差 | | | | 检查方法和频率 | 权值 |
|---|---|---|---|---|---|---|---|---|
| | | | 基层 | | 底基层 | | | |
| | | | 高速公路、一级公路 | 其他公路 | 高速公路、一级公路 | 其他公路 | | |
| 3 | 纵断面高程（mm） | | — | +5，−15 | +5，−15 | +5，−20 | 水准仪：每200m测4个断面 | 1 |
| 4 | 宽度（mm） | | 符合设计要求 | | 符合设计要求 | | 尺量：每200m测4处 | 1 |
| 5△ | 厚度（mm） | 代表值 | — | −10 | −10 | −12 | 按规定检查，每200m每车道测1点 | 2 |
| | | 合格值 | | −20 | −25 | −30 | | |
| 6 | 横坡（%） | | | ±0.5 | ±0.3 | ±0.5 | 水准仪：每200m测4个断面 | 1 |
| 7△ | 强度（MPa） | | 符合设计要求 | | 符合设计要求 | | 按规定检查 | 3 |
| 合计 | | | | | | | | 13 |

（三）外观鉴定

（1）表面平整、密实，无坑洼，不符合要求时，每处减1～2分。

（2）施工接茬平整、稳定，不符合要求时，每处减1～2分。

## 八、石灰、粉煤灰稳定粒料（碎石、砂砾或矿渣等）基层和底基层

（一）基本要求

（1）粒料应符合设计和施工规范要求，并应根据当地料源选择质坚干净的粒料。矿渣应分解稳定，未分解渣块应予剔除。

（2）石灰和粉煤灰质量应符合设计要求，石灰须经充分消解后才能使用。

（3）混合料配合比应准确，不得含有灰团和生石灰块。

（4）摊铺时应注意消除离析现象。

（5）碾压时应先用轻型压路机稳压，再用重型压路机碾压至要求的压实度。

（6）保湿养生，养生期应符合规范要求。

（二）实测项目

石灰、粉煤灰稳定粒料基层和底基层实测项目见表2－25。

表 2 - 25　　　　　石灰、粉煤灰稳定粒料基层和底基层实测项目

| 项次 | 检查项目 | | 规定值或允许偏差 | | | | 检查方法和频率 | 权值 |
|---|---|---|---|---|---|---|---|---|
| | | | 基层 | | 底基层 | | | |
| | | | 高速公路、一级公路 | 其他公路 | 高速公路、一级公路 | 其他公路 | | |
| 1△ | 压实度（%） | 代表值 | 98 | 97 | 96 | 95 | 按JTG F80/1—2004规定检查：每200m每车道2处 | 3 |
| | | 极值 | 94 | 93 | 92 | 91 | | |

续表

| 项次 | 检查项目 | | 规定值或允许偏差 | | | | 检查方法和频率 | 权值 |
|---|---|---|---|---|---|---|---|---|
| | | | 基层 | | 底基层 | | | |
| | | | 高速公路、一级公路 | 其他公路 | 高速公路、一级公路 | 其他公路 | | |
| 2 | 平整度（mm） | | 8 | 12 | 12 | 15 | 3m 直尺：每 200m 测 2 处×10 尺 | 2 |
| 3 | 纵断面高程（mm） | | +5，−10 | +5，−15 | +5，−15 | +5，−20 | 水准仪：每 200m 测 4 个断面 | 1 |
| 4 | 宽度（mm） | | 符合设计要求 | | 符合设计要求 | | 尺量：每 200m 测 4 处 | 1 |
| 5△ | 厚度（mm） | 代表值 | −8 | −10 | −10 | −12 | 按 JTG F80/1—2004 规定检查，每 200m 每车道测 1 点 | 2 |
| | | 合格值 | −15 | −20 | −25 | −30 | | |
| 6 | 横坡（%） | | ±0.3 | ±0.5 | ±0.3 | ±0.5 | 水准仪：每 200m 测 4 个断面 | 1 |
| 7△ | 强度（MPa） | | 符合设计要求 | | 符合设计要求 | | 按 JTG F80/1—2004 规定检查 | 3 |
| 合计 | | | | | | | | 13 |

（三）外观鉴定

（1）表面平整、密实，无坑洼、无明显离析，不符合要求时，每处减 1～2 分。

（2）施工接茬平整、稳定，不符合要求时，每处减 1～2 分。

（3）混凝土路面铺筑后按施工规范要求养生。

## 九、半刚性基层和底基层材料强度评定

（1）半刚性基层和底基层材料强度以规定温度下保湿养生 6d、浸水 1d 后的 7d 无侧限抗压强度为准。

（2）在现场按规定频率取样，按工地预定达到的压实度制备试件。每 2000m² 或每工作班制备 1 组试件：稳定细粒土、中粒土或粗粒土，当多次变异系数 $C_v \leqslant 10\%$ 时，可为 6 个试件；$C_v = 10\% \sim 15\%$ 时，可为 9 个试件；$C_v > 15\%$ 时，则需 13 个试件。

（3）试件的平均强度 $\overline{R}$ 应满足下式要求：

$$\overline{R} \geqslant R_d / (1 - Z_\alpha C_v)$$

式中　$R_d$——设计抗压强度，MPa；

　　　$C_v$——试验结果的变异系数（以小数计）；

　　　$Z_\alpha$——标准正态分布表中随保证率而变的系数。

高速公路、一级公路：保证率 95%，$Z_\alpha = 1.645$；

其他公路：保证率 90%，$Z_\alpha = 1.282$。

（4）评定路段内半刚性材料强度为不合格时，相应分项工程为不合格。

# 小　　结

公路工程中应用的无机结合料主要是石灰和水泥，其本身质量的好坏直接影响无机结合

料稳定类材料的质量。

　　无侧限抗压强度是评价无机结合料稳定类材料强度的关键指标之一，它的大小直接影响无机结合料稳定类材料的路用性能，它也是确定无机结合料稳定类材料配合比例的重要控制指标。无机结合料的剂量更是无机结合料稳定类材料质量好坏的决定因素。

　　本学习情境介绍了路面基层、底基层施工准备阶段、施工阶段、竣工验收阶段的主要检测内容和检测方法，以及路面基层、底基层的质量评定方法。

　　通过学习，使学生对路面基层、底基层各阶段的质量检测有一个系统的掌握。

## 习　　题

1. 石灰中的氧化钙、氧化镁含量如何测定？
2. 无机结合料稳定类材料中石灰与水泥的含量如何测定？
3. 无机结合料稳定类材料含水率的测定与普通土的含水率测定有何区别？
4. 无机结合料稳定类材料击实试验与普通土的击实试验有何区别？
5. 简述无侧限抗压强度试验的意义与方法。
6. 稳定类基层在原材料方面各有哪些控制指标？
7. 路拌法和集中拌和法在石灰、水泥剂量和含水率方面各有什么规定？
8. 如何确定无机结合料基层材料的配合比？
9. 如何确定各种混合料的最佳含水率和最大干（压实）密度？
10. 简述无侧限抗压强度试验的过程。
11. 水泥土基层和底基层的质量如何评定？
12. 水泥稳定粒料基层和底基层的质量如何评定？
13. 石灰土基层和底基层的质量如何评定？
14. 石灰稳定粒料基层和底基层的质量如何评定？

# 学习情境 3　沥青路面面层检测与评定

## 情境导入

沥青路面面层工程施工中，按照施工准备阶段、施工阶段和竣工验收阶段进行试验检测评定，避免不合格的材料和产品流入下一道工序，只有保证每一道工序的质量，才能保证整个工程的质量。

## 学习目标

### 知识目标

完成本学习情境的学习，学生能够熟悉沥青路面面层工程的施工工艺；熟悉各项检测任务的目的和检测方法、步骤以及试验的原理；熟悉各种检测仪器的性能；熟悉与所检测项目相关的技术标准、技术规范和技术规程；能用定量的方法科学地评定路基的质量。

### 能力目标

学生能够熟练掌握沥青路面面层工程在施工准备阶段、施工阶段、竣工验收阶段质量检验评定的工作过程，明确沥青路面面层工程在各阶段中所要进行的各种检测项目，能熟练操作各种检测仪器进行试验；能够正确如实地填写原始记录；能够运用数理统计方面的知识对检测结果进行数据处理及评定。

## 任务 3.1　施工准备阶段的检测

### 3.1.1　任务导入

施工准备阶段主要对原材料及各种配合比进行试验检测，避免不合格的材料用于工程，为开工做好前期准备工作。沥青路面面层施工准备阶段需检测的项目见表 3-1。

表 3-1　　　　　　　　沥青路面面层施工准备阶段需检测的项目

| 序号 | 检测项目 | 采用规程（标准） |
|------|---------|-----------------|
| 1 | 沥青三大指标试验 | |
| 2 | 矿料性能试验 | |
| 3 | 沥青与矿料黏附性试验 | 《沥青及沥青混合料试验规程》（JTG E20—2011） |
| 4 | 车辙试验 | 《公路工程质量检验评定标准》（JTG F80/1—2004） |
| 5 | 马歇尔试验 | 《公路工程集料试验规程》（JTG E42—2005） |
| 6 | 压实沥青混合料的密度试验 | 《公路沥青路面施工技术规范》（JTG F40—2004） |
| 7 | 沥青混合料试件制作试验 | |
| 8 | 沥青最大理论密度检测 | |

| 序号 | 检测项目 | 采用规程（标准） |
|---|---|---|
| 9 | 沥青混合料单轴压缩试验 | 《沥青及沥青混合料试验规程》（JTG E20—2011） |
| 10 | 沥青混合料配合比设计 | 《公路工程质量检验评定标准》（JTG F80/1—2004）<br>《公路工程集料试验规程》（JTG E42—2005） |
| 11 | 沥青含量试验 | 《公路沥青路面施工技术规范》（JTG F40—2004） |

### 3.1.2　沥青混合料配合比设计

**一、沥青混合料配合比设计步骤**

（一）目标配合比设计阶段

目标配合比在沥青面层施工一个月前进行，通过目标配合比设计确定各矿料的组成比例，确定沥青混合料的最佳油石比，并进行残留稳定度检验。其设计框图见图 3-1。

以下为具体设计方法。

1. 矿质混合料组成设计

（1）根据道路等级、路面结构层位及结构层厚度等方面要求，选择适用的沥青混合料类型，并按照现行规范的内容确定相应矿料级配范围，经技术经济论证后确定。

（2）矿质混合料配合比计算。

1）组成材料的原始数据测定。按照规定方法对实际工程使用的材料进行取样，测试粗集料、细集料及矿粉的密度，并进行筛分试验，测定各种规格集料的粒径组成。

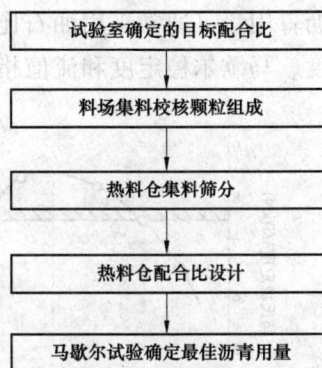

```
试验室确定的目标配合比
        ↓
料场集料校核颗粒组成
        ↓
热料仓集料筛分
        ↓
热料仓配合比设计
        ↓
马歇尔试验确定最佳沥青用量
```

图 3-1　沥青混合料目标配合比设计框图

2）确定各档集料的用量比例。根据各档集料的筛分结果，采用计算法或图解法，确定各规格集料的用量比例，求得矿质混合料的合成级配。矿质混合料的合成级配曲线必须符合设计级配范围的要求，不得有过多的犬牙交错。当经过反复调整仍有两个以上的筛孔超出设计级配范围时，必须对原材料进行调整或更换原材料重新设计。

通常情况下，合成级配曲线宜尽量接近设计级配中限，尤其应使 0.075、2.36、4.75mm 等筛孔的通过量尽量接近设计级配范围的中限。对于交通量大、轴载重的道路，合成级配可以考虑偏向级配范围的下限，而对于中小交通量或人行道路等，合成级配宜偏向级配范围的上限。

2. 沥青混合料马歇尔试验

沥青混合料马歇尔试验的主要目的是确定最佳沥青用量（以 OAC 表示）。沥青用量可以通过各种理论公式计算得到，但由于实际材料性质的差异，计算得到的最佳沥青用量仍然要通过试验进行修正，所以采用马歇尔试验是沥青混合料配合比设计的基本方法。

（1）制备试样。

1）马歇尔试件制备过程是针对选定混合料类型，根据经验确定沥青大致用量或依据推荐的沥青用量范围，在该用量范围内制备一批沥青用量不同，且沥青用量等差变化的若干组（通常为五组）马歇尔试件，并要求每组试件数量不少于 4 个。

2）按已确定的矿质混合料级配类型，计算某个沥青用量条件下一个马歇尔试件或一组试件中各种规格集料的用量（实践中大多是一个标准马歇尔试件矿料总量为 1200g 左右）。

　　3）确定一个或一组马歇尔试件的沥青用量（通常采用油石比），按要求将沥青和矿料拌制成沥青混合料，并按现行规范规定的击实次数和操作方法成型马歇尔试件。

　　（2）测定试件的物理力学指标。

　　首先，测定沥青混合料试件的密度，并计算试件的理论最大密度、空隙率、沥青饱和度、矿料间隙率等参数。在测试沥青混合料密度时，应根据沥青混合料类型及密实程度选择测试方法。在工程中，吸水率小于0.5%的密实型沥青混合料试件应采用水中重法测定；较密实的沥青混合料试件应采用表干法测定；吸水率大于2%的沥青混合料、沥青碎石混合料等不能用表干法测定的试件应采用蜡封法测定；空隙率较大的沥青碎石混合料、开级配沥青混合料试件可采用体积法测定。

　　然后，在马歇尔试验仪上，按照标准方法测定沥青混合料试件的马歇尔稳定度和流值。

　　3. 最佳沥青用量的确定

　　以沥青用量（通常采用油石比表示）为横坐标，以沥青混合料试件的密度、空隙率、沥青饱和度、马歇尔稳定度和流值指标为纵坐标，将试验结果绘制成关系曲线，见图3-2。

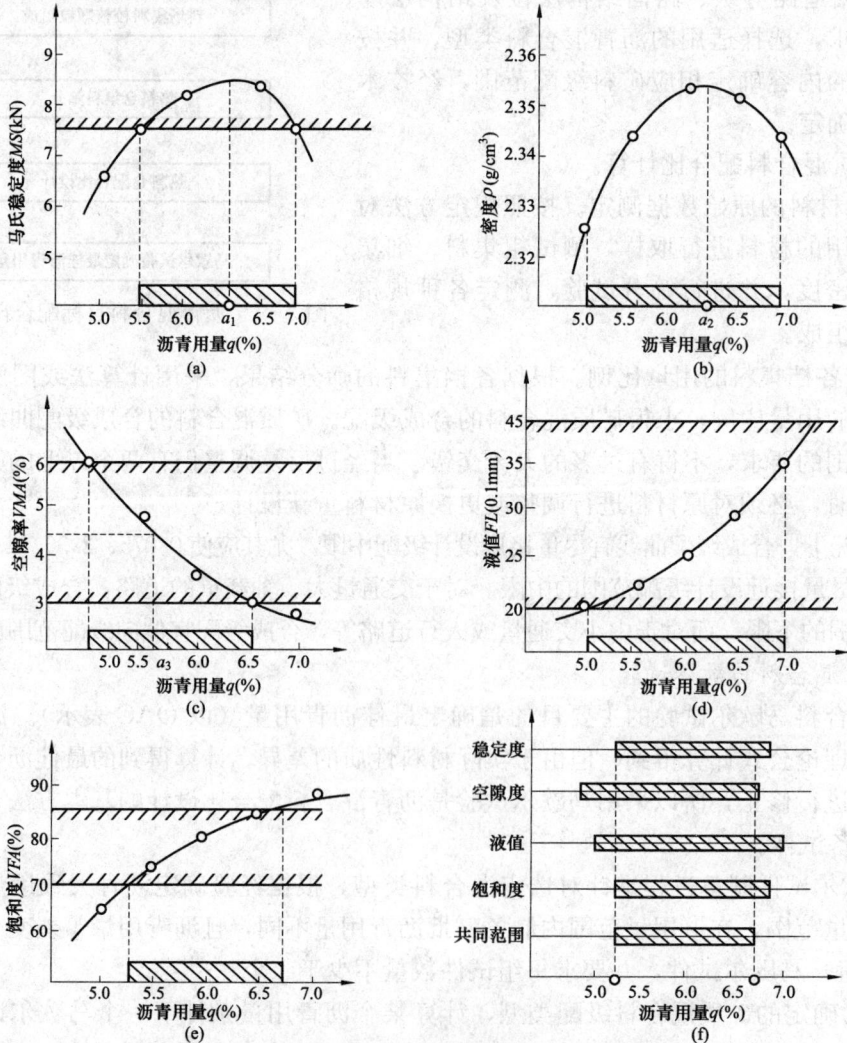

图3-2　沥青用量与马歇尔稳定度试验指标关系曲线

（1）确定最佳沥青用量的初始值 $OAC_1$。根据图 3-2，取马歇尔稳定度和密度最大值相对应的沥青用量 $a_1$ 和 $a_2$，以及与设计要求空隙率范围中值对应的沥青用量 $a_3$，由式（3-1）计算三者的平均值作为最佳沥青用量的初始值 $OAC_1$。公式如下：

$$OAC_1 = (a_1 + a_2 + a_3)/3 \tag{3-1}$$

（2）确定沥青最佳用量的中值 $OAC_2$。由新规范的内容确定沥青混合料的马歇尔试验技术标准，在图 3-2 上求出各项指标均符合技术标准的沥青用量范围 $OAC_{min} \sim OAC_{max}$，由式（3-2）计算沥青最佳用量的中值 $OAC_2$。公式如下：

$$OAC_2 = (OAC_{min} + OAC_{max})/2 \tag{3-2}$$

在图 3-2 中，首先检查在沥青用量为初始值 $OAC_1$ 时，沥青混合料的各项指标是否满足设计要求，同时检验 VMA 是否符合要求。当符合要求时，由 $OAC_1$ 及 $OAC_2$ 综合决定最佳沥青用量 OAC；否则应调整级配，重新进行马歇尔试验配合比设计，直到各项指标均能符合要求为止。

（3）根据 $OAC_1$ 和 $OAC_2$ 综合确定最佳沥青用量 OAC。最佳沥青用量 OAC 的选择应通过对沥青路面的类型、工程实践经验、道路等级、交通特性、气候条件等诸多因素的综合考虑分析后加以确定。

一般情况下，当 $OAC_1$ 与 $OAC_2$ 的结果接近时，可取二者的平均值作为最佳沥青用量 OAC。当 OAC 和 $OAC_2$ 结果有一定差距时，不能采用平均的方法确定最终的 OAC，而是分别通过随后的水稳性试验和高温稳定性试验，综合考察后决定。

对热区道路以及车辆渠化交通的高速公路、一级公路、城市快速路、主干路，预计有可能出现较大车辙时，可以在中限值 $OAC_2$ 与下限值 $OAC_{min}$ 的范围内决定最佳沥青用量，但一般不宜小于 $OAC_2$ 的 0.5%。

对寒区道路、旅游区道路，最佳沥青用量可以在中限值 $OAC_2$ 与上限值 $OAC_{max}$ 的范围内决定，但一般不宜大于 $OAC_2$ 的 0.3%。

4. 沥青混合料的性能检验

通过马歇尔试验和结果分析，得到的最佳沥青用量 OAC（必要时应包括 $OAC_1$ 和 $OAC_2$）还需要进一步的试验检验，以验证沥青混合料的关键性能是否满足路用技术要求。

（1）沥青混合料的水稳定性检验。按最佳沥青用量 OAC 制作马歇尔试件进行浸水马歇尔试验或冻融劈裂试验，检验试件的残留稳定度或冻融劈裂强度比是否满足要求。

（2）沥青混合料的高温稳定性检验。按最佳沥青用量 OAC 制作车辙试验试件，采用规定的方法进行车辙试验，检验设计沥青混合料的高温抗车辙能力是否达到规定的动稳定度指标。当其动稳定度不符合要求时，应对矿料级配或沥青用量进行调整，重新进行配合比设计。

如果试验中除了 OAC 以外，还要对 $OAC_1$ 和 $OAC_2$ 同时进行相应的试验检测，则要通过试验结果综合判断在何种沥青用量条件下，沥青混合料具有更好的性能表现，或能更好地满足特定路用需求，以此决定最终的最佳沥青用量。

（二）生产配合比设计阶段

此阶段在沥青面层施工前 10 天左右进行。通过试验确定各热料仓矿料和矿粉的用量，确定生产配合比的最佳油石比。其设计框图见图 3-3。

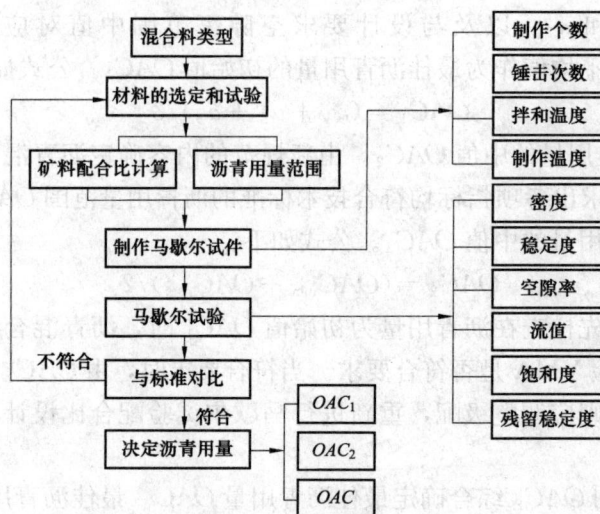

图 3-3　沥青混合料生产配合比设计框图

**（三）生产配合比验证阶段**

生产配合比验证阶段采用的机械设备、施工工序、质量管理和检验方法与面层正式开工的日常生产相同，通过试拌试铺，为正式铺筑提供经验和数据。其流程见图 3-4。

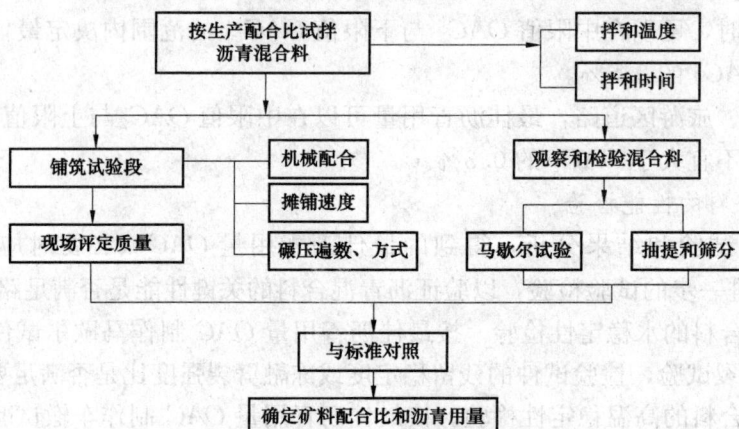

图 3-4　生产配合比验证流程图

1. 沥青混凝土试验段

试验路段施工分试拌和试铺两个阶段，需要确定以下内容：

（1）根据各种机械的施工能力相匹配的原则，确定合适的施工机械，按生产能力决定机械数量与组合方式。

（2）通过试拌决定：拌和机的操作方式，如上料速度、拌和速度、每盘拌和数量、拌和时间、拌和温度等；验证沥青混合料的配合比设计，确定正式的生产配合比和油石比。

（3）通过试铺决定：摊铺机的操作方式，如摊铺温度、摊铺速度、摊铺宽度、初步振捣夯实的方式和强度、自动找平方式等，压实机械的选择、组合、压实顺序、碾压速度、碾压遍数；施工缝的处理方法；各种沥青面的松铺系数；前后摊铺机的合理间距、两机接合部的质量控制、混合料的离析防控、摊铺层边部的压实机具与压实工艺。

2. 沥青混凝土拌和楼

（1）组成。沥青混凝土拌和设备一般分为四大部分，即中央控制室；由冷骨料给料装置及输送机、干燥箱组成的干燥机组；从热骨料提升机至搅拌器之间各部分组成的搅拌机组；由矿粉供给系统、沥青供给系统和除尘系统等共同组成的辅助机组。整个拌和楼系统工作由中央控制室控制。

中央控制室通过现代化的自动控制系统检查控制拌和楼系统的工作。控制室内的计算机是中央控制室的核心，拌和楼工作信息的发出、工作状况参数和配料比例控制均可在计算机上实现并获悉参数。拌和机组是热骨料、热沥青和填充料均匀拌和的重要环节。干燥机组中冷料仓的输送转速也直接影响混合料的拌和时间。

（2）工作原理。由中央控制室控制的整个拌和系统是在计算机发出开机命令后，冷料仓各个室内的骨料按目标配合比矿料级配比例调好粗略的转速落到皮带传送机上，由此进入干燥式拌和滚筒内，冷料供料机内的流量由变速电动机转速控制，骨料在筒内连续旋转前进，烘干后的骨料由热料提升机连续输入振动筛上进行筛分。筛分后不同规格的骨料分别落入热料仓的各个室内，矿粉由螺旋送料器送入热料仓中的粉料室，各种骨料、矿粉及沥青的比例由中央控制室的计算机控制各个室内的电子秤计量，随后输入搅拌锅内进行均匀搅拌，形成的成品料卸到下面送料小车上及时地送往储料罐中，通过储料罐卸料闸门，成品料落入下面的运输车。

**二、热拌沥青混合料配合比设计案例**

现以某高速公路为例，介绍沥青路面中面层用沥青混合料配合比设计操作过程。

1. 材料选择和原材料试验

对任何一个工程，在配合比设计之前，材料选择和原材料试验都是不可缺少的步骤，只有所有指标都符合规范要求的材料才允许使用。

（1）沥青。根据气候分区，某工程地处半干区的 2—2 区，按规范选择沥青标号为 90号。进口沥青到货后按试验规程要求取样，并委托质检部门进行质量检测试验，质量应符合我国重交通道路石油沥青技术要求，其主要技术指标见表 3—2。表中工程招标合同对规范规定的要求做了一些调整，只要不降低规范要求，是允许的。

表 3—2　　　　　　　　　　　　**（A 级）沥青质量检测结果**

| 项　目 | | 单位 | 技术要求（90 号） | | 试验结果 | 试验方法 |
|---|---|---|---|---|---|---|
| | | | 规范规定 | 招标合同要求 | | |
| 针入度（25℃，100g，5s） | | ×0.1mm | 80～100 | 80～100 | 83 | JTJ T0604 |
| 延度（5cm/min） | 15℃ | cm | ≥100 | >150 | >150 | JTJ T0605 |
| | 10℃ | cm | ≥30 | >30 | >150 | JTJ T0605 |
| 软化点 $T_{R\&B}$ | | ℃ | ≥44 | 44～52 | 44.7 | JTJ T0606 |
| 溶解度（三氯乙烯） | | % | ≥99.5 | >99.0 | 99.6 | JTJ T0607 |

| 项 目 | | 单位 | 技术要求（90 号） | | 试验结果 | 试验方法 |
|---|---|---|---|---|---|---|
| | | | 规范规定 | 招标合同要求 | | |
| 闪点（COC） | | ℃ | ≥245 | ＞245 | 342 | JTJ T0611 |
| 密度（15℃） | | g/cm³ | 实测 | 实测 | 1.033 | JTJ T0603 |
| 蜡含量 | | % | ≤2.2 | ＜2 | 0.64 | JTJ T0615 |
| 黏度 | 60℃ | Pa·s | 140 | 实测 | 150 | JTJ T0602 |
| | 135℃ | mm²/s | 实测 | 实测 | 323.3 | JTJ T0619 |
| TFOT 后 | 质量损失 | % | ±0.8 | ＜0.5 | 0.11 | JTJ T0609 |
| | 针入度比 | % | ≥57 | ＞70 | 79.5 | JTJ T0604 |
| | 延度 25℃ | cm | ＞75 | ＞100 | ＞150 | JTJ T0605 |
| | 延度 15℃ | cm | ≥20 | ＞80 | ＞150 | JTJ T0605 |
| | 延度 10℃ | cm | 8 | ＞10 | 22 | JTJ T0605 |

结果显示，工程选用沥青各项指标均符合相关技术要求，满足招标合同的需要，可用于工程项目。

（2）矿料。

1）粗集料。采用某采石场的石灰石，各种材料筛分结果如表 3-3 所列。在采石场采集的样品，名义为 S7 号碎石（方孔筛 10～30mm）规格的样品实际上是 S6 号碎石，其中小于 26.5mm 部分仅 78.1%，不适于配制 AC-25 型沥青混凝土，试验时必须将大于 26.5mm 部分筛除后使用，以符合生产时的实际情况（大于 26.5mm 料作为超粒径料排出）。另外 10～20mm 碎石和规范 S9 规格相比，5～10mm 与 S12 规格相比，在个别粒径上都有一些出入，但不妨碍使用，而 3～5mm 石屑符合 S14 规格要求。按规范对碎石质量进行检测的结果列于表 3-4 中，从表中可见，有些指标必须对不同粒径的碎石分别试验，各项指标均符合规范要求，可以使用。

表 3-3　　　　　　　　　　　　各种粗集料的筛分结果　　　　　　　　　　%

| 材料 | 通过下列筛孔（mm）百分率 | | | | | | | | |
|---|---|---|---|---|---|---|---|---|---|
| | 31.5 | 26.5 | 19 | 16 | 13.2 | 9.5 | 4.75 | 2.36 | 0.6 |
| 10～30mm | 100 | 78.1 | 30.7 | 9.4 | 0 | | | | |
| （S7 碎石规范要求） | 90～100 | | | | | 0～15 | 0～5 | | |
| （S6 碎石规范要求） | 90～100 | — | — | — | 0～15 | — | 0～5 | | |
| 10～20mm | | | 100 | 96.5 | 75.8 | 26.4 | 0 | | |
| （S9 碎石规范要求） | | 100 | 95～100 | — | — | 0～15 | 0～5 | | |
| 5～10mm | | | | | 100 | 99.2 | 99.2 | 4.9 | |
| （S12 碎石规范要求） | | | | | 100 | 95～100 | 0～10 | 0～5 | |
| 3～5mm | | | | | | 100 | 74.8 | 8.3 | 0 |
| （S14 碎石规范要求） | | | | | | 100 | 90～100 | 0～15 | 0～5 |

**表 3-4**　　　　　　　　　　　　各种粗集料的质量规格

| 指　标 | 单位 | 规范要求（高速公路） | 碎石规格（mm） | | |
| --- | --- | --- | --- | --- | --- |
| | | | 10～30 | 10～20 | 5～10 |
| 压碎值 | % | ≤25 | 15.0 | | |
| 洛杉矶磨耗值 | % | ≤28 | 19.2 | | |
| 磨光值 | % | 中面层不需要 | — | | |
| 视密度 | g/cm³ | ＞2.50 | 2.8181 | 2.8364 | 2.8275 |
| 表干密度 | g/cm³ | | 2.8018 | 2.7970 | 2.7873 |
| 吸水率 | % | ＜2.0 | 0.85 | | |
| 针片状含量 | % | ＜15 | 9.1 | 5.7 | — |
| 含泥量 | % | ＜1 | 接近 0 | | |
| 软石含量 | % | ＜5 | 未发现 | | |
| 坚硬性 | % | ＜12 | 石质良好，经判断可以不做 | | |

2）细集料。采用某地河砂，细度模数为 3.02，属中砂偏粗，缺少 0.3mm 以下部分，不妨碍使用。砂的质量及筛分结果见表 3-5 和表 3-6，符合规范要求，可以使用。

**表 3-5**　　　　　　　　　　　　砂 的 质 量 指 标

| 指　标 | 规范要求 | 试验结果 |
| --- | --- | --- |
| 细度模数 | 粗砂：3.7～3.1<br>中砂：3.0～2.0 | 3.02 |
| 表观密度（g/cm³） | ＞2.50 | 2.6227 |
| 砂当量 | ＞60 | 64 |
| 外观 | — | 洁净、坚硬、无杂质 |
| ＜0.075mm 含量（%） | ＜3 | 0.15 |
| 坚固性（%） | ＞12 | 砂质良好，经判断可以不做 |

**表 3-6**　　　　　　　　　　　　砂 的 筛 分 结 果　　　　　　　　　　　　%

| 材　料 | 通过下列筛孔（mm）的百分率 | | | | | | | |
| --- | --- | --- | --- | --- | --- | --- | --- | --- |
| | 9.5 | 4.75 | 2.36 | 1.18 | 0.6 | 0.3 | 0.15 | 0.075 |
| 某地河砂 | 100 | 92.8 | 86.1 | 63.9 | 38.9 | 10.4 | 1.1 | 0.15 |
| 规范要求（中砂） | 100 | 90～100 | 75～90 | 50～90 | 30～60 | 8～30 | 0～10 | 0～5 |

3）填料。石粉的质量指标如表 3-7 所示，符合规范要求，可以使用。

表 3-7　　　　　　　　　　　　　　　　石 粉 质 量 指 标

| 项目 | 单位 | 指标 |
|------|------|------|
| 表观密度 | g/cm³ | 2.014 |
| 亲水系数 | | <1.0 |
| 含水率 | % | 0.15 |

2. 第一阶段——目标配合比设计阶段

根据设计，该工程沥青面层采用 AC-25 型密级配沥青混凝土，规范规定应采用工程实际使用的材料（而不是采石场的材料样品）进行目标配合比设计。

（1）矿料级配计算。级配设计可采用砂石材料中的试算法或图解法进行操作，同时也可利用计算机以人机对话的方式进行，非常方便。计算时应充分考虑便于现有材料得到有效的使用，筛孔上应特别重视 4.75、2.36、0.075mm，并尽量接近要求范围的中值。对上述材料反复进行矿料级配计算得到的各种材料的配合比为：10～30mm 碎石：10～20mm 碎石：3～5mm 石屑：砂：矿粉＝24：33：13：23：7。

合成级配见表 3-8，均符合规范要求。

表 3-8　　　　　　　　　　　　　　　　中层目标配合比设计结果

| 筛孔<br>（mm） | 规范要求级配范围<br>（%） | 中值<br>（%） | 合成级配<br>（%） |
|------|------|------|------|
| 26.5 | 90～100 | 95.0 | 94.7 |
| 19.0 | 75～90 | 82.5 | 83.4 |
| 16.0 | 65～83 | 74.0 | 77.1 |
| 13.2 | 56～76 | 66.0 | 68.0 |
| 9.5 | 46～65 | 55.5 | 51.7 |
| 4.75 | 24～52 | 38.0 | 38.1 |
| 2.36 | 16～42 | 29.0 | 27.9 |
| 1.18 | 12～33 | 22.5 | 21.7 |
| 0.6 | 8～24 | 16.0 | 15.9 |
| 0.3 | 5～17 | 11.0 | 9.3 |
| 0.15 | 4～13 | 8.5 | 6.8 |
| 0.075 | 3～7 | 5.0 | 5.8 |

（2）马歇尔试验。按此配合比根据经验选定油石比在 3.5%～5.5% 范围内，以 0.5% 间隔，成型制作不同油石比的马歇尔试件，并分别进行马歇尔试验。试验结果见表 3-9、表 3-10。

表 3-9　　　　　　　　　　　　　　　　中层目标配合比马歇尔试验结果

| 油石比<br>（%） | 理论密度<br>（g/cm³） | 表干密度<br>（g/cm³） | 空隙率<br>（%） | 饱和度<br>（%） | 矿料间隙率<br>（%） | 稳定度<br>（kN） | 流值<br>（mm） | 马歇尔模数<br>（kN/mm） |
|------|------|------|------|------|------|------|------|------|
| 3.5 | 2.604 | 2.442 | 6.2 | 57.2 | 14.5 | 9.24 | 2.18 | 4.46 |
| 4.0 | 2.585 | 2.467 | 4.5 | 68.0 | 14.1 | 11.26 | 2.14 | 5.37 |

续表

| 油石比<br>（%） | 理论密度<br>（g/cm³） | 表干密度<br>（g/cm³） | 空隙率<br>（%） | 饱和度<br>（%） | 矿料间隙率<br>（%） | 稳定度<br>（kN） | 流值<br>（mm） | 马歇尔模数<br>（kN/mm） |
|---|---|---|---|---|---|---|---|---|
| 4.5 | 2.556 | 2.483 | 3.2 | 77.1 | 14.1 | 13.90 | 2.35 | 5.99 |
| 5.0 | 2.548 | 2.495 | 2.1 | 35.4 | 14.2 | 12.00 | 2.42 | 4.92 |
| 5.5 | 2.530 | 2.491 | 1.5 | 89.6 | 14.8 | 8.99 | 2.55 | 3.59 |

表 3 - 10　　　　　　　　　　不同测定方法计算出的马歇尔指标

| 油石比<br>（%） | 水中重法 | | 表干法① | | 体积法 | |
|---|---|---|---|---|---|---|
| | 空隙率（%） | 饱和度（%） | 空隙率（%） | 饱和度（%） | 空隙率（%） | 饱和度（%） |
| 3.5 | 5.6 | 60.0 | 6.2 | 57.2 | 5.8 | 59.6 |
| 4.0 | 3.9 | 71.2 | 4.5 | 68.0 | 5.1 | 65.4 |
| 4.5 | 3.0 | 78.3 | 3.2 | 77.1 | 2.5 | 81.3 |
| 5.0 | 1.9 | 86.4 | 2.1 | 85.4 | 1.8 | 87.2 |
| 5.5 | 1.3 | 91.2 | 1.5 | 89.6 | 1.5 | 90.0 |

① 以表干法测得的空隙率和饱和度作为分析数据。

根据沥青油石比对沥青混合料的不同指标进行绘图（图略）。计算最佳油石比如下：

按最大密度、最大稳定度、空隙率中值确定的最佳油石比 $OAC_1 = 4.54\%$；

按各项指标全部合格范围的中值确定的最佳油石比 $OAC_2 = 4.31\%$；

由此确定的最佳油石比 $OAC = 4.4\%$；

相应的最佳沥青用量 $OAC = 4.2\%$。

当马歇尔试验指标达不到时，表 3 - 11 提供的途径可供调整时参考。表中"＋"号表示指标随影响因素的增加而增加；"－"表示指标随影响因素的增加而减小。"/"则表示指标与影响因素无关。

表 3 - 11　　　　　　　　　　马歇尔指标与影响因素的关系

| 因　素 | 集料最大<br>粒　径 | 富棱角<br>集料用量 | 细砂量 | 石粉用量 | 沥青针入度 | 矿料间隙率 |
|---|---|---|---|---|---|---|
| 空隙率 | － | ＋ | ＋ | － | － | ＋ |
| 矿料间隙率 | － | ＋ | ＋ | － | － | |
| 沥青饱和度 | － | － | － | ＋ | － | |
| 稳定度 | ＋ | ＋ | － | － | | |
| 流值 | － | － | － | ＋ | ＋ | ＋ |
| 施工性能 | | | | | ＋ | ＋ |

（3）高温稳定性检验。按规范规定，对于高速公路沥青路面上面层及中面层的沥青混凝土混合料进行配合比设计时，应通过车辙试验对抗车辙能力进行检验。因此，由马歇尔试验设计的配合比并不能立即作为目标配合比。对上述设计级配及油石比的沥青混合料在温度60℃、轮压 0.7MPa 条件下进行车辙试验，试验结果表明，该配合比的动稳定度为 3150 次/mm，符合规范 2 - 2 区应不小于 800 次/mm 的规定要求。

（4）水稳定性检验。按照最佳油石比 4.4% 重新制作试件，进行马歇尔试验及 48h 浸水马歇尔试验。对沥青混合料的水稳定性进行验证，结果如表 3-12 所示。

**表 3-12　　　　　　　　　　　目标配合比浸水马歇尔试验结果**

| 油石比<br>（%） | 理论密度<br>（g/cm³） | 表干密度<br>（g/cm³） | 空隙率<br>（%） | 饱和度<br>（%） | 矿料间隙率<br>（%） | 稳定度<br>（kN） | 流值<br>（mm） | 马歇尔模数<br>（kN/mm） | 浸水时间<br>（h） |
|---|---|---|---|---|---|---|---|---|---|
| 4.4 | 2.566 | 2.456 | 4.5 | 70.8 | 15.2 | 14.18 | 2.84 | 5.00 | 0.5 |
| 4.4 | 2.566 | 2.482 | 3.3 | 76.8 | 14.1 | 14.29 | 2.81 | 5.24 | 48.0 |

残留稳定度为 100.1%，符合规范规定半干区不得小于 75% 的要求。需要说明的是，这种残留稳定度超过 100% 的现象对稳定度甚高的密级配沥青混凝土来说是不奇怪的，说明水稳定性良好。稳定度大小属于试验值波动问题。

由上述结果得出目标配合比的矿料级配及最佳油石比为 4.4%，规范规定此配合比仅供拌和机确定各冷料仓的供料比例、进料速度及试拌使用。

3. 第二阶段——生产配合比设计阶段

在目标配合比确定之后，应利用实际施工的拌和机进行施工配合比设计。该工程采用日本产日工 NBD-120A-U 型拌和机，在拌和锅正面设有取样窗。试验前，应首先根据级配类型选择振动筛筛号，使几个热料仓的材料不致相差太多。最大筛孔应保证使超粒径料排出，使最大粒径筛孔通过量符合设计的范围要求。试验时，按目标配合比设计的冷料比例上料、烘干、过筛，然后取样筛分。与目标配合比设计一样进行矿料级配计算，该工程采用的振动筛为 32、20、10、4mm 四级，筛分后在热料仓取样。首先试验其各项基本指标如表 3-13 所示，筛分的结果及计算得到的配合比如表 3-14 所示。其合成级配中 4.75、2.36、0.075mm 这几个粒径的通过百分率大体接近中值，并且符合规定设计范围的要求。按此配合比进行马歇尔试验，其结果如表 3-15 所示。

设计的矿料配合比为：4 号仓（20~30）∶3 号仓（10~20）∶2 号仓（4~10）∶1 号仓（0~4）∶矿粉＝23∶21∶23∶26∶7。

**表 3-13　　　　　　　　　　　施工热料仓材料试验结果**

| 项目 | 热料仓 | | | | 备注 |
|---|---|---|---|---|---|
| | 4 号仓 | 3 号仓 | 2 号仓 | 1 号仓 | |
| 粒径（mm） | 20~32 | 10~20 | 4~10 | 0~4 | 矿粉视密度为<br>2.801g/cm³ |
| 视密度（g/cm³） | 2.836 | 2.843 | 2.805 | 2.687 | |
| 毛体积密度（g/cm³） | 2.803 | 2.801 | 2.744 | | |
| 表干密度（g/cm³） | 2.815 | 2.816 | 2.766 | | |

**表 3-14　　　　　　　　　　　中面层热料仓筛分结果及配合比**

| 筛孔<br>（mm） | 热料仓筛分结果与配比（%） | | | | | 设计级配<br>范围<br>（%） | 中值<br>（%） | 合成级配<br>（目标配合比）<br>（%） |
|---|---|---|---|---|---|---|---|---|
| | 4 号仓<br>20~32 | 3 号仓<br>10~20 | 2 号仓<br>4~10 | 1 号仓<br>0~4 | 矿粉 | | | |
| 26.5 | 80 | | | | | 90~100 | 95 | 95.4 |

续表

| 筛孔<br>（mm） | 热料仓筛分结果与配比（%） | | | | | 设计级配<br>范围<br>（%） | 中值<br>（%） | 合成级配<br>（目标配合比）<br>（%） |
|---|---|---|---|---|---|---|---|---|
| | 4号仓<br>20～32 | 3号仓<br>10～20 | 2号仓<br>4～10 | 1号仓<br>0～4 | 矿粉 | | | |
| 19.0 | 25.5 | 100 | | | | 75～90 | 82.5 | 82.9 |
| 16.0 | 3 | 75.8 | | | | 65～83 | 74.0 | 72.6 |
| 13.2 | | 40.0 | 100 | | | 56～76 | 66 | 64.4 |
| 9.5 | | 7.68 | 99.48 | 100 | | 46～65 | 55.5 | 57.5 |
| 4.75 | | 0.22 | 36.46 | 92.8 | | 24～52 | 38.0 | 39.6 |
| 2.36 | | | 0.61 | 85 | | 16～42 | 29 | 29.2 |
| 1.18 | | | | 63.9 | | 12～33 | 22.5 | 23.6 |
| 0.6 | | | | 38.9 | | 8～24 | 16 | 17.1 |
| 0.3 | | | | 10.4 | 100 | 5～17 | 11 | 9.7 |
| 0.15 | | | | 5.6 | 83.7 | 4～13 | 8.5 | 7.3 |
| 0.075 | | | | 0.15 | 80 | 3～7 | 5.0 | 5.6 |

表 3 - 15　　　　　　　　　　　生产配合比马歇尔试验结果

| 油石比<br>（%） | 理论密度<br>（g/cm³） | 表干密度<br>（g/cm³） | 空隙率<br>（%） | 饱和度<br>（%） | 矿料间隙率<br>（%） | 稳定度<br>（kN） | 流值<br>（mm） | 马歇尔模数<br>（kN/mm） |
|---|---|---|---|---|---|---|---|---|
| 3.5 | 2.636 | 2.418 | 8.3 | 49.9 | 16.5 | 10.10 | 21.7 | 4.71 |
| 4.0 | 2.617 | 2.455 | 6.6 | 59.2 | 16.1 | 11.93 | 22.7 | 5.36 |
| 4.5 | 2.597 | 2.492 | 4.1 | 72.9 | 15.0 | 13.09 | 27.0 | 4.92 |
| 5.0 | 2.579 | 2.480 | 3.8 | 75.9 | 15.9 | 11.86 | 27.6 | 4.31 |
| 5.5 | 2.560 | 2.452 | 3.2 | 75.7 | 17.4 | 10.01 | 32.3 | 3.12 |

　　规范规定试验油石比可取目标配合比、得出的最佳油石比及其±0.3%三档试验。该工程为慎重起见，仍用与前相同的五档试验，将其结果绘成图（图略）。由图得出的最佳油石比如下：

　　按最大密度、最大稳定度、空隙率中值确定的最佳油石比 $OAC_1 = 4.63\%$；

　　按各项指标全部合格的范围的中值确定的最佳油石比 $OAC_2 = 4.95\%$；

　　由此确定的最佳油石比 $OAC = 4.8\%$；

　　相当的最佳沥青用量 = 4.6%。

　　此结果与目标配合比设计结果相差 0.4%，基本吻合，结合以往经验，商定采用平均值即油石比 4.6%（沥青用量 4.4%）作为生产配合比的建议油石比，供试拌试铺时使用。该拌和机每一锅拌和能力为 1600kg，故各料仓的用量为：

　　4 号仓（20～30）：$1600 \times (1 - 4.4\%) \times 23\% = 352 (\text{kg})$；

　　3 号仓（10～20）：$1600 \times (1 - 4.4\%) \times 21\% = 321 (\text{kg})$；

　　2 号仓（4～10）：$1600 \times (1 - 4.4\%) \times 21\% = 321 (\text{kg})$；

　　1 号仓（0～4）：$1600 \times (1 - 4.4\%) \times 26\% = 398 (\text{kg})$；

矿粉：$1600×(1-4.4\%)×7\%=107(kg)$；

沥青：$1600×4.4\%=70(kg)$。

可见四个料仓用量大体上是平衡的。

4. 第三阶段——生产配合比验证阶段

此阶段即试拌试铺阶段。施工单位进行试拌试铺时，应报告监理部门及业主、工程指挥部会同设计、监理、施工人员一起进行鉴别。拌和机按照生产配合比结果进行试拌，首先由在场人员对混合料级配及油石比发表意见。如有不同意见，应适当调整再进行观察，力求意见一致。然后用此混合料在试验段上试铺，进一步观察摊铺、碾压过程和成型混合料的表面状况，判断混合料的级配及油石比。如不满意，也应适当调整，重新试拌试铺，直到满意为止。另外，试验室密切配合现场指挥部在拌和厂或摊铺机旁采集沥青混合料试样，进行马歇尔试验，检验是否符合标准要求。同时还应进行车辙试验及浸水马歇尔试验，进行高温稳定性及水稳定性验证。只有所有指标全部全格，才能交付生产使用。在试铺试验段时，试验室还应在现场取样进行抽提试验，再次检验实际级配和油石比是否合格。同时按照规范规定的试验段铺筑要求，进行各种试验。

该工程按上述配合比及 4.6% 油石比试拌试铺时，级配及油石比均认为符合经验值，比较正常。第一次取样测定马歇尔指标为稳定度 10.4kN、流值 3.8mm、空隙率 2.8%、沥青饱和度 82.7%。

试验室认为此混合料指标基本合格，但流值稍偏大，空隙率达不到3%。于是进行抽提筛分试验，发现实际级配接近设计级配，但油石比达 4.92%，是由于拌和机控制上偏大所致。第二天，再次取样试验结果为稳定度 11.1kN、流值 3.5mm、空隙率 3.7%、沥青饱和度 78.5%、实际油石比 4.55%。

矿料级配及马歇尔指标均符合规范要求，随即决定取样成型试件进行车辙试验。指挥部为慎重起见，还要求提高试验温度及荷载压力进行试验，结果如表 3-16 所示，满足要求。

表 3-16　　　　　　　　　　　　中面层混合料车辙试验结果

| 取样日期 | 5 月 25 日 | 6 月 4 日 | |
| --- | --- | --- | --- |
| 温度（℃） | 60 | 60 | 60 |
| 荷载（MPa） | 0.7 | 0.7 | 0.8 |
| 动稳定度（次/mm） | 2300 | 1820 | 972 |

浸水马歇尔试验的结果表明，残留稳定度达 98% 也是合格的。

由此，可以认为生产配合比得到验证，是可行的，试验室据此编写了配合比设计报告及试拌试铺总结。经监理业主批准下达施工单位的标准配合比如下：

（1）料仓比例：4 号仓（20～32）：3 号仓（10～20）：2 号仓（4～10）：1 号仓（0～4）：矿料=22：23：21：27：7。

（2）标准配合比如表 3-17 所列。

（3）设计油石比为 4.6%，相应的沥青用量为 4.4%，施工容许误差不得超过±0.3%。

在表 3-17 中，矿料级配设计范围与施工检验控制范围略有不同，这可能是标准配合比与设计范围中值略有不同所致。根据规范规定，交工验收时可以采用施工过程中的测定值（取平均值）或进行实际检测，平均值或实测值都必须符合设计级配范围要求。

表 3 - 17　　　　　　　　　　　　　　施工热料仓材料试验结果

| 筛孔<br>（mm） | 设计级配范围<br>（%） | 中值<br>（%） | 标准配合比<br>（%） | 施工检验容许波动范围<br>（%） | 备　注 |
|---|---|---|---|---|---|
| 26.5 | 90～100 | 95 | 95.6 | ±7(91.6～100) | |
| 19.0 | 75～90 | 82.5 | 83.6 | ±7(76.5～90.5) | |
| 16.0 | 65～83 | 74 | 73.1 | ±7(64.1～78.1) | |
| 13.2 | 56～76 | 66 | 64.2 | ±7(52.3～66.3) | |
| 9.5 | 46～65 | 55.5 | 56.7 | ±7(43.1～57.1) | 验收时<br>必须符合<br>在设计级<br>配范围内 |
| 4.75 | 24～52 | 38 | 39.8 | ±6(30.9～44.9) | |
| 2.36 | 16～42 | 39 | 30.1 | ±6(23.8～35.8) | |
| 1.18 | 12～33 | 22.5 | 24.3 | ±6(20.1～32.1) | |
| 0.6 | 8～24 | 16 | 17.5 | ±6(18.7～30.7) | |
| 0.3 | 5～17 | 11 | 9.8 | ±6(4.8～16.8) | |
| 0.15 | 4～13 | 8.5 | 7.4 | ±6(0.8～12.8) | |
| 0.075 | 3～7 | 5.0 | 5.6 | ±2(3.2～7.2) | |

在此基础上，监理下达开工令，进入正常生产。

### 3.1.3　任务实施

沥青三大指标试验、矿料性能试验、沥青与矿料黏附性试验、沥青混合料试件制作试验、车辙试验、马歇尔试验、压实沥青混合料密度试验、沥青最大理论密度检测依据相应规程（标准）进行，具体参见《道桥材料试验检测》课程。这里介绍沥青含量试验（燃烧法）和沥青混合料单轴压缩试验的方法。

#### 检测项目一　沥青混合料中沥青含量试验

【检测方法 1】　燃烧炉法。

本方法适用于采用燃烧炉法测定沥青混合料中沥青含量及对燃烧后的沥青混合料进行筛分分析。

此法也适用于热拌沥青混合料以及从路面取样的沥青混合料在生产、施工过程中的质量控制。其内容及要求见表 3 - 18。

表 3 - 18　　　　　　　　　　　　　　燃烧炉法内容及要求

| 序号 | 内容及要求 |
|---|---|
| 一、仪器准备 | |
| 1 | 　燃烧炉：由燃烧室、称量装置、自动数据采集系统、控制装置、空气循环装置、试样篮及其附件组成。<br>　（1）燃烧室的尺寸应能容纳 3500g 以上的沥青混合料试样，并有警示钟和指示灯，当试样质量的变化在连续 3min 内不超过试样质量的 0.01% 时，可以发出提示声音。燃烧室的门在试验过程中应锁死。<br>　（2）称量装置：该标准方法的称量装置为内置天平，感量 0.1g，能够称量至少 3500g 的试样（不包括试样篮的质量）。<br>　（3）自动数据采集系统：具有数据自动采集系统，在试验过程中可以实时检测并且显示质量，有一套内置的计算机程序来计算试样篮质量的变化，并且能够输入集料损失的修正系统，进行自动计算、显示试验结果，并可以将试验结果打印出来。<br>　（4）燃烧炉：应具有强制通风降低烟雾排放的设施，在试验过程中燃烧炉的烟雾必须排放到室外，不得有明显的烟味进入试验室 |

续表

| 序号 | 内容及要求 |
|---|---|
| 2 | 试样篮：可以使试样均匀地摊薄放置在篮里，使空气在试样内部及周围流通。2个及2个以上的试样篮可套放在一起。试样篮由网孔板做成，一般采用打孔的不锈钢或者其他合适的材料做成，通常情况下网孔的尺寸最大为2.36mm，最小为0.6mm |
| 3 | 托盘：放置于试样篮下方，以接受从试样篮中滴落的沥青和集料 |
| 4 | 烘箱：温度应控制在设定值±5℃ |
| 5 | 天平：称量试样篮及试样的质量，感量不大于0.1g |
| 6 | 防护装置：防护眼镜、隔热面罩、隔热手套、可以耐高温650℃的隔热罩（试验结束后试样篮应该放在隔热罩内冷却） |
| 7 | 其他：大平底盘（比试样篮稍大）、刮刀、盆、钢丝刷等 |

二、试样准备

| | |
|---|---|
| 1 | 按规程中沥青混合料取样方法，在拌和厂从运料卡车采取沥青混合料试样，宜趁热放在金属盘（或搪瓷盘）中适当拌和，待温度下降至100℃以下时，称取混合料试样，精确至0.1g |
| 2 | 当用钻孔法或切割法从路面上取得试样时，应用电吹风使其完全干燥，但不得用锤击以防集料破碎；然后置125℃±5℃烘箱中加热成松散状态，并至恒重；适当拌和后称取试样质量，精确至0.1g |
| 3 | 当混合料已经结团时，不得用刮刀或者铲刀处理，应该将试样置于托盘中放在125℃±5℃烘箱中加热成松散状态取样 |
| 4 | 试样最小质量根据沥青混合料的集料公称最大粒径按下表选用： |

试样最小质量要求

| 公称最大粒径（mm） | 试样最小质量（g） | 公称最大粒径（mm） | 试样最小质量（g） |
|---|---|---|---|
| 4.75 | 1200 | 19 | 2000 |
| 9.5 | 1200 | 26.5 | 3000 |
| 13.2 | 1500 | 31.5 | 3500 |
| 16 | 1800 | 37.5 | 4000 |

三、标定

| | | |
|---|---|---|
| 标定要求 | 1 | 对每一种沥青混合料都必须进行标定，以确定沥青用量的修正系数和筛分级配的修正系数 |
| | 2 | 当混合料中任何一档料的料源变化或者单档集料配合比变化超过5％时均需要标定 |
| 标定步骤 | 1 | 按照沥青混合料配合比设计的步骤，取代表性各档集料，将各档集料放入105℃±5℃烘箱中加热至恒重，冷却后按配合比配出5份集料混合料（含矿粉） |
| | 2 | 将其中2份集料混合料进行水洗筛分。取筛分结果平均值作为燃烧前的各档筛孔通过百分率 $P_{Bi}$，其级配需满足被检测沥青混合料的目标级配范围要求 |
| | 3 | 分别称量3份集料混合料质量 $m_{Bi}$，精确至0.1g。按照配合比设计时成型试件的相同条件拌制沥青混合料，如沥青的加热温度、集料的加热温度和拌和温度等 |
| | 4 | 在拌制2份标定试样前，先将1份沥青混合料进行洗锅，其沥青用量宜比目标沥青用量 $P_b$ 多0.3％～0.5％，目的是使拌和锅的内侧先附着一些沥青和粉料，这样可以防止在拌制标定用的试样过程中拌和锅粘料而导致试验误差 |
| | 5 | 正式分别拌制2份标定试样，其沥青用量为目标沥青用量 $P_b$。将集料混合料和沥青加热后，先将集料混合料全部放入拌和机，然后称量沥青质量 $m_{B2}$，精确至0.1g。将沥青放入拌和锅开始拌和，拌和后的试样质量应满足上表中试样最小质量要求。拌和好的沥青混合料应直接放进试样篮中 |

续表

| 序号 | | 内容及要求 |
|---|---|---|
| | 6 | 预热燃烧炉。将燃烧温度设定为 538℃±5℃。设定修正系数为 0 |
| | 7 | 称量试样篮和托盘质量 $m_{B3}$，精确至 0.1g |
| | 8 | 试样篮放入托盘中，将加热的试样均匀地在试样篮中摊平，尽量避免试样太靠近试样篮边缘。称量试样、试样篮和托盘总质量 $m_{B4}$，精确至 0.1g。计算初始试样总质量 $m_{B5}$（即 $m_{B4}-m_{B3}$），并将 $m_{B5}$ 输入燃烧炉控制程序中 |
| | 9 | 将试样篮、托盘和试样放入燃烧炉，关闭燃烧室门，检查燃烧炉控制程序中显示的 $m_{B4}$ 质量是否精确，即试样、试样篮和托盘总质量（$m_2$）与显示质量（$m_{B4}$）的差值不得大于 5g，否则需要调整托盘的位置 |
| | 10 | 锁定燃烧室的门，启动开始按钮进行燃烧。燃烧至连续 3min 试样质量每分钟损失率小于 0.01% 时，燃烧炉会自动发出警示声音或者指示灯亮起警报，并停止燃烧。燃烧炉控制程序自动计算试样燃烧损失质量 $m_{B6}$，精确至 0.1g。按下停止按钮，燃烧室的门会解锁，打印试验结果，从燃烧室中取出试样盘。燃烧结束后，罩上保护罩适当冷却 |
| | 11 | 将冷却后的残留物倒入大盘子中，用钢丝刷清理试样篮，确保所有残留物都刷到盘子中待用 |
| | 12 | 重复以上 6～11 步骤，将第 2 份混合料燃烧 |
| 标定步骤 | 13 | 根据式（1）分别计算两份试样的质量损失系数 $C_{fi}$：<br>$$C_{fi}=\left(\frac{m_{B6}}{m_{B5}}-\frac{m_{B2}}{m_{B1}}\right)\times100 \qquad (1)$$<br>式中　$C_{fi}$——质量损失系数；<br>　　　$m_{B1}$——每份集料混合料质量，g；<br>　　　$m_{B2}$——沥青质量，g；<br>　　　$m_{B5}$——初始试样总质量，g；<br>　　　$m_{B6}$——试样燃烧损失质量，g。<br>（1）若两个试样的质量损失系数差值不大于 0.15%，则取平均值作为沥青用量的修正系数 $C_f$。<br>（2）若两个试样的质量损失系数差值大于 0.15%，则重新准备两个试样按以下步骤进行燃烧试验，得到 4 个质量损失系数，除去 1 个最大值和 1 个最小值，将剩下的两个修正系数取平均值作为沥青用量的修正系数 $C_f$ |
| | 14 | 当沥青用量的修正系数 $C_f$ 小于 0.5% 时，按照 17 步骤进行级配筛分 |
| | 15 | 当沥青用量的修正系数 $C_f$ 大于 0.5% 时，设定 482℃±5℃ 燃烧温度按照 1～13 步骤重新标定，得到 482℃ 的沥青用量的修正系数 $C_f$。如果 482℃ 与 538℃ 得到的沥青用量的修正系数差值在 0.1% 以内，则仍以 538℃ 的沥青用量作为最终的修正系数 $C_f$；如果修正系数差值大于 0.1%，则以 482℃ 的沥青用量作为最终的修正系数 $C_f$ |
| | 16 | 确保试样在燃烧室得到完全燃烧。如果试样燃烧后仍然有发黑物质，说明没有完全燃烧干净。当沥青混合料试样的数量超过了设备的试验能力，或者一次试样质量太多燃烧不够彻底时，可将试样分成两等份分别测定，再合并计算沥青含量。不宜人为延长燃烧时间 |
| | 17 | 级配筛分。用最终沥青用量修正系数 $C_f$ 所对应的 2 份试样的残留物进行筛分，取筛分平均值作为燃烧后沥青混合料各筛孔的通过率 $P'_{Bi}$。若燃烧前后各筛孔通过率差值均符合下表的范围，则取各筛孔的通过百分率修正系数 $C_{pi}=0$，否则应按式（2）进行燃烧后混合料级配修正：<br>$$C_{pi}=P'_{Bi}-P_{Bi} \qquad (2)$$<br>式中　$P'_{Bi}$——燃烧后沥青混合料各筛孔的通过率，%；<br>　　　$P_{Bi}$——燃烧前的各档筛孔通过率，%。<br> **燃烧前后混合料级配允许差值** <br><table><tr><td>筛孔（mm）</td><td>≥2.36</td><td>0.15～1.18</td><td>0.075</td></tr><tr><td>允许差值（%）</td><td>±5</td><td>±3</td><td>±0.5</td></tr></table> |

| 序号 | 内容及要求 |
|---|---|
| 四、试验步骤 | |
| 1 | 将燃烧炉预热到设定温度（设定温度与标定温度相同）。将沥青用量的修正系数 $C_f$ 输入到控制程序中，将打印机连接好 |
| 2 | 将试样放在 105℃±5℃ 的烘箱中烘至恒重 |
| 3 | 称量试验篮和托盘质量 $m_1$，精确至 0.1g |
| 4 | 试样篮放入托盘中，将加热的试样均匀地摊平在试样篮中。称量试样、试样篮和托盘总质量 $m_2$，精确至 0.1g。计算初始试样总质量 $m_3$（即 $m_2-m_1$），将 $m_3$ 作为初始的试样质量输入燃烧炉控制程序中 |
| 5 | 将试样篮、托盘和试样放入燃烧炉，关闭燃烧室门。查看燃烧炉控制程序显示质量，即试样、试样篮和托盘总质量 $m_2$ 与显示质量 $m_{B4}$ 的差值不得大于 5g，否则需调整托盘的位置 |
| 6 | 锁定燃烧室的门，启动开始按钮进行燃烧 |
| 7 | 按照标定步骤 10 的方法进行燃烧，连续 3min 试样质量每分钟损失率小于 0.01％时结束，燃烧炉控制程序自动计算试样损失质量 $m_4$，精确至 0.1g |
| 8 | 按照式（3）计算修正后的沥青用量 $P$，精确至 0.01％：<br><br>$$P = \frac{m_4}{m_3} \times 100 - C_f \qquad (3)$$<br><br>此值也可由燃烧炉控制程序自动计算 |
| 9 | 燃烧结束后，取出试样篮罩上保护罩，待试样适当冷却后，将试样篮中残留物倒入大盘中，用钢丝刷将试样篮所有残留物都清理到盘子中，然后进行筛分，得到燃烧后沥青混合料各筛孔的通过率 $P'_i$，修正得到混合料级配 $P_i$（即 $P'_i - C_{pi}$） |
| 五、允许误差 | |
| 沥青用量的重复性试验允许误差为 0.11％，再现性试验的允许误差为 0.17％ | |
| 六、报告 | |
| 同一沥青混合料试样至少平行测定两次，取平均值作为试验结果。报告内容应包括燃烧炉类型、试验温度、沥青用量的修正系数，试验前后试样质量和测定的沥青用量试验结果，并将标定和测定时的试验结果打印并附到报告中。当需要进行筛分试验时，还应包括混合料的筛分结果 | |

**【检测方法 2】** 离心分离法。

本方法采用离心分离法测定黏稠石油沥青拌制的沥青混合料中的沥青含量（或油石比）。

本方法适用于热拌热铺沥青混合料路面施工时的沥青用量检测，以评定拌和厂产品质量。此法也适用于旧路调查时检测沥青混合料的沥青用量，用此法抽提的沥青溶液可用于回收沥青，以评定沥青的老化性质。其内容及要求见表 3-19。

表 3-19　　　　　　　　离心分离法内容及要求

| 序号 | 内容及要求 |
|---|---|
| 一、仪器准备 | |
| 1 | 离心抽提仪：由试样容器及转速不小于 3000r/min 的离心分离器组成，分离器备有滤液出口。容器盖与容器之间用耐油的圆环形滤纸密封。滤液通过滤纸排出后从出口流出收入回收瓶中。仪器必须安防稳固并有排风装置 |
| 2 | 圆环形滤纸 |
| 3 | 回收瓶：容量 1700mL 以上 |

续表

| 序号 | 内容及要求 |
|---|---|
| 4 | 压力过滤装置 |
| 5 | 天平：感量不大于 0.01g、1mg 的天平各 1 台 |
| 6 | 量筒：分度值 1mL |
| 7 | 电烘箱：装有温度自动调节器 |
| 8 | 三氯乙烯：工业用 |
| 9 | 碳酸铵饱和溶液：供燃烧法测定滤纸中的矿粉含量用 |
| 10 | 其他：小铲、金属盘、大烧杯等 |

| 二、试样准备 | |
|---|---|
| 1 | 按规程中沥青混合料取样方法，在拌和厂从运料车采取沥青混合料试样，放在金属盘中适当拌和，待温度稍下降后至 100℃ 以下时，用大烧杯取混合料试样质量 1000~1500g（粗粒式沥青混合料用高限，细粒式用低限，中粒式用中限），精确至 0.1g |
| 2 | 当试样在施工现场用钻机法或切割法取得时，应用电风扇吹风使其完全干燥，置烘箱中适当加热成松散状态取样，不得用锤击，以防集料破碎 |

| 三、试验步骤 | |
|---|---|
| 1 | 向装有试样的烧杯中注入三氯乙烯溶剂，将其浸没，浸泡 30min，用玻璃棒适当搅动混合料，使沥青充分溶解。<br>注：也可直接在离心分离器中浸泡 |
| 2 | 将混合料及溶液倒入离心分离器，用少量溶剂将烧杯及玻璃棒上的黏附物全部洗入分离器中 |
| 3 | 称取洁净的圆环形滤纸质量，精确至 0.01g。注意滤纸不宜多次反复使用，有破损者不能使用，有石粉黏附时应用毛刷清除干净 |
| 4 | 将滤纸垫在分离器边缘上，加盖紧固，在分离器出口处放上回收瓶，上口应注意密封，防止流出液呈雾状散失 |
| 5 | 开动离心机，转速逐渐增至 3000r/min，沥青溶液通过排出口注入回收瓶中，待流出停止后停机 |
| 6 | 从上盖的孔中加入新溶剂，数量大体相同，稍停 3~5min 后，重复上述操作，如此数次直到流出的抽提液为清澈的淡黄色为止 |
| 7 | 卸下上盖，取下圆环形滤纸，在通风橱或室内空气中蒸发干燥，然后放入 105℃±5℃ 的烘箱中烘干，称取质量，其增重部分（$m_2$）为矿粉的一部分 |
| 8 | 将容器中的集料仔细取出，在通风橱或室内空气中蒸发干燥后放入 105℃±5℃ 烘箱中烘干（一般需 4h），然后放入大干燥器中冷却至室温，称取集料质量（$m_1$） |
| 9 | 用压力过滤器过滤回收瓶中的沥青溶液，由滤纸的增重 $m_3$ 得出泄漏入滤液中的矿粉。无压力过滤器时也可用燃烧法测定 |
| 10 | 用燃烧法测定抽提液中矿粉质量的步骤如下：<br>（1）将回收瓶中的抽提液倒入量筒中，准确定量至 1mL（$V_a$）。<br>（2）充分搅匀抽提液，取出 10mL（$V_b$）放入坩埚中，在热浴上适当加热使溶液试样呈暗黑色后，置高温炉（500~600℃）中烧成残渣，取出坩埚冷却。<br>（3）向坩埚中按每 1g 残渣 5mL 的用量比例，注入碳酸铵饱和溶液，静置 1h，放入 105℃±5℃ 炉箱中干燥。<br>（4）取出坩埚放在干燥器中冷却，称取残渣质量（$m_4$），精确至 1mg |

| 序号 | 内容及要求 |
|---|---|
| 四、计算 | |
| 1 | 沥青混合料中矿料的总质量按式（1）计算：<br>$$m_a = m_1 + m_2 + m_3 \qquad (1)$$<br>式中　$m_a$——沥青混合料中矿料部分的总质量，g；<br>　　　$m_1$——容器中留下的集料干燥质量，g；<br>　　　$m_2$——圆环形滤纸在试验前后的增重，g；<br>　　　$m_3$——泄漏入抽提液中的矿粉质量，g。<br>用燃烧法时 $m_3$ 可按式（2）计算：<br>$$m_3 = m_4 \times \frac{V_a}{V_b} \qquad (2)$$<br>式中　$V_a$——抽提液的总量，mL；<br>　　　$V_b$——取出的燃烧干燥的抽提液数量，mL；<br>　　　$m_4$——坩埚中燃烧干燥的残渣质量，g |
| 2 | 沥青混合料中的沥青含量按式（3）计算，油石比按式（4）计算：<br>$$P_b = \frac{m - m_a}{m} \qquad (3)$$<br>$$P_a = \frac{m - m_a}{m_a} \qquad (4)$$<br>式中　$m$——沥青混合料的总质量，g；<br>　　　$P_b$——沥青混合料的沥青含量，%；<br>　　　$P_a$——沥青混合料的油石比，% |
| 五、报告 | |
| | 同一沥青混合料试样至少平行试验两次，取平均值作为试验结果。两次试验结果的差值应小于 0.3%，当大于 0.3%但小于 0.5% 时，应补充平行试验一次，以三次试验的平均值作为试验结果，三次试验的最大值与最小值之差不得大于 0.5% |

**【检测方法 3】** 射线法。

本方法采用射线法测定用黏稠石油沥青拌制的热拌沥青混合料中的沥青含量（或油石比），不适用于其他沥青拌制的混合料。

本方法适用于热拌热铺沥青混合料路面施工时的沥青用量检测，以快速评定拌和厂产品质量。其内容及要求见表 3-20。

表 3-20　　　　　　　　　射 线 法 内 容 及 要 求

| 序号 | 内容及要求 |
|---|---|
| 一、仪器准备 | |
| 1 | 射线法沥青含量测定仪：符合放射性安全规定 |
| 2 | 试样容器：射线法沥青含量的规定附件 |
| 3 | 沥青混合料拌和机 |
| 4 | 磅秤或天平：称量 10kg，感量不大于 5g |
| 5 | 木板：长 50cm，宽 10cm |
| 6 | 其他：铁铲、大号金属盘、烘箱、温度计等 |

续表

| 序号 | | 内容及要求 |
|---|---|---|
| 二、准备工作 | | |
| （一）沥青含量测定仪参数标定 | 1 | 用检测对象的实际材料按施工要求的矿料配合比配制矿料 8kg，在烘箱中加热到 165℃，恒温 4h |
| | 2 | 按规程规定准备施工实际使用的沥青试样，按设计沥青用量（或油石比）±0.5% 称取 2 档或 3 档沥青用量，加热至要求的拌和温度 |
| | 3 | 从小的沥青用量开始分别用沥青混合料拌和机拌和 3min |
| | 4 | 按仪器说明书要求称取沥青混合料（一般不少于 6kg）装入试样容器中压实，用木板平放进射线法沥青含量测定仪中，用 16min 测定时间测定标定参数（注：仪器应放在木制仪器箱上方，并远离水源） |
| | 5 | 重复上述步骤，每次增加所需沥青用量，对每一档沥青用量的混合料进行测定，得出标定参数，储存入试验仪器中 |
| （二） | | 按规程中规定的沥青混合料试样取样法，在拌和厂从运料车上采取沥青混合料试样 |
| 三、试验步骤 | | |
| | 1 | 按仪器操作说明书要求立即将热沥青混合料分别装入两个试样容器，称取质量，使之符合规定取样量，并量测沥青混合料温度 |
| | 2 | 用木板压紧沥青混合料，直至达到规定的体积 |
| | 3 | 依次将试样容器放入沥青含量测定仪中，开动仪器，输入试样号、沥青混合料温度、标定的沥青混合料编号或标定参数，进行测定，测定的时间一般为 8min（急需时也可为 4min），到达时间后，测定仪自动显示沥青含量（或油石比），记录在测定报告中。<br>注：沥青含量测定仪测定时的放置条件应与标定时相同，挪动测定地点时，应重新标定后方可测定，测定时的沥青混合料数量应与标定时相同，混合料温度应接近标定温度，显示的数据是沥青含量还是油石比，应与标定用的相同 |
| 四、报告 | | |
| 同一沥青混合料试样至少平行试验两次，其差值不大于 0.2% 时，取平均值作为试验结果 | | |

## 检测项目二　抗压强度和抗压回弹模量测定

沥青路面材料在检测过程中，还需要检测沥青混合料的抗压强度和抗压回弹模量，其测试方法是沥青混合料的单轴压缩试验。

【检测方法】　沥青混合料单轴压缩试验（圆柱体法）。

沥青混合料的单轴压缩试验是对沥青混合料试件按规定方法逐级加载、卸载，测定试件的抗压回弹模量，以及一次性加载至破坏时的最大应力，即抗压强度，均以 MPa 计。

本方法适用于测定热拌沥青混合料的抗压回弹模量和抗压强度。按照 JTG D50—2006 中规定确定沥青混合料结构层的设计参数时应按本方法执行。如无特殊规定，用于计算弯沉的抗压回弹模量的标准试验温度为 20℃，用于验算弯拉应力的抗压回弹模量的标准试验温度为 15℃。加载速率为 2mm/min。

本方法适用于直径 100mm±2.0mm、高 100mm±2.0mm 的沥青混合料圆柱体试件。其内容及要求见表 3-21。

**表 3-21**               **沥青混合料单轴压缩试验内容及要求**

| 序号 | 内容及要求 |
|---|---|
| **一、仪器准备** | |
| 1 | 万能材料试验机，其他可施加荷载并测试变形的路面材料试验设备也可使用，但均必须满足下列条件：<br>（1）最大荷载应满足不超过其量程的 80%，且不小于量程的 20% 的要求，宜采用 100kN，分度值 100N。具有球形支座，压头可以活动且与试件紧密接触。<br>（2）具有环境保温箱，控温精度为 0.5℃。当缺乏环境保温箱时，试验室应设置空调，控温精确度为 1.0℃。<br>（3）能符合加载速率保持 2mm/min 的要求。试验机宜有伺服系统，在加载过程中速度基本不变。当采用马歇尔试验仪手动控制时，应事先校正手摇速率，以达到 2mm/min 加载速率的要求 |
| 2 | 变形量测装置：抗压试验加载采用上、下压板，下压板下有带球面的底座。压板直径为 120mm，在直径 102mm 处有一浅的放置试件的圆周刻印。下压板直径线两侧有立柱顶杆，上压板直径线两侧装有千分表架，表架中心与顶杆中心位置一致。当试验机具有自动测定试件垂直变形或自动测记试件的压力与变形曲线功能时，可以直接使用，不必另外配备变形量测装置 |
| 3 | 千分表（1/1000mm）：2 只 |
| 4 | 恒温水槽：用于试件保温，温度能满足试验温度要求，控温精密度为 ±0.5℃。恒温水槽的液体应能不断循环回流。深度应大于试件高度 50mm |
| 5 | 台秤或天平：感量不大于 0.5g |
| 6 | 温度计：分度值 0.5℃ |
| 7 | 秒表、卡尺 |
| **二、试样准备** | |
| 1 | 按规范规定采用静压法成型沥青混合料试件，也可从轮碾机成型的板块试件上用钻芯机钻取试件。试件尺寸应符合直径 100mm±2.0mm、高 100mm±2.0mm 的要求。如有条件，可采用振动压实或搓揉法成型试件（试件尺寸及成型方法应在报告中注明）。试件的密度应符合马歇尔标准击实密度 100%±1.0% 的要求 |
| 2 | 试件成型后不等完全冷却即可脱模，用卡尺量取试件高度，若最高部位与最低部位的高度差超过 2mm，试件应作废。用于抗压强度试验的试件数不得少于 3 个，用于抗压回弹模量的一组试件数宜为 3~6 个 |
| 3 | 将试件放置在室温条件下 24h，用卡尺在各个试件上下两个断面的垂直方向上正确量取试件直径，取 4 个数的平均值作为试件的计算直径（$d$），精确至 0.1mm |
| 4 | 用卡尺在各个试件的 4 个对称位置上正确量取试件高度，取 4 个数的平均值作为试件的计算高度（$h$），精确至 0.1mm |
| 5 | 按规程规定的方法测定试件的密度、空隙率等各项物理指标 |
| 6 | 将试件置于规定试验温度（15℃ 或 20℃）的恒温水槽中保温 2.5h 以上，保温时试件之间的距离应不小于 10mm。此时压板、底座也应同时保温。在有空调的试验室内测试时，将室温调至要求的温度，试件放置 12h 以上 |
| 7 | 使试验机环境保温箱或空调试验室达到要求的试验温度 |
| **三、试验步骤** | |

| | | |
|---|---|---|
| 抗压强度试验步骤 | 1 | 将下压板、底座置于试验机升降台座上对中，迅速取出试件放在下压板中央刻线位置，加上上压板 |
| | 2 | 将试件从恒温水槽中取出，立即置于压力机台座上，以 2mm/min 的加载速率均匀加载直至破坏，读取荷载峰值（$P$），精确至 100N |

| 序号 | | 内容及要求 |
|---|---|---|
| 抗压回弹模量试验步骤 | 1 | 确定加载级别：首先测试抗压强度平均值 $P$，大体均匀地分成 10 级荷载，分别取 $0.1P$、$0.2P$、$0.3P$、…、$0.7P$ 七级（可取成接近的整数）作为试验荷载 |
| | 2 | 将下压板、底座置于试验机升降台座上对中，迅速取出试件放在下压板中央刻线位置，加上上压板，在两侧千分表架上安置千分表，与下压板相应位置的千分表顶杆接触。如果利用试验机的压力与试件变形自动测试功能时，做好相应的测试准备 |
| | 3 | 调整试验机台座的高度，使加载顶板与压头中心轻轻接触 |
| | 4 | 以 2mm/min 速度加载至 $0.2P$ 进行预压并保持 1min，观察两侧千分表的增值是否接近，若两个千分表读数反向或增值差异大于 3 倍，则表明试件是偏心受压，应敲动球座适当调整，至读数大致接近，然后卸载，并重复预压一次。卸载至零后记录两个千分表的原始读数 |
| | 5 | 以 2mm/min 速度加载至第 1 级荷载（$0.1P$），立即记取千分表读数及实际荷载数，并以同样的速率卸载回零，开始启动秒表，待试件回弹变形 30s 后，再次记取千分表读数，加载与卸载两次读数之差即为此级荷载下试件的回弹变形（$\Delta L_1$）。然后依次进行第 2、3、…、7 级荷载的加载、卸载过程，方法与第 1 级荷载相同，分别加载至 $0.2P$、$0.3P$、…、$0.7P$，卸载，并分别记取千分表读数及实际荷载，得出各级荷载的回弹变形 $\Delta L_i$ |

**四、计算**

| | |
|---|---|
| 1 | 沥青混凝土试件的抗压强度按下式计算：<br><br>$$R_c = \frac{4P}{\pi d^2}$$<br><br>式中　$R_c$——试件的抗压强度，MPa；<br>　　　$P$——试件破坏时的最大荷载，N；<br>　　　$d$——试件直径，mm |
| 2 | 按下式计算各级荷载下试件实际承受的压强 $q_i$。在方格纸上绘制各级荷载的压强 $q_i$ 与回弹变形 $\Delta L_i$，将 $q_i$-$\Delta L_i$ 关系绘成一平顺的连续曲线，使之与坐标轴相交得出修正原点，根据此修正原点坐标轴从第 5 级荷载（$0.5P$）读取压强 $q_5$ 及相应的 $\Delta L_5$。沥青混合料试件的抗压回弹模量按下式计算：<br><br>$$q_i = \frac{4P_i}{\pi d^2} \quad \text{和} \quad E' = \frac{q_5 h}{\Delta L_5}$$<br><br>式中　$q_i$——相应于各级试验荷载 $P_i$ 作用下的压强，MPa；<br>　　　$P_i$——施加于试件的各级荷载值，N；<br>　　　$E'$——抗压回弹模量，MPa；<br>　　　$q_5$——相应于第 5 级荷载（$0.5P$）时的荷载压强，MPa；<br>　　　$h$——试件轴心高度，mm；<br>　　　$\Delta L_5$——相应于第 5 级荷载（$0.5P$）时经原点修正后的回弹变形，mm |

**五、报告**

| | |
|---|---|
| 1 | 当一组试件的测定值中某个测定值与平均值之差大于标准差的 $k$ 倍时，该测定值应予舍弃，有效试件数为 $n$ 时的 $k$ 值列于下表： |

**有效试件数与 $t$ 值的关系**

| 有效试件数 $n$ | 临界值 $k$ | $T/n$ | |
|---|---|---|---|
| | | 保证率 95% | 保证率为 90% |
| 3 | 1.15 | 1.686 | 1.089 |
| 4 | 1.46 | 1.177 | 0.819 |
| 5 | 1.67 | 0.954 | 0.686 |
| 6 | 1.82 | 0.823 | 0.603 |
| 7 | 1.94 | 0.734 | 0.544 |
| 8 | 2.03 | 0.670 | 0.500 |
| 9 | 2.11 | 0.620 | 0.466 |
| 10 | 2.18 | 0.580 | 0.437 |

续表

| 序号 | 内容及要求 |
|------|-----------|
| 1 | 对其余测定值按下式的 $t$ 分布法计算整理，得到供路面设计用的抗压回弹模量值：<br><br>$$E = E' - \frac{t}{\sqrt{n}} S$$<br><br>式中　$E$——供路面设计用的抗压回弹模量值，MPa；<br>　　　$E'$——一组试件实测的抗压回弹模量的平均值，MPa；<br>　　　$S$——一组试件样品实测值的标准差，MPa；<br>　　　$n$——一组试件的有效试件数；<br>　　　$t$——随保证率而变的系数。<br>对高速公路及一级公路的保证率为 95%，其他等级公路的保证率为 90% |
| 2 | 试验结果均应注明试件尺寸、成型方法、试验温度、加载速率，以及试验结果的平均值、标准差、变异系数，必要时注明试件的密度、空隙率等 |

# 任务 3.2　施工阶段的检测

## 3.2.1　任务导入

　　沥青路面面层工程在施工阶段除了按试验检测频率对原材料及各种配合比进行试验检测外，还需检测现场的一些试验项目。沥青路面面层工程在施工阶段需检测的项目见表 3-22。

表 3-22　　　　　沥青路面面层施工阶段需检测的项目

| 序号 | 检测项目 | 采用规程（标准） |
|------|---------|----------------|
| 1 | 沥青面层压实度检测 | 《公路工程沥青及沥青混合料试验规程》（JTG E20—2011）<br>《公路工程质量检验评定标准　第一册　土建工程》（JTG F80/1—2004）<br>《公路工程集料试验规程》（JTG E42—2005）<br>《公路沥青路面施工技术规范》（JTG F40—2004） |
| 2 | 弯沉试验检测 | |
| 3 | 平整度试验检测 | |
| 4 | 构造深度试验检测 | |
| 5 | 摩擦系数试验检测 | |
| 6 | 渗水系数试验检测 | |
| 7 | 厚度检测 | |
| 8 | 路面几何尺寸测试 | |

## 3.2.2　任务实施

### 检测项目一　沥青路面压实度检测

　　压实沥青混合料面层的施工压实度是指按施工规范规定的方法测定的混合料试样的毛体积密度与标准密度之比，以百分率表示。

　　在公路工程施工中，为了提高路面的强度，保证其使用质量，必须对路面各结构层进行人工或机械压实。

　　压实的作用如下：

　　（1）可以充分发挥路面材料的强度；

　　（2）可以减少路面在行车荷载下产生的形变；

（3）可以增加路面材料的不透水性和强度稳定性。

若压实不足，则路面容易产生车辙、裂缝、沉陷及整个路面被剪切破坏，那么在施工现场如何判断和衡量压实度的程度和效果呢？

测定路面压实度的方法有挖坑灌砂法、核子密湿度仪法、钻孔法以及无核密湿度仪法。其中挖坑灌砂法及核子密湿度仪法的具体检测步骤参见情境 1，这里重点讲述钻孔法及无核密湿度仪法。

【检测方法 1】　钻芯法。

本方法适用于检验从压实的沥青路面上钻取的沥青混合料芯样试件的密度，以评定沥青面层的施工压实度。其步骤见图 3-5，具体内容及要求见表 3-23。

路面钻芯取样

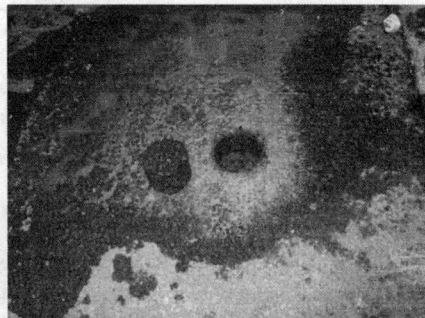

芯样

测量高度

称空气中重

称水中重

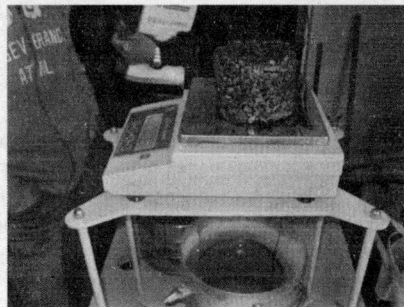

称饱和面干重

图 3-5　钻芯法试验步骤

| 表 3 - 23 | 钻芯法内容及要求 |
|---|---|
| 序号 | 内容及要求 |
| 一、仪器准备 | |
| 1 | 路面取芯钻机 |
| 2 | 天平：感量不大于 0.1g |
| 3 | 溢流水槽 |
| 4 | 吊篮 |
| 5 | 石蜡 |
| 6 | 其他：卡尺、毛刷、小勺、取样袋（容器）、电风扇 |
| 二、试样准备 | |
| 1 | 钻取芯样：<br>按 JTG E60—2008 中"T 0901 取样方法"钻取路面芯样，芯样直径不宜小于 100mm。<br>具体操作步骤：<br>（1）确定路段。可以是一个作业段、一天完成的路段，或按相关规范的规定选取一定长度的检查路段。按规程规定的公路路基路面现场测试随机选点的方法确定取样的位置，将取样位置清扫干净。<br>（2）在选取采样地点的路面上，先用粉笔对钻孔位置做出标记或划出切割路面的大致面积。切割路面的面积根据目的和需要确定。<br>（3）用钻机在取样地点垂直对准路面放下钻头，牢固安放钻机，使其在运转过程中不得移动。<br>（4）开放冷却水，启动电动机，徐徐压下钻杆，钻取芯样，但不得使劲下压钻头。待钻透全厚后，上抬钻杆，拔出钻头，停止转动，不使芯样损坏，取出芯样。沥青混合料芯样及水泥混凝土芯样可用清水漂洗干净备用。<br>**注**：当试验不能用水冷却时，应采用干钻孔，此时为保护钻头，可先用干冰约 3kg 放在取样位置上，冷却路面约 1h，钻孔时通常以低温 $CO_2$ 等冷却气体代替冷却水。<br>（5）用切割机切割时，将锯片对准切割位置，开放冷却水，启动马达，徐徐压下锯片至要求深度（厚度），仔细向前推进，至需要长度后抬起锯片，四面全部锯毕后，用镐或铁锹仔细取出试样。取得的路面试块应保持边角完整，颗粒不得散失。<br>（6）采取的路面混合料试样应整层取样，试样不得破碎。<br>（7）将钻取的芯样或切割的试块妥善盛放于盛样器中，必要时用塑料袋封装。<br>（8）填写样品标签，一式两份，一份粘贴在试样上，另一份作为记录备查。<br>（9）对钻孔或被切割的路面坑洞，应采用同类型的材料填补压实，但取样时留下的水分应用棉纱等吸走，待干燥后再补坑 |
| 2 | 当一次钻孔取得的芯样包含有不同层位的沥青混合料时，应根据结构组合情况用切割机将芯样沿各层结合面锯开分层进行测定 |
| 3 | 钻孔取样应在路面完全冷却后进行，对普通沥青路面通常在第二天取样，对改性沥青及 SMA 路面宜在第三天以后取样 |
| 三、试验步骤 | |
| 1 | 测定试件密度：<br>（1）将钻取的试件在水中用毛刷轻轻刷净粘附的粉尘。如边角有浮松颗粒，应仔细清除。<br>（2）将试件晾干或用电风扇吹干不少于 24h，直至恒重。<br>（3）按 JTG E20—2011 中的沥青混合料试件密度试验方法测定试件密度 $\rho_s$。通常情况下采用表干法测定试件的毛体积相对密度；当吸水率大于 2％时，宜采用蜡封法测定试件的毛体积相对密度；对吸水率小于 0.5％特别致密的沥青混合料，在施工质量检验时，允许采用水中重法测定表观相对密度 |
| 2 | 根据 JTG F40—2004 的规定，确定计算压实度的标准密度。<br>标准密度可以采用试验室实测的马歇尔击实试件密度、最大理论密度或试验段钻孔取样密度 |

续表

| 序号 | 内容及要求 |
|---|---|
| 四、结果整理 | |
| 1 | 当计算压实度的沥青混合料的标准密度采用试验室实测的马歇尔击实试件成型密度或试验路段钻孔取样密度时，沥青面层的压实度按下式计算： $$K = \frac{\rho_s}{\rho_0} \times 100$$ 式中 $K$ ——沥青面层某一测定部位的压实度，%； $\rho_s$ ——沥青混合料芯样试件的视密度或毛体积密度，$g/cm^3$； $\rho_0$ ——沥青混合料的标准密度，$g/cm^3$ |
| 2 | 当计算压实度的标准密度采用最大理论密度时，沥青面层的压实度按下式计算： $$K = \frac{\rho_s}{\rho_t} \times 100$$ 式中 $\rho_t$ ——沥青混合料的最大理论密度，$g/cm^3$； $\rho_s$ ——沥青混合料芯样试件的实际密度，$g/cm^3$ |
| 3 | 计算一个评定路段检测的压实度的平均值、标准差、变异系数，并计算代表压实度 |
| 五、报告 | |
| 压实度试验报告应记载压实度检查的标准密度及依据，并列表表示各测点的试验结果 | |

**【检测方法 2】** 无核密湿度仪法。

本方法适用于现场无核密湿度仪快速测定沥青各层沥青混合料的密度，并计算施工压实度，但测定结果不宜用于评定验收或仲裁。其内容及要求见表 3-24。

无核密湿度仪可用于检测铺筑完工的沥青路面、现场沥青混合料铺筑层密度及快速检查混合料的离析。

采用无核密湿度仪时，必须严格标定，通过对比试验检验，确认其可靠性。

每 12 个月要将无核密湿度仪送到授权服务中心进行标定和检查。

表 3-24　　　　　　　　　　　　无核密湿度仪法内容及要求

| 序号 | 内容及要求 |
|---|---|
| 一、仪器准备 | |
| 1 | 无核密湿度仪：内含电子模块和可充电电池。<br>(1) 探头：无核，无电容，用于野外测量。<br>(2) 探测深度：≥4.0cm。<br>(3) 测量时间：1s。<br>(4) 精度：$0.003g/cm^3$。<br>(5) 操作环境温度：0~70℃。<br>(6) 测试材料表面最高温度：150℃。<br>(7) 湿度：98% 且不结露 |
| 2 | 标准密度块：供密度标准计数用 |
| 3 | 交流充电器或直流充电器 |
| 4 | 打印机：用于打印测试数据 |

续表

| 序号 | 内容及要求 |
|------|-----------|
| 二、试验准备 | |
| 1 | 所测定沥青面层的厚度应不大于该仪器性能探测的最大深度。在进行沥青混合料压实层密度测定前，应用无核密湿度仪与钻孔取样的试件进行标定 |
| 2 | 第一次使用前需要对软件进行设置。仪器存储了软件的设置后，操作者无需每次开机后都进行软件的设置 |
| 3 | 按照仪器使用说明书的要求综合标定仪器的测量精度 |
| 4 | 按照不同的需要选择想要的测量模式 |
| 5 | 按照仪器使用说明书的规定进行修正值设置 |
| 三、试验步骤 | |
| 1 | 为了保证测量精度，在正式测量前应正确选择测量场地 |
| 2 | 把仪器放置平稳，保证仪器不晃动 |
| 3 | 为了确保精确测量，仪器应与测量面紧密接触 |
| 4 | 在开始测量前应检查仪器的工作状态，如电池电压、内部温度、选择的测量单位、运行参考读数的日期和时间等 |
| 5 | 根据需要选择测量模式进行测试 |
| 四、结果整理 | |

按下式计算压实度：

$$K = \frac{\rho_d}{\rho_c} \times 100$$

式中 $K$ ——测试地点的施工压实度，%；

$\rho_d$——由无核密湿度仪测定的压实沥青混合料的实际密度，一组不少于 13 个点，取平均值，g/cm³；

$\rho_c$——沥青混合料的标准密度，按照 JTG F40—2004 中的相关规定选用，g/cm³

五、报告

测定路面密度及压实度的同时，应记录气温、路面的结构深度、沥青混合料类型、面层结构及测定厚度等数据和资料

## 检测项目二　弯沉的检测

弯沉是在规定的荷载作用下，路基或路面表面产生的总垂直变形值（总弯沉）或垂直回弹变形值（回弹弯沉），以 0.01mm 为单位。弯沉是反映路基或路面整体抗压强度的一个综合指标。

路基或路面在车轮作用下产生沉降，其总变形值等于总弯沉值。当车轮荷载卸除后，路面便向上回弹，其回弹变形值即回弹弯沉值。总弯沉与回弹弯沉之差便是残余弯沉。一般总弯沉比回弹弯沉大，表明路基或路面除了产生弹性变形外还产生塑性变形。若总弯沉等于回弹弯沉，表明路基或路面是完全弹性体；若总弯沉小于回弹弯沉，表明路基或路面产生隆起的塑性变形。

由于弯沉能够代表路基路面整体抵抗垂直变形的能力，测定又比较直观、简便，因此是路基路面现场质量检测的常规项目之一。公路工程质量评定标准中规定，土方路基、沥青混凝土面层、沥青碎石面层、沥青贯入式面层以及沥青表面处治表层的弯沉值均不得超过设计允许值。

　　弯沉测量的目的：一是利用弯沉仪量测路面表面在标准轴载作用下的轮隙回弹弯沉值，用作评定路面强度的指标；二是通过对路面结构分层测定所得的回弹弯沉值，根据弹性体系垂直位移理论解，反算路面各结构层的材料回弹模量值。

　　弯沉测量方法有多种。用弯沉指标来表示路面强度的做法早在 20 世纪 30 年代便开始了，美国在 50 年代研制了贝克曼弯沉梁，我国也仿照贝克曼弯沉梁研制了现在的弯沉仪，见图 3-6。为了提高量测精度和解决弯沉量测时支座位移的问题，前苏联、瑞士、法国研制了光学弯沉仪，它的特点是把测点与读数装置分开，消除了支座位移的影响。近年来像日本、丹麦等国研制了动力式落锤弯沉仪，用以量测冲击荷载作用下路面表面的弯沉，它可模拟快速行车对路面的弯沉效应。贝克曼梁法测弯沉属传统方法，速度慢，静态测试，比较成熟，目前属于标准方法。

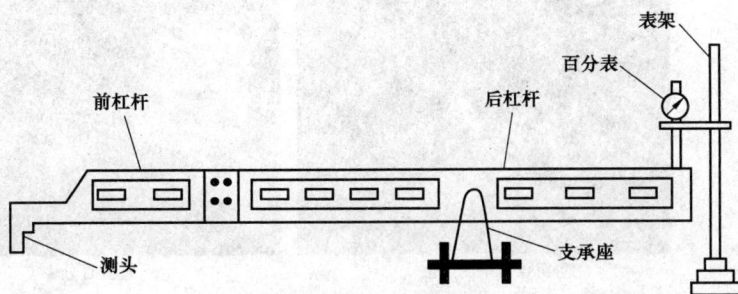

图 3-6　弯沉仪构造

　　随着科学技术的进步，国内外公路现场检测仪器也在不断改进，许多检测新技术已经广泛应用，使得道路工程质量检测的手段更为快捷、准确、简便、安全。

　　测定弯沉的方法除了贝克曼梁测定法外，还有自动弯沉仪测定法以及落锤式弯沉仪测定法等。

　　利用贝克曼梁测定路面回弹弯沉值操作简便，应用广泛，我国路面设计及检测的标准方法和基本参数都是建立在这种试验方法基础之上的，但是这种试验方法整个测试过程全部由人工操作，因此测试结果受人为因素影响较大，并且测试速度很慢。自动弯沉仪是测定路面弯沉的高效自动化设备，可以对路面进行高密集点的强度测量，适用于路面施工质量控制、尚无坑洞等严重破坏的道路验收检查及旧路面强度评价，以及路面养护管理。

　　利用贝克曼梁法和自动弯沉仪法测出的回弹弯沉是静态弯沉。因为汽车行进速度很慢，所测得的弯沉也接近静态弯沉。为了模拟汽车快速行使的实际情况，不少国家开发了动态弯沉的测试设备。落锤式弯沉仪（Falling Weight Deflectometer，简称 FWD）模拟行车作用的冲击荷载下的弯沉测量，计算机自动采集数据，速度快，精度高。近几年来，采用落锤式弯沉仪 FWD 测定路面的动态弯沉，并用来反算路面的回弹模量已经成为世界各国道路界的热门课题，这种设备特别适用于高等级公路路面的弯沉测量和承载能力评定，落锤式弯沉仪是目前国际上最先进的路面强度无损检测设备之一。

　　【检测方法 1】　贝克曼梁法。

　　本方法适用于测定各类路基路面的回弹弯沉，用以评定其整体承载能力，可供路面结构设计使用。其内容及要求见表 3-25。

　　沥青路面的弯沉以沥青面层平均温度 20℃时为准，当路面平均温度在 20℃±2℃以内时可不修正，在其他温度测试时，对沥青层厚度大于 5cm 的沥青路面，弯沉值应予以温度修正。

**表 3 - 25　　　　　　　　　　　　贝克曼梁法内容及要求**

| 序号 | 内容及要求 |
|---|---|
| **一、仪器准备** | |
| 1 | 路面弯沉仪：由贝壳曼梁、百分表及表架组成，通常由合金铝制成，上有水准泡，其前臂（接触路面）与后臂（装百分表）长度比为 2：1。弯沉仪有两种：一种长 3.6m，前后臂分别为 2.4m 和 1.2m；另一种加长的弯沉仪长 5.4m，前后臂分别为 3.6m 和 1.8m。当在半刚性基层沥青路面或水泥混凝土路面上测定时，应采用长度为 5.4m 的贝克曼梁弯沉仪；对柔性基层或混合式结构沥青路面可采用长度为 3.6m 的贝克曼梁弯沉仪测定。弯沉采用百分表量得，也可用自动记录装置进行测量。弯沉仪及百分表现场使用情况见下图：<br><br><br>弯沉仪置于测点上　　　　　　　检查百分表 |
| 2 | 标准车：双轴、后轴双侧 4 轮的载重车，其标准轴荷载、轮胎尺寸、轮胎间隙及轮胎气压等主要参数应符合下表中的要求。测试车应采用后轴 10t 的 BZZ - 100 汽车。<br>**弯沉测定用的标准车参数**<br><table><tr><td>标准轴载等级</td><td>BZZ - 100</td></tr><tr><td>后轴标准轴载 P（kN）</td><td>100±1</td></tr><tr><td>一侧双轮荷载 （kN）</td><td>50±0.5</td></tr><tr><td>轮胎充气压力（MPa）</td><td>0.70±0.05</td></tr><tr><td>单轮传压面当量圆直径（cm）</td><td>21.30±0.5</td></tr><tr><td>轮隙宽度</td><td>满足能自由插入弯沉仪侧头的测试要求</td></tr></table> |
| 3 | 接触式路面温度计：端部为平头，分度不大于 1℃ |
| 4 | 其他：粉笔或白油漆、指挥旗、皮尺、口哨等 |
| **二、试验准备** | |
| 1 | 检查并保持测定用标准车的车况及刹车性能良好，轮胎内胎符合充气压力 |
| 2 | 向汽车车槽中装载（铁块或集料），并用地中衡称量后轴总质量，符合要求的轴重规定，汽车行驶及测定过程中轴重不得变化 |
| 3 | 测定汽车轮胎接地面积：在平整光滑的硬质路面上用千斤顶将汽车后轴顶起，在轮胎下方放一张新的复写纸和一张方格纸，轻轻落下千斤顶，即在方格纸上印上轮胎印痕，用求积仪或数方格的方法，测算轮胎的接地面积，精确至 0.1cm² |
| 4 | 检查弯沉仪百分表测量灵敏情况 |
| 5 | 当在沥青路面上测定时，用路表温度计测定试验时的气温及路表温度（一天气温不断变化，应随时测定），并通过气象台了解前 5 天的平均气温（日最高气温及最低气温的平均值） |
| 6 | 记录沥青路面修建或改建时的材料、结构、厚度、施工及养护等情况 |

| 序号 | 内容及要求 |
|---|---|
| 三、试验步骤 | |
| 1 | 在测试路段内布置测点，其距离视测试需要而定。测点应在路面行车车道的轮迹带上，并用白油漆或粉笔画上标记 |
| 2 | 将测试车后轮轮隙对准测点后 3～5cm 处的位置 |
| 3 | 将弯沉仪插入汽车后轮之间的缝隙处，与汽车的方向一致，梁臂不得碰到轮胎，弯沉仪测头置于测点上（轮隙中心前方 3～5cm 处），并安装百分表于弯沉仪的测定杆上，百分表调零，用手指轻轻叩打弯沉仪，检查百分表是否稳定回零。弯沉仪可以是单侧测定，也可以是双侧测定 |
| 4 | 测定者吹哨发令指挥汽车缓缓前进，百分表随路面变形的增加而持续向前转动。当表针转到最大值时，迅速读取初读数 $L_1$。汽车仍然向前行驶，表针反向回转，待汽车驶出弯沉影响半径（3m 以上）后，吹口哨或挥动指挥红旗，汽车停止。待表针回转稳定后，再次读取终读数 $L_2$。汽车前进的速度宜为 5km/h 左右 |
| 5 | 弯沉仪的支点变形修正：<br>（1）当采用 3.6m 的弯沉仪进行弯沉测试时，有可能引起弯沉仪支座处变形，在测定时应检验支点有无变形。如有变形，此时用另一台检验用的弯沉仪安装在检测用弯沉仪的后方，其测点架于测定用弯沉仪的支点旁。当汽车开动时，同时测定两台弯沉议的读数，如检验用的弯沉仪百分表有读数，则应记录并进行支点变形修正。当在同一结构层测定时，可在不同位置测定 5 次，求取平均值，以后每次测定时以此作为修正值。<br>（2）当采用长 5.4m 的弯沉仪测定时，可不进行支点变形修正。<br><br>弯沉仪支点变形修正原理 |
| 四、结果整理 | |
| 1 | 路面测点的回弹弯沉值按下式计算：<br>$$l_1 = (L_1 - L_2) \times 2$$<br>式中　$l_1$——在路面温度 $t$ 时的回弹弯沉值，0.01mm；<br>　　　$L_1$——车轮中心临近弯沉仪测头时百分表的最大读数，0.01mm；<br>　　　$L_2$——汽车驶出弯沉影响半径后百分表的终读数，0.01mm |
| 2 | 当需进行弯沉仪支点变形修正时，路面测点的回弹弯沉值按下式计算：<br>$$L_T = (L_1 - L_2) \times 2 + (L_3 - L_4) \times 6$$<br>式中　$L_1$——车轮中心临近弯沉仪测头时测定用弯沉仪的最大读数，0.01mm；<br>　　　$L_2$——汽车驶出弯沉影响半径后测定用弯沉仪的终读数，0.01mm；<br>　　　$L_3$——车轮中心临近弯沉仪测头时检验用弯沉仪的最大读数，0.01mm；<br>　　　$L_4$——汽车驶出弯沉影响半径后检验用弯沉仪的终读数，0.01mm。<br>注：此式适用于测定用弯沉仪支座处有变形，但百分表架处路面已无变形的情况 |
| 3 | 沥青路面回弹弯沉按下式计算：<br>$$l_{20} = l_t K$$<br>式中　$K$——温度修正系数；<br>　　　$l_{20}$——换算为 20℃ 的沥青路面回弹弯沉值，0.01mm；<br>　　　$l_t$——测定时沥青面层的平均温度为 $t$ 时的回弹弯沉值，0.01mm |

序号5单元格内的图示：

弯沉仪支点变形修正原理

图中标注：荷载　测定用弯沉仪　检测用弯沉仪　$3(L_3-L_4)$　$(L_1-L_2)$　$(L_3-L_4)$　原路面　支点下沉量$2(L_3-L_4)$　$2(L_1-L_2)$　$6(L_3-L_4)$　弯沉盆曲线

| 序号 | 内容及要求 |
|---|---|
| 4 | 温度修正：<br>沥青面层厚度大于 5cm 的沥青路面，回弹弯沉值应进行温度修正。<br>测定时的沥青层平均温度按下式计算：<br>$$t = (t_{25} + t_m + t_e)/3$$<br>式中　$t$——测定时沥青层平均温度，℃；<br>　　　$t_{25}$——根据 $T_0$ 由下图决定的路表下 25mm 处的温度，℃；<br>　　　$t_m$——根据 $T_0$ 由下图决定的沥青层中间深度的温度，℃；<br>　　　$t_e$——根据 $T_0$ 由下图决定的沥青层底面处的温度，℃。 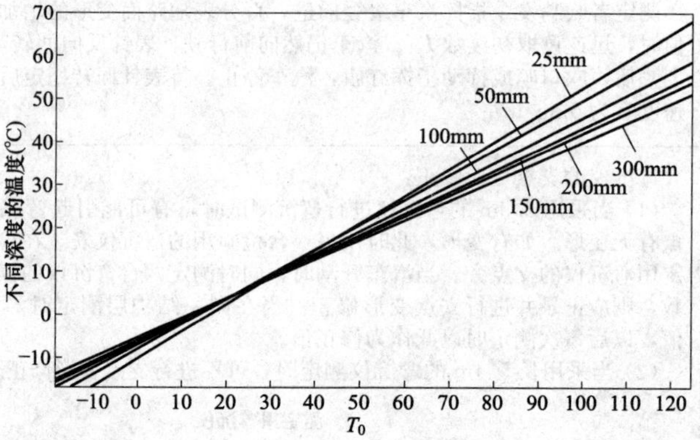<br><br>测定时的沥青层平均温度（线上的数字表示路表下的不同深度）<br><br>　图中 $T_0$ 为测定时路表温度与测定前 5d 日平均气温的平均值之和（℃），日平均气温为日最高气温与最低气温的平均值。<br>　不同基层的沥青路面弯沉值的温度修正系数 $K$，可根据沥青平均温度 $T$ 及沥青层厚度，分别由图求取 |
| 5 | 无机结合料稳定类基层的沥青路面弯沉值的温度修正系数 $K$ 由下图求取： 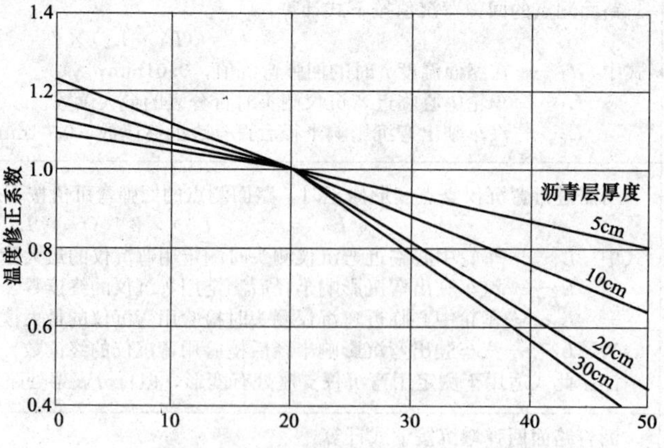<br><br>路面弯沉值温度修正系数曲线（适用于无机结合料稳定的半刚性基层） |

续表

| 序号 | 内容及要求 |
|---|---|
| 6 | 粒料基层或沥青稳定类基层的沥青路面弯沉值的温度修正系数 $K$，根据沥青层平均气温及沥青层厚度分别由下图求取：<br><br>路面弯沉温度修正系数曲线（适用于粒料基层及沥青稳定基层）图 |

五、报告

报告应包括弯沉测定表、支点变形修正值、测试时的路面温度及温度修正值，每一个评定路段的各测点弯沉的平均值、标准差及代表弯沉

**【检测方法 2】**　自动弯沉仪法。

本方法适用于各类 Lacroix 型自动弯沉仪在新建、改建路面工程的质量验收中，以及无严重坑槽、车辙等病害的正常通车条件下连续采集沥青路面弯沉数据。

本方法的数据采集、传输、记录和处理分别由专用软件自动控制进行。

1. 工作原理

自动弯沉仪的工作原理与贝克曼梁的原理是相同的，都是采用简单的杠杆原理。自动弯沉仪测定车在检测路段以一定的速度行驶，将安装在测试车前后轴之间底盘下的弯沉测定梁放到车辆底盘的前端并支于地面保持不动，当后轴双轮轮隙通过测头时，弯沉通过位移传感器等装置被自动记录下来，这时测定梁被拖动，以两倍的汽车速度拖到下一测点，周而复始地向前连续测定，通过计算机输出弯沉检测统计计算结果。

汽车在整个测试过程中应保持在规定的速度范围内稳定行驶，标准的行车速度应为 3.0～3.5km/h。在标准速度下的测试步距不应大于 10m。

2. 使用技术要点

（1）自动弯沉仪作长距离移动时，应根据路况把一些通过能力影响比较大的组件、部件拆下来，待移动到测量工地时再进行安装调试。

（2）为了保证系统转换板与位移传感器的测量精度，应对自动弯沉仪进行标定。

（3）自动弯沉仪所采集的数据存储于计算机中，输入有关信息和参数后，可以显示出左右双侧的弯沉峰值、距离和温度等，计算出平均值、标准差和代表弯沉值。

在测定时，随着打印机输出的同时，应将数据用文件方式同时记录在磁带或硬盘上，长

期保存。通过计算机输出计算结果，即每一个计算区间的平均总弯沉值、标准差、代表总弯沉值。

测定结果应按计算区间输出计算结果，计算区间长度可根据公路等级和测试要求确定，标准的计算区间为100m。

应当注意，自动弯沉仪测定的是总弯沉，所以与贝克曼梁测定的回弹弯沉值有所不同，可以通过自动弯沉仪总弯沉与贝克曼梁回弹弯沉的对比试验，得到两者的相互关系，换算为回弹弯沉，用于路基、路面强度评定。另外，当路面严重损坏、不平整、有坑槽时，测定设备有可能损坏，或者当平曲线半径过小时，都不能进行检测。具体做法如下：

（1）采用同一辆自动弯沉仪测定车，使测定车型、荷载大小和轮台作用面积完全相同。

（2）用油漆标记对比路段起点位置。

（3）用自动弯沉仪测定车测定，同时仔细用油漆标出每一测点的位置。

（4）在每一标记的位置用贝克曼梁测定回弹弯沉，测定范围准确至 $10cm^2$ 以内。

（5）逐点对应计算两者的相关关系，得出回归方程 $L_B = a + bL_A$，式中 $L_B$、$L_A$ 分别为贝克曼梁和自动弯沉仪测定的弯沉值，相关系数不应小于0.90。

例如：对国道312线 K4091+100～K4091+400 的实测结果见表3-26。

表3-26　　　　　　　　　　　　　　实　测　结　果

| 记录号 | 路线号 | 公里桩 | 百米桩 | 平均总弯沉<br>（0.01mm） | 标准差<br>（0.01mm） | 代表总弯沉<br>（0.01mm） |
|---|---|---|---|---|---|---|
| 1 | 312 | 4091 | 100 | 41 | 19.256 | 79 |
| 2 | 312 | 4091 | 200 | 45 | 9.916 | 65 |
| 3 | 312 | 4091 | 300 | 55 | 18.442 | 92 |
| 4 | 312 | 4091 | 400 | 57 | 12.739 | 82 |
| 5 | 312 | 4091 | 500 | 42 | 9.096 | 60 |

注　本表计算区间为100m，代表总弯沉按平均总弯沉加2倍标准差计算。

自动弯沉仪的测量机构见图3-7，自动弯沉仪法的内容及要求见表3-27。

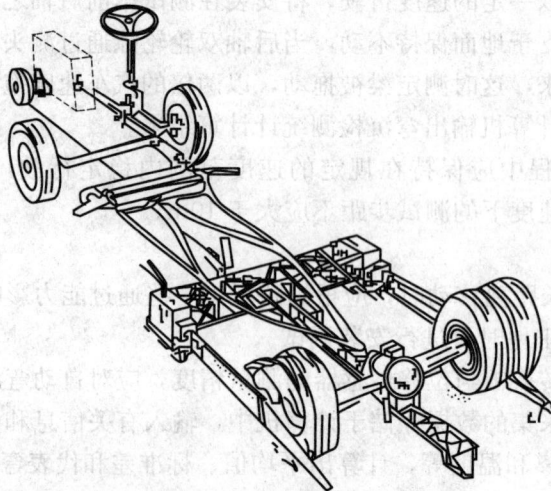

图3-7　自动弯沉仪的测量机构

表 3 - 27　　　　　　　　　　　　　　自动弯沉仪法内容及要求

| 序号 | 内容及要求 |
|---|---|
| **一、仪器准备** | |
| 1 | Lacroix 型自动弯沉仪：由承载车、测量机构及控制系统、位移、温度和距离传感器、数据采集与处理系统等基本部分组成 |
| 2 | 设备承载车的技术要求和参数规定如下：<br>自动弯沉仪的承载车辆应为单后轴、单侧双轮组的载重车，其标准条件参考贝克曼梁测定路基路面回弹弯沉试验方法中 BZZ - 100 车型的标准参数 |
| 3 | 测试系统的基本技术要求和参数：<br>(1) 位移传感器分辨率：0.01mm；<br>(2) 位移传感器有效量程：≥3mm；<br>(3) 设备工作环境温度：0~60℃；<br>(4) 距离标定误差：≤1% |
| **二、试样准备** | |
| 1 | 位移传感器标定。每次测试之前必须按照设备使用手册规定的方法进行位移传感器的标定，记录标定数据并存档 |
| 2 | 检查承载车胎气压。每次测试之前都必须检查后轴轮胎气压，应满足 0.70MPa±0.05MPa 的要求 |
| 3 | 检查承载车轮载。一般每年检查一次，如果承载车因改装等原因改变了后轴载，也必须进行此项工作，后轴载应满足 100kN±1kN 的要求 |
| 4 | 检查测量架易损部件的情况，及时更换损坏部件 |
| 5 | 打开设备电源进行检查，控制面板功能键、指示灯、显示器等应正常 |
| 6 | 开动承载车试测 2~3 个步距，观察测试机构，测试机构应正常，否则需要调整 |
| **三、试验步骤** | |
| 1 | 测试系统在开始测试前需要通电预热，时间满足设备操作手册要求，并开启工程警灯和导向标等警告标志 |
| 2 | 在测试路段前 20m 处将量架放落在路面上，并检查各机构的部件情况 |
| 3 | 操作人员按照设备使用手册的规定和测试路段的现场技术要求设置完毕所需的测试状态 |
| 4 | 驾驶员缓慢加速承载车至正常测试速度，沿正常行车轨迹驶入测试路段 |
| 5 | 操作人员将测试路段起终点、桥涵等特殊位置的桩号输入到记录数据中 |
| 6 | 当测试车辆驶出测试路段后，操作人员停止数据采集和记录，并恢复仪器各部分至初始状态，驾驶员缓慢停止承载车，提起测量架 |
| 7 | 操作人员检查数据文件，文件应完整，内容应正常，否则需要重新测试 |
| **四、结果整理** | |
| 1 | 采用自动弯沉仪采集路面弯沉盆峰值数据 |
| 2 | 数据组中左臂测值、右臂测值按单独弯沉处理 |
| 3 | 对原始弯沉测试数据进行温度、坡度、相关性等修正 |
| 4 | 弯沉值的横坡修正：<br>当路面横坡不超过 4% 时，不进行超高影响修正；当横坡超过 4% 时，超高影响的修正参考下表进行：<br>弯沉值横坡修正 |

| 横坡范围 | 高位修正系数 | 地位修正系数 |
|---|---|---|
| >4% | $\dfrac{1}{1-i}$ | $\dfrac{1}{1+i}$ |

**注**　$i$ 是路面横坡（%）。

续表

| 序号 | 内容及要求 |
|------|-----------|
| 五、自动弯沉仪与贝克曼梁弯沉测值对比试验 | |
| 1 | 试验条件：<br>（1）按弯沉值不同水平范围选择不少于 4 段路面结构相似的路段。路段长度可为 300～500m，标记好起、终点位置。<br>（2）对比试验段的路面应清洁干燥，温度应在 10～35℃ 范围内，并且选择温度变化不大的时间，宜选择晴天无风的天气条件，试验路段附近没有重型交通和震动 |
| 2 | 试验步骤：<br>（1）按照上述方法中的测试步骤，令自动弯沉仪按照正常测试车速测试选定路段，工作人员仔细用油漆每隔 3 个测试步距或约 20m 标记测点位置。<br>（2）自动弯沉仪测试完毕后，等待 30min，然后在每一个标记位置用贝克曼梁按照贝克曼梁测定路基路面回弹弯沉试验方法测定各点回弹弯沉值 |
| 3 | 试验数据处理：<br>从自动弯沉仪的记录数据中按照路面标记点的相应桩号提出各试验点的测值，并与贝克曼梁测值一一对应，用数理统计的回归分析方法得到贝克曼梁测值和自动弯沉仪测值之间的相关关系方程式，相关系数 $R$ 不得小于 0.95 |
| 六、报告 | |

测试报告中应该包括以下内容：
（1）弯沉平均值、标准差、代表值、测试时的路面温度及温度修正值。
（2）自动弯沉仪测值与贝克曼梁测值的相关关系式及相关系数

**【检测方法 3】** 落锤式弯沉仪法。

本方法适用于测定在落锤式弯沉仪（简称 FWD，见图 3-8）标准质量的重锤落下一定高度发生的冲击荷载作用下，测定路基或路面表面所产生的瞬时变形，即测定在动态荷载作用下产生的动态弯沉及弯沉盆，可反算路基路面各层材料的动态弹性模量，作为设计参数使用。可用于评定道路承载能力，调查水泥混凝土路面接缝的传力效果，探测路面板下的空洞等。

图 3-8 落锤式弯沉仪

落锤式弯沉仪分为拖车式和内置式。拖车式便于维修和存放，内置式则较小巧、灵便。落锤式弯沉仪由荷载发生装置、弯沉检测装置、运算及控制装置及车辆牵引装置等组成。

1. 工作原理

将测定车开到测定地点，通过计算机控制下的液压系统，启动落锤装置，使一定质量的落锤从一定高度自由落下，冲击力作用于承载板上，并传递到路面，导致路面产生弯沉，分布于距测点不同距离的传感器检测结构层表面的变形，记录系统信号输入计算机，得到路面弯沉及弯沉盆。

2. 性能说明

（1）所测弯沉绝对精度小于 $2\% \pm 2\mu m$，典型的相对精度为 $1\% \pm 1\mu m$。设备的分辨率为 $1\mu m$（弯沉）。

（2）所测荷载精度为小于 $2\% \pm 0.3kN$，分辨率为（对荷载）$0.03～0.2kN$。

通过调节锤重和落高来调整冲击荷载的大小。例如，我国路面设计标准为 BZZ-100，落锤质量应选为 5t，因为承载板直径为 30cm，对路面的压强正好为 0.7MPa。

（3）在测试路段的路基或路面各层表面布置测点，其位置和距离随测试需要而定，如果测定路表面，测点应布置在行车车道的轮迹带上。测试时，也可利用距离传感器定位。

（4）测试前应对位移传感器进行标定，使之达到规定的精度。

（5）检测时，拖车落锤弯沉仪牵引速度最大可达 80km/h，根据我国的实际情况，牵引速度以 50km/h 为宜，内置式落锤弯沉仪最高时速大于 100km/h，每小时可测 65 点。

（6）传感器分布位置为：一个位于承载板中心，其余布置在传感器支架上。路面结构不同，弯沉影响半径也不同。路基或柔性基层沥青路面传感器分布在距荷载中心 2.5m 范围内即可。目前，我国高等级公路大多采用半刚性基层沥青路面结构，弯沉影响半径已达 3～5m，传感器分布范围应布置在距荷载中心 3～4m 范围内，以测量路面弯沉盆形状。

落锤式弯沉仪的弯沉检测装置操作方式为计算机控制下的自动测量，所有测试数据均可显示在屏幕上或打印出来或存储在软盘中，可以输出作用荷载、弯沉（盆）、路表温度、测点间距等，可打印弯沉平均值、标准差、变异系数以及代表弯沉值等数据，见图 3-9。

应当注意，落锤式弯沉仪所测弯沉为动态总弯沉，与贝克曼梁所测的静态弯沉不同，一般通过对比试验，得到两者之间的关系，然后根据这个关系将落锤式弯沉仪所测动态总弯沉换算成贝克曼梁所测的静态弯沉。

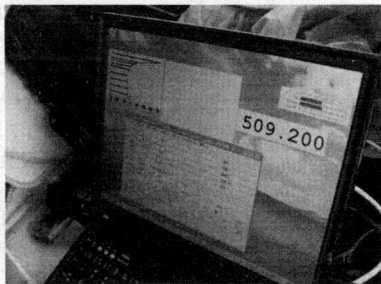

图 3-9 电脑操作系统

落锤式弯沉仪法的内容及要求见表 3-28。

表 3-28 落锤式弯沉仪法内容及要求

| 序号 | 内容及要求 |
| --- | --- |
| 一、仪器设备 | |
| 1 | 落锤式弯沉仪：由荷载发生装置、弯沉检测装置、运算控制系统与车辆牵引系统等组成 |
| 2 | 荷载发生装置：重锤的质量及落高根据使用目的与道路等级选择，荷载由传感器测定。如无特殊需要，重锤的质量为 200kg±10kg，可采用产生 50kN±2.5kN 的冲击荷载，承载板宜为十字对称分开 4 部分，且底部固定有橡胶片的承载板，承载板是直径为 300mm 的四分式扇形 |
| 3 | 弯沉检测装置：由 5～7 个高精度位移传感器组成，传力器可为差动变压器式位移计或地震检波器。自承载板中心开始，沿道路纵向隔开一定距离布设一组传感器，传感器总数不少于 7 个，建议布置在 0～250cm 范围以内，必须包括 0、30、60、90 四点，其他根据需要及设备性能决定 |
| 4 | 运算及控制装置：能在冲击荷载作用的瞬间，记录冲击荷载及各个传感器所在位置测点的动态变形 |
| 5 | 牵引装置：牵引 FWD 并安装运算及控制装置等的车辆 |
| 二、试验准备 | |
| 1 | 调整重锤的质量及落高，使重锤的质量及产生的冲击荷载符合仪器设备的要求 |
| 2 | 在测试路段的路基或路面各层表面布置测点，其位置或距离随测试需要而定。当在路面表面测定时，测点宜布置在行车道的轮迹带上。测试时，还可利用距离传感器定位 |
| 3 | 检查 FWD 的车况及使用性能，用手动操作检查，各项指标符合仪器规定要求 |
| 4 | 将 FWD 牵引至测定地点，将仪器打开，进入工作状态。牵引 FWD 行驶的速度不宜超过 50km/h |
| 5 | 对位移传感器按仪器使用说明书进行标定，使之达到规定的精度要求 |

续表

| 序号 | 内容及要求 |
|---|---|
| 6 | 检查全部轮胎压力，如需要进行调整。确定升降杆前端已经通过一个锁定销被锁定，确定承载板在其高位置，并且所有的运输锁已经扳到两边的锁定位置，确定拖车手刹完全释放。<br>将拖车前方的车钩与牵引车后的车钩球扣平，确定拖车的舌状栓完全锁住球，系上惯性刹安全线缆至牵引车拖钩球上。提升并紧固 FMD 前支撑轮<br>连接拖车凸行电源线插头至牵引车后部相应凹行电源输出插座 |

### 三、试验步骤

| | |
|---|---|
| 1 | 到达测试地点后，连接计算机，使用网线将 CP15 处理器与计算机连接，使用标准 CP15 屏蔽电缆 CP15 处理器上的以太网 RJ45 插座与控制操作盒上的 "CP15" RJ45 插座连接，连接计算机电源 |
| 2 | 启动计算机，并等待直至准备好 PC15 控制器，等待 1min 左右，进入现场采集软件的手动控制项目中，选择升盘，拖车加载盘升起后，将升降杆前端的锁定销移至最上面的锁眼，将加载板下的运输锁定打开。通过手动控制，使重锤在不同高度落下，计算机自动计算并控制落高，使其产生的冲击荷载符合要求 |
| 3 | 测试：将 FWD 牵引至测定位置，放下牵引车手刹，点击开始，进行此点测试。承载板中心位置对准测点，放下承载板及各位移传感器与地面接触。启动落锤装置，荷载锤自动提升至前面标定高度并自由落下，冲击力作用于承载板上，又立即自动提升至原来位置，同时，各个传感器检测结构层表面变形，记录系统将位移信号输入计算机，并得到峰值，即路面弯沉，同时得到弯沉盆 |
| 4 | 每一个测点重复测定应不少于 3 次，除去第一个测定值，取以后几个测定值的平均值，作为计算依据（拖车自带温度传感器，计算机对温度自动进行修正） |
| 5 | 测定完毕后，将自动提起传感器及承载板，牵引车向前移动至下一个测点，重复上述步骤进行测定 |

### 四、落锤式弯沉仪与贝克曼梁弯沉仪对比试验

| | |
|---|---|
| 1 | 路段选择：选择结构类型完全相同的路段，针对不同地区选择某种路面结构的代表性路段，进行两种测定方法的对比试验，以便将落锤式弯沉仪测定的动弯沉换算成贝克曼梁测定的回弹弯沉值。选择的对比路段长 300～500m，弯沉值应有一定的变化幅度 |
| 2 | 对比试验步骤：<br>（1）采用与实际使用相同且符合要求的落锤式弯沉仪及贝克曼梁弯沉仪测定车，落锤式弯沉仪的冲击荷载应与贝克曼梁弯沉仪测定车的后轴双轮荷载相同。<br>（2）用油漆标记对比路段的起点位置。<br>（3）按上述方法布置测点位置，按贝克曼梁法用贝克曼梁弯沉仪测定回弹弯沉。测定车开走后，用粉笔以测点为圆心，在周围画一个半径为 15cm 的圆，标明测点位置。<br>（4）将落锤式弯沉仪的承载板对准圆圈，位置偏差不超过 30mm，测定动弯沉。两种仪器对同一点弯沉测试的时间间隔不应超过 10min。<br>（5）逐点对应计算两者的相关关系，通过对比试验得出回归方程式 $L_B = a + b L_{FWD}$，式中 $L_{FWD}$、$L_B$ 分别为落锤式弯沉仪和贝克曼梁测定的弯沉值，回归方程式的相关系数 $R$ 不应小于 0.90。<br>注：由于路面结构和材料、路基状况、温度、水文条件、路面使用状况不同，对比关系也有所不同，为了提高数据的准确性，应分各种情况做此项对比试验 |

### 五、水泥混凝土路面板调查的方法与步骤

在测试路段的水泥混凝土路面板表面布置测点。当为调查水泥混凝土路面接缝的传力效果时，测点布置在接缝的一侧，位移传感器分开在接缝两边布置。当为探查路面板下的空洞时，测点布置位置随测试需要而定，应在不同位置测定。

按前述方法进行测定

### 六、计算

续表

| 序号 | 内容及要求 |
|---|---|
| 1 | 按桩号记录各测点的弯沉及弯沉盆数据，按规程中检查路段数据整理方法计算一个评定路段的平均值、标准差、变异系数 |
| 2 | 当为调查水泥混凝土路面接缝的传力效果时，利用分开在接缝两边布置的位移传感器的测定值差异及弯沉盆的形状进行判断 |
| 3 | 当为探查路面板下的空洞时，利用在不同位置测定的测定值差异及弯沉盆的形状进行判断 |
| 七、报告 | |
| 1 | 报告应包括下列内容：<br>(1) 各测点的最大弯沉及弯沉盆测定数据。<br>(2) 每一个评定路段全部测点弯沉的平均值、标准差、变异系数及代表弯沉 |
| 2 | 如与贝克曼梁弯沉仪进行了对比试验，还应报告相关关系式、相关系数、换算的回弹弯沉 |
| 3 | 在测试途中驾驶前进时，不要打开或关闭计算机，不要使计算机进行复位启动，以免造成液压系统失去控制 |
| 4 | FMD 使用时可能会出现以下几种情况：<br>(1) 重锤会出乎意料地落下。<br>(2) 液压油可能会在高压泄漏。<br>(3) 液压油泄漏可能造成加载板组件落至地面 |
| 5 | 操作员应特别注意：<br>(1) 尽量避开 FMD。<br>(2) 确定没有其他人接近。<br>(3) 不要在或接近缓冲器冲击板的位置放置物体，如工具。<br>(4) 不要使重锤上升与下落状态。<br>(5) 避免重锤组件升起及未锁定。<br>(6) 维修期间要支撑起落锤或落锤组件 |

**检测项目三　路面平整度的检测**

平整度是路面表面相对于理想平面的竖向偏差。路面平整度是评价路面使用品质和施工质量优劣的重要指标，是以几何平面为基准，以规定的标准，间断或连续地测定路面表面纵、横方向的凹凸量，既是一个整体性指标，又是一个衡量工程质量及现有路面破坏程度的重要指标。它不仅影响汽车行驶条件、汽车的动力作用、行驶速度、轮台消耗、燃料和润滑油的消耗及运输成本，而且还影响着路面的使用年限。

路面的平整度与路面各结构层次的平整状况有一定的联系，不平整的表面将会增大行车阻力，造成行车颠簸，影响行车的速度与安全，同时对路面施加冲击力，且不平整的表面会积滞雨水，加速路面的破坏。因此，平整度检测是公路施工与养护非常重要的环节，必须对路面的平整度给予高度重视。

测量路面平整度指标，一是为了检查控制路面施工质量与验收路面工程；二是根据测定的路面平整度指标以确定养护维修计划。

路面平整度包括纵断面和横断面两个方面。测定平整度的仪器种类繁多，国外这方面从最初的直尺式测定仪发展成为可以记录行车道真实断面形状的横断面记录仪，如芬兰、日本、荷兰等国家研制了车辙深度量测仪。后来又研制了纵断面测定仪，如多轮式纵断面仪、斜率纵断面仪和美国通用汽车公司研制的 GMR 纵断面仪。国内除了 3m 直尺外，还有 JLP‑80N 型间断式路面平整度仪（西安公路科研所和南京交通试验仪器厂生产的一种自行车携带的直尺式监测仪）、东南大学试制的仿苏联式测振仪、辽宁锦州郊区公路段研制成的 CPJ‑S 型路面平整度检测仪，以及西安东风仪表厂生产的 XLPY‑E 型连续式平整度仪。

常用的平整度测试设备分为：断面类，检测路面表面凹凸状况，常用 3m 直尺、连续式平整度仪或激光平整度仪检测；反应类，检测由于路面凹凸引起的车辆颠簸，是舒适性指标，常用车载式颠簸累计仪检测。

用 3m 直尺测定路面平整度虽然简单、直观，但是测试速度太慢，所用劳动力过多。连续式平整度仪的测试速度虽然比 3m 直尺速度快，但是工作效率并不高。目前颠簸累计仪是应用最广泛的反映类设备，激光平整度测定仪则是最先进的断面类设备。

**【检测方法 1】** 3m 直尺测定法。

3m 直尺（见图 3‑10）测定平整度试验方法（T0931—1995）用于测定压实成型的路面各层表面的平整度，以评定路面的施工质量及使用质量，也可用于路基表面成型后的施工平整度检测。

图 3‑10　3m 直尺

在我国之所以称为"3m 直尺"，是因为我们采用的直尺长度是 3m，其实直尺并不限于 3m，也有采用 4m 直尺连续测量的方法。

3m 直尺测定法有单尺测定最大间隙及等距离（1.5m）连续测定两种。单尺测定常用于施工时质量控制和检查验收，测定时要计算出测定段的合格率；等距离连续测定也可用于施工质量检查验收，但要算出标准差，用标准差来表示平整程度。采用 3m 直尺测定与用 3m 连续式平整度仪测定的路面平整度有较好的相关关系。

3m 直尺测定法的特点是设备简单，结果直观，间断测试，工作效率低，用直尺与路面之间的最大间隙 $h$(mm) 反映凹凸程度。

本方法规定用 3m 直尺测定距离路表面的最大间隙来表示路基路面的平整度，以 mm 计。

3m 直尺测定法的测试的内容及要求见表 3‑29。

表 3‑29　　　　　　　　　　　　3m 直尺测定法内容及要求

| 序号 | 内容及要求 |
| --- | --- |
| 一、仪器准备 | |
| 1 | 3m 直尺：测量基准面长度为 3m，基准面应平直，用硬木或铝合金钢等材料制成 |
| 2 | 最大间隙测量器具：<br>楔形塞尺：硬木或金属制的三角形塞尺，有手柄。塞尺的长与高度之比不小于 10，宽度不大于 15mm，边部有高度标记，刻度读数分辨率小于或等于 0.2mm。<br>深度尺：金属制的深度测量尺，有手柄，深度尺测量杆端头直径不小于 10mm，刻度读数分辨率小于或等于 0.2mm。<br>其他：皮尺或钢尺、粉笔等 |
| 二、试验准备 | |
| 1 | 按有关规范规定选择测试路段 |

续表

| 序号 | 内容及要求 |
|---|---|
| 2 | 在测试路段上选择测点：当为沥青路面施工过程中质量检测时，测试地点应选在接缝处，以单杆测定评定；除高速公路以外，可用于其他等级公路路基路面工程质量检查验收或进行路况评定，每200m测2处，每处连续测量10尺。除特殊需要者外，应以行车道一侧车轮轮迹（距车道边0.8～1.0m）作为连续测定的标准位置。对旧路已形成车辙的路面，应取车辙中间位置为测定位置，用粉笔在路面上做好标记 |
| 3 | 清扫路面测定位置处的污物 |

**三、试验步骤**

| 序号 | 内容及要求 |
|---|---|
| 1 | 在施工过程中检测时，按根据需要确定的方向，将3m直尺摆在测试地点的路面上 |
| 2 | 目测3m直尺底面与路面之间的间隙情况，确定最大间隙的位置 |
| 3 | 用有高度标线的塞尺塞进间隙处，量测其最大间隙的高度（mm）；或者用深度尺在最大间隙位置量测直尺上顶面距地面的深度，该深度减去尺高即为测试点最大间隙的高度，精确至0.2mm |

**四、结果整理**

| 序号 | 内容及要求 |
|---|---|
| 1 | 单杆检测路面的平整度计算，以3m直尺与路面的最大间隙为测定结果。连续检测10尺时，判断每个测定值是否合格，根据要求，计算合格百分率，并计算10个最大间隙的平均值 |
| 2 | 单杆检测的结果应随时记录测试位置及检测结果。连续测定10尺时，应报告平均值、不合格数、合格率 |

**【检测方法 2】**　连续式平整度仪测定法。

本方法规定用连续式平整度仪（见图3-11）量测路面不平整度的标准差（$\sigma$），以表示路面的平整度，以mm计。

本方法适用于测定路表面的平整度，评定路面的施工质量和使用质量，不适用于在已有较多坑槽、破损严重的路面上测定。其内容及要求见表3-30。

图3-11　连续式平整度仪

**表3-30**　　　　连续式平整度仪测定法内容及要求

| 序号 | 内容及要求 |
|---|---|

**一、仪器准备**

| 序号 | 内容及要求 |
|---|---|
| 1 | 连续式平整度仪：<br>（1）整体结构：除特殊情况外，连续式平整度仪的标准长度为3m，其质量应符合仪器标准的要求；中间为一个3m长的机架，机架可缩短或折叠，前后各有4个行车轮，前后两组轮的轴间距离为3m。<br>（2）标准差测量传感器：安装在机架中间，可以是能起落的测定轮，或非接触式位移传感器，如激光或超声位移测量传感器。<br>（3）其他辅助机构：机架上装有蓄电池电源，距离传感器，与数据采集、处理、存储、输出部分配套的控制箱及计算机、打印机等。<br>（4）测定间距为10cm，每一计算区间的长度为1m，输出一次结果。<br>（5）可记录测试长度（m）、曲线振幅大于某一定值（如3、5、8、10mm等）的次数、曲线振幅的单向（凸起或凹下）累计值及3m机构为基准的中点路面偏差曲线图，并计算打印。<br>（6）机架装有一牵引钩及手拉柄，可用人力或汽车牵引 |

续表

| 序号 | 内容及要求 |
|---|---|
| 2 | 牵引车：小面包车或其他小型牵引汽车 |
| 3 | 皮尺或测绳 |
| **二、试样准备** | |
| 1 | 选择测试路段 |
| 2 | 当为施工过程中质量检测需要时，测试地点根据需要决定；当为路面工程质量检查验收或进行路况评定需要时，通常以行车道一侧车轮轮迹带作为连续测定的标准位置。对旧路已形成车辙的路面，取一侧车辙中间位置为测定位置。按规定在测试路段路面上确定测试位置，当以内侧轮迹带（IWP）或外侧轮迹带（OWP）作为测定位置时，测定位置距车道标线 80~100cm |
| 3 | 清扫路面测定位置处的脏物 |
| 4 | 检查仪器检测箱各部分是否完好、灵敏，并将各连接线接好，安装记录设备 |
| **三、试验步骤** | |
| 1 | 将连续式平整度测定仪置于测试路段路面起点上 |
| 2 | 在牵引汽车的后部，将连续式平整度仪与牵引车连接好。按照仪器使用手册一次完成各项操作 |
| 3 | 将平整度仪的挂钩挂上后，放下测定轮，启动检测器及记录仪，随即启动汽车，沿道路纵向行驶，横向位置保持稳定，并检查平整度检测仪表上测定数字显示、打印、记录的情况 |
| 4 | 确认连续式平整度仪工作正常。如遇检测设备中某项仪表发生故障，必须停止检测。牵引连续式平整度仪的速度应保持匀速，速度宜为 5km/h，最大不得超过 12km/h |
| 5 | 在测试路段较短时，也可用人力拖拉平整度仪测定路面的平整度，但拖拉时应保持匀速前进 |
| **四、结果整理** | |
| 1 | 连续式平整度测定仪测定后，按每 10cm 间距采集的位移值自动计算每 100m 计算区间的平整度标准差（mm），记录测试长度（m）、曲线振幅大于某一定值（如 3、5、8、10mm 等）的次数、曲线振幅的单向（凸起或凹下）累计值及以 3m 机架为基准的中点路面偏差曲线图，并计算打印。当为人工计算时，在记录曲线上任意设一基准线，每隔一定距离（宜为 1.5m）读取曲线偏离基准线的偏高位移值 $d_i$ |
| 2 | 每一计算区间的路面平整度以该区间测定结果的标准差表示，按下式计算：<br><br>$$\sigma_i = \sqrt{\dfrac{\sum d_i^2 - (d_i)^2 / N}{N-1}}$$<br><br>式中　$\sigma_i$——各计算区间的平整度计算值，mm；<br>　　　$d_i$——以 100m 为一个计算区间，每隔一定距离（自动采集间距为 10cm，人工采集间距为 1.5m）采集的路面凹凸偏差位移值，mm；<br>　　　$N$——计算区间用于计算标准差的测试数据个数 |
| 3 | 按规程规定的方法计算一个评定路段内各区间平整度标准差的平均值、标准差、变异系数 |
| **五、报告** | |
| 试验应列表报告每一个评定路段内各测定区间的平整度标准差、各评定路段平整度的平均值、标准差、变异系数以及不合格区间数 | |

**【检测方法 3】** 车载式激光平整度仪测定法。

车载式激光平整度仪是一种与路面无接触的测量仪器，测速快、精度高，还可以同时进行路面纵断面、横坡、车辙等测量，因此也被称为激光路面断面测试仪。

应当注意，不能直视激光孔或观察通过抛物面或镜面反射回来的激光束，防止损伤眼睛，只能通过红外线显卡或光谱变换眼镜才可以观察光束是否存在。

本方法适用于各类车载式激光平整度仪在新建、改建路面工程的质量验收中，以及无严重坑槽、车辙等病害和无积水、积雪、泥浆的正常通车条件下连续采集路段平整度数据。其内容及要求见表 3-31。

本方法的数据采集、传输、记录和处理分别由专用软件自动控制进行。

**表 3-31　　　　　　　　　　车载式激光平整度仪测定法内容及要求**

| 序号 | 内容及要求 |
|---|---|
| **一、仪器准备** | |
| 1 | 测试系统：由承载车辆、距离传感器、纵断面高程传感器和主控制系统组成。主控制系统对测试装置的操作实施控制，完成数据采集、传输、存储与计算过程 |
| 2 | 设备承载车要求：根据设备供应商的要求选择测试系统承载车辆 |
| 3 | 测试系统基本技术要求和参数：<br>(1) 测试速度：30~100km/h。<br>(2) 采样间隔：≤500mm。<br>(3) 传感器测试精度：0.5mm。<br>(4) 距离标定误差：<0.1%。<br>(5) 系统工作环境温度：0~60℃ |
| **二、试样准备** | |
| 1 | 设备安装到承载车上以后应按本方法的规定进行相关性试验 |
| 2 | 根据设备操作手册的要求对测试系统各传感器进行校准 |
| 3 | 检测测试车轮胎气压，应达到车辆轮胎规定的标准气压，车胎应清洁，不得黏附杂物 |
| 4 | 距离测量装置需要现场安装的，根据设备操作手册说明进行安装，确保机械紧固装置安装牢固 |
| 5 | 检查测试系统各部分应符合测试要求，不应有明显的可视性破损。根据被测路面状况，选择一般路面测量程序或大孔隙、粗糙度大的路面测量程序进行测量 |
| 6 | 打开系统电源，启动控制程序，检查各部分的工作状态。<br>使激光构造深度仪处于待测工作状态（READY）。正式测量时应首先使用传感器校核程序在待测路面上进行传感器检测校核，其峰值数（百分数）应分布在 112~144 范围内。如果峰值分布显著过高或过低，则表示轮胎气压不正常、已严重磨损或粘满了沥青材料 |
| **三、试验步骤** | |
| 1 | 测试开始之前应让测试车以测试速度行驶 5~10km，按照设备使用说明规定的预热时间对测试系统进行预热 |
| 2 | 测试车停在测试起点前 50~100m 处，启动平整度测试系统程序，按照设备操作手册的规定和测试路段的现场技术要求设置完毕所需的测试状态 |
| 3 | 驾驶员应按照设备操作手册要求的测试速度范围驾驶测试车，宜在 50~80km/h 之间，避免急加速和急减速，急弯路段应放慢车速，沿正常行车轨迹驶入测试路段 |
| 4 | 进入测试路段后，测试人员启动系统的采集和记录程序，在测试过程中必须及时准确地将测试路段的起终点和其他需要特殊标记的位置输入测试数据记录中 |
| 5 | 在测试车辆驶出测试路段后，测试人员停止数据采集和记录，并恢复仪器各部分至初始状态 |
| 6 | 检查测试数据文件，文件应完整，内容应正常，否则需要重新测试 |
| 7 | 关闭测试系统电源，结束测试 |

续表

| 序号 | 内容及要求 |
|---|---|
| 四、计算 | |
| | 激光平整度仪采集的数据是路面相对高程值，仪器按每一个计算区间打印出该段构造深度的平均值。标准的计算区间长度为100m，根据需要也可为10m或50m。用 IRI 的标准计算程序计算 IRI 值，以 m/km 计 |
| 五、激光平整度仪测值与国际平整度指数 IRI 相关关系对比试验 | |
| 1 | （1）按照每段 IRI 值变化幅度不小于 1.0 的范围选择不少于 4 段不同平整度水平的路段，且有足够加速或减速长度的路段。根据实际测试道路 IRI 的分布情况，可以适当增加某些范围内的标定路段。<br>（2）每路段长度不小于 300m。<br>（3）每一段内的平整度应均匀，包括路段前 50m 的引道。<br>（4）选择坡度变化较小的直线路段，路段交通量小，便于疏导。<br>（5）有多个激光测头的系统需要分别标定。<br>（6）标定宜选择在车道的正常行驶轮迹上进行，明显画出轮迹带测线和起终点位置 |
| 2 | （1）距离标定：依据设备供应商建议的长度，选择坡度变化较小的平坦直线路段，标出起终点和行驶轨迹。标定开始之前应让测试车以测试速度行驶 5～10km，按照设备操作手册规定的预热时间对测试系统进行预热。将测试车的前轮对准起点线，启动距离校准程序，然后令车辆沿着路段轨迹直线行驶，避免突然加速或减速，接近终点时，看指挥人员手势减速停车，确保测试车的前轮对准终点线，结束距离校准程序。重复此过程，确保距离传感器测试结果的准确性，应在允许误差范围之内。<br>（2）参考上述试验步骤中的 1～7 条，令所标定的纵断面高程传感器对准测线重复测试 5 次，取其 IRI 计算值的平均值作为该路段的测试值。<br>（3）IRI 值的确定：以精密水准仪作为标准仪具，测量标定路段上测线的纵断面高程，要求采样间隔为 250mm，高程测试精度为 0.5mm；然后用 IRI 标准计算程序对纵断面测量值进行模型计算，得到标定线路的 IRI 值。<br>其他符合世界银行一类平整度测试标准的纵断面测试仪具也可以作为确定标定路段 IRI 值的仪具 |
| 3 | 用数理统计的方法将各标定路段的 IRI 值和相应的平整度仪测值进行回归分析，建立相关关系方程式，相关系数 R 不得小于 0.99 |
| 六、报告 | |
| 1 | 平整度检测报告应包括国际平整度指数 IRI 平均值 |
| 2 | 提供激光平整度仪测值与国际平整度指数 IRI 在选定测试条件下的相关关系式及相关系数 |

**【检测方法 4】** 车载式颠簸累积仪测定法。

车载式颠簸累积仪测定路面的平整度速度快、操作简便，可用其检测结果评定路面施工质量和适用期的舒适性。

本方法适用于各类颠簸累积仪在新建、改建路面工程的质量验收中，以及无严重坑槽、车辙等病害的正常通车条件下连续采集路段平整度数据，不适用于在已有较多坑槽、破损严重的路面上测定。

本方法的数据采集、传输、记录和处理分别由专用软件自动控制进行。

用车载式颠簸累积仪测定的 VBI 值与其他平整度指标进行换算时，应对车载式累积颠簸仪的测试结果进行评定，即与相关的平整度仪测量结果建立相关关系，相关系数均不得小于 0.90。

测试车以一定的速度在路面上行驶，路面上的凹凸不平引起汽车的激振，通过机械传感器可测量后轴同车厢之间的单向位移累计值 VBI，以 cm/km 为单位。VBI 值越大，说明路面平整度越差，乘车时越不舒服。

使用技术要点如下：

（1）仪器安装应准确、牢固、便于操作。

（2）因为颠簸累积值的大小与测试车的底盘悬挂性能有关，所以仪器安装后必须进行标定。

（3）测试时，只要向计算机输入有关信息及命令，就可自动采集数据。

（4）检测结果与测试车机械系统的振动特性和车辆行驶速度有很大的关系，因此必须通过对机械的保养和检测时严格控制车速来保持测定结果的稳定性。

车载式颠簸累积仪测定法的内容及要求见表 3-32。

**表 3-32　车载式颠簸累积仪测定法内容及要求**

| 序号 | 内容及要求 |
| --- | --- |
| 一、仪器准备 | |
| 1 | 测试系统：由承载车辆、距离测量装置、颠簸累计值测试装置和主控制系统组成。主控制系统对测试装置的操作实施控制，完成数据采集、传输、存储与计算过程 |
| 2 | 设备承载车要求：根据设备供应商的要求选择测试系统承载车辆 |
| 3 | 测试系统基本技术要求和参数：<br>(1) 测试速度：30～80km/h。<br>(2) 最大测试幅值：±20cm。<br>(3) 垂直位移分辨率：1mm。<br>(4) 距离标定误差：<0.5%。<br>(5) 系统工作环境温度：0～60℃。<br>(6) 软件系统能够依据相关关系公式自动对颠簸累积值进行换算，间接输出国际平整度指数 IRI |
| 二、试验准备 | |
| 1 | 测试车辆具备下列条件之一时，都应进行仪器测值与国际平整度指数 IRI 的相关性标定，相关系数 R 应不低于 0.99；在正常状态下行驶超过 20000km；标定的时间间隔超过 1 年；减振器、轮胎等发生更换、维修 |
| 2 | 检查测试车轮胎气压，应达到车辆轮胎规定的标准气压；车胎应清洁，不得黏附杂物；车上载重、人数以及分布应与仪器相关性标定试验时一致 |
| 3 | 距离测量系统需要现场安装的，根据设备操作手册说明进行安装，确保紧固装置安装牢固 |
| 4 | 检查测试系统，各部分应符合测试要求，不应有明显的可视性破损 |
| 5 | 打开系统电源，启动控制程序，检查系统各部分的工作状态：<br>(1) 打开数据处理器的电源，打印机打印出"VBI"等字头，在数码管上显示"P"字样，表示仪器已经准备好。<br>(2) 在键盘上输入测试年、月、日，然后按"D"键，打印机打印出测试日期。<br>(3) 在键盘上输入测试路段编码后按"C"键，路段编码即被打出。<br>在键盘上输入测试路段起点公里桩号及百米桩号，然后按"A"键，起点桩号即被打出。<br>(4) 发动汽车向被测路段驶去，逐渐加速，保证在到达测试起点前稳定在选定的测试速度范围内，但必须与标定时的速度相同，然后控制测试速度的误差不超过±3km/h |
| 三、试验步骤 | |
| 1 | 测试开始之前应让测试车以测试速度行驶 5～10km，按照设备使用说明规定的预热时间对测试系统进行预热 |

续表

| 序号 | 内容及要求 |
|------|-----------|
| 2 | 测试车停在测试起点前 300～500m 处，启动平整度测试系统程序，按照设备操作手册的规定和测试路段的现场技术要求设置完毕所需的测试状态 |
| 3 | 驾驶员在进入测试路段前，应保持车速在规定的测试速度范围内驾驶测试车，避免急加速和急减速，急弯路段应放慢车速，沿正常行车轨迹驶入测试路段 |
| 4 | 进入测试路段后，测试人员启动系统的采集和记录程序，在测试过程中必须及时准确地将测试路段的起终点和其他需要特殊标记的位置输入测试数据记录中 |
| 5 | 当测试车辆驶出测试路段后，测试人员停止数据采集和记录，并恢复仪器各部分至初始状态 |
| 6 | 操作人员检查测试数据文件，文件应完整，内容应正常，否则需要重新测试。常规路面调查一般可取一次测量结果，当属重要路面评价测试与前次测试结果有较大差别时，应重复测试 2～3 次，取平均值作为测试结果 |
| 7 | 关闭测试系统电源，结束测试 |

**四、计算**

颠簸累积仪直接测试输出的颠簸累积值 $VBI$ 要按照相关性标定试验得到相关关系式，并以 100m 为计算区间换算成 $IRI$ 值，以 m/km 计

**五、颠簸累积仪测值与国际平整度指数 $IRI$ 相关关系对比试验**

| | |
|---|---|
| 1 | 试验条件：<br>（1）按照每段 $IRI$ 值变化幅度不小于 1.0 的范围选择不少于 4 段不同平整度水平的路段，且有足够加速或减速长度的路段。根据实际测试道路 $IRI$ 的分布情况，可以适当增加某些范围内的标定路段。<br>（2）每路段长度不小于 300m。<br>（3）每一段内的平整度应均匀，包括路段前 50m 的引道。<br>（4）选择坡度变化较小的直线路段，路段交通量小，便于疏导。<br>（5）标定宜选择在车道的正常行驶轨迹上进行，明显轮标出标定路段的轮迹、起终点位置 |
| 2 | 试验步骤：<br>（1）距离标定。依据设备供应商建议的长度，选择坡度变化较小的平坦直线路段，标出起终点和行驶轨迹。<br>标定开始之前应让测试车以测试速度行驶 5～10km，按照设备操作手册规定的预热时间对测试系统进行预热。<br>将测试车的前轮对准起点线，启动距离校准程序，然后令车辆沿着路段轨迹直线行驶，避免突然加速或减速，接近终点时，看指挥人员手势减速停车，确保测试车的前轮对准终点线，结束距离校准程序。重复此过程，确保距离传感器脉冲当量的准确性，应在允许误差范围之内。<br>（2）参考上述试验步骤中的 1～7 条，令颠簸累积仪按选定的测试速度测试每一个标定路段的反应值，重复测试至少 5 次，取其平均值作为该路段的反应值。<br>（3）$IRI$ 值的确定。以精密水准仪作为标准仪具，分别测量标定路段两个轮迹的纵断面高程，要求采样间隔为 250mm，高程测试精度为 0.5mm；然后用 $IRI$ 标准计算程序对每个轮迹的纵断面测量值进行模型计算，得到轮迹的 $IRI$ 值。两个轮迹 $IRI$ 值的平均值即为该路段的 $IRI$ 值。<br>其他符合世界银行一类平整度测试标准的纵断面测试仪具也可以作为确定标定路段 $IRI$ 值的仪具 |
| 3 | 试验数据处理：用数理统计的方法将各标定路段的 $IRI$ 值和相应的平整度仪测值进行回归分析，建立相关关系方程式，相关系数 $R$ 不得小于 0.99 |

**六、报告**

| | |
|---|---|
| 1 | 平整度检测报告应包括颠簸累计值 $VBI$、国际平整度指数 $IRI$ 平均值和现场测试速度 |
| 2 | 提供颠簸累计值 $VBI$ 与国际平整度指数 $IRI$ 在选定测试条件下的相关关系式及相关系数 |

例如：××公路自 K4220＋000～K4221＋000，实测结果见表 3 - 33。

表 3 - 33　　　　　　　　　　　　　实　测　结　果

| 桩号 | 测试距离（m） | 国际平整度指数（m/km） | 标准差（mm） | 行驶质量指数 | 颠簸累积值（cm/km） | 测试速度（km/h） |
|---|---|---|---|---|---|---|
| K4220＋000～K4221＋000 | 100 | 1.41 | 0.85 | 10.00 | 65 | 49 |
| | 200 | 1.39 | 0.83 | 10.00 | 64 | 50 |
| | 300 | 1.17 | 0.70 | 10.00 | 54 | 52 |
| | 400 | 1.19 | 0.71 | 10.00 | 55 | 52 |
| | 500 | 1.26 | 0.75 | 10.00 | 58 | 51 |
| | 600 | 1.14 | 0.69 | 10.00 | 53 | 50 |
| | 700 | 0.90 | 0.54 | 10.00 | 42 | 51 |
| | 800 | 1.77 | 1.06 | 10.00 | 81 | 51 |
| | 900 | 1.17 | 0.70 | 10.00 | 54 | 52 |
| | 1000 | 0.87 | 0.52 | 10.00 | 41 | 53 |

### 检测项目四　路面摩擦系数的检测

随着公路及城市道路交通运输事业的蓬勃发展，公路里程不断增加，为了保证行车安全，要求路面与机场道面具有一定的粗糙度，防止在不利条件下产生滑溜行车事故。

路面抗滑性能是指车辆轮胎受到制动时沿表面滑移所产生的力。通常，抗滑性能被看做是路面的表面特性，摩擦系数是反映抗滑性能的主要指标之一。表面特性包括路表面细构造和粗构造。影响抗滑性能的因素有路面表面特性、路面潮湿程度和行车速度。路面具有一定的粗糙度是保证汽车在道路上行驶安全的必要条件，它通过轮胎与路面相互作用产生的摩擦阻力而起制约作用。评定路面粗糙度的指标很多，但通常采用的是车辆纵向紧急制动距离、纵向摩擦系数和横向摩擦系数。

一般而言，制动距离越短，摩擦系数越大，行车越安全。路面粗糙度越大，纵向摩擦系数和横向摩擦系数越大。

路面摩擦系数的检测方法有摆式仪（摆式摩擦系数测定仪）法、单轮式横向力系数测试方法、双轮式横向力系数测试方法及动态旋转式摩擦系数测试方法等几种。

【检测方法 1】　摆式仪法。

摆式仪法是运用动力摆擦过路表面时，由于摆锤与路面摩擦而损失的位能等于摆锤末端橡胶滑块在路面上擦过时克服路面摩阻力所做的功，由此来计算摩擦系数。由于沥青路面、水泥混凝土路面的抗滑标准之一是用摆式仪法来测定路面的摩擦系数，因此重点介绍摆式仪法测定路面摩擦系数的方法。

本方法适用于以摆式仪测定沥青路面、标线及其他材料试件的抗滑值，用以评定路面或路面材料试件在潮湿状态下的抗滑能力。

摆式仪法试验步骤见图 3 - 12，其内容及要求见表 3 - 34。

使摆下垂(侧面)

仪器调平

使摆水平

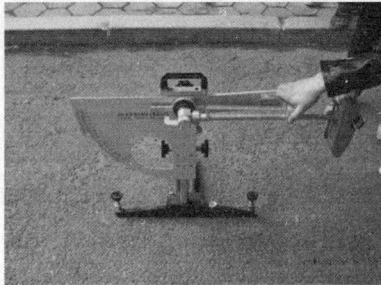
使摆下垂

调零

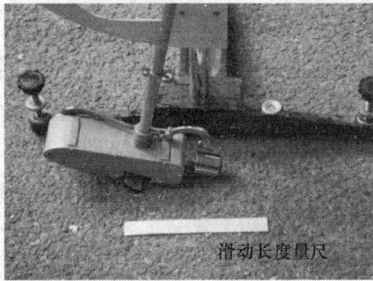
校核滑动长度

首次试测

连测5次

读数

图3-12　摆式仪法试验步骤

| 表 3 - 34 | 摆式仪法内容及要求 |
|---|---|
| 序号 | 内容及要求 |
| **一、仪器准备** | |
| 1 | 摆式仪：摆及摆的连接部分总质量为 1500g±30g，摆动中心至摆的重心距离为 410mm±5mm，测定时摆在路面上的滑动长度为 126mm±1mm，摆上橡胶片端部距摆动中心的距离为 510mm，橡胶片对路面的正向静压力为 22.2N±0.5N |
| 2 | 橡胶片：当用于测定路面抗滑值时的尺寸为 6.35mm×25.4mm×76.2mm。当橡胶片使用后，端部在长度方向上磨耗超过 1.6mm 或边缘在宽度方向上磨耗超过 3.2mm，或有油类污染时，即应更换新橡胶片。新橡胶片应先在干燥路面上测试 10 次后再用于测试。橡胶片的有效使用期从出厂日期起算为 1 年 |
| 3 | 滑动长度量尺：长 126mm |
| 4 | 路面温度计：分度不大于 1℃ |
| 5 | 其他：喷水壶、硬毛刷、扫帚、粉笔等 |
| **二、试验准备** | |
| 1 | 检查摆式仪的调零灵敏情况，并定期进行仪器的标定 |
| 2 | 按随机取样选点的方法，进行测试路段的取样选点。在横断面上测定应选在行车车道的轮迹带处，且距路面边缘应不小于 1m |
| **三、试验步骤** | |
| 1 | 清洁路面：用扫帚或其他工具将测点处的路面打扫干净 |
| 2 | 仪器调平：<br>(1) 将摆式仪置于路面测点上，并使摆的摆动方向与行车方向一致。<br>(2) 转动底座上的调平螺栓，使水准泡居中 |
| 3 | 调零：<br>(1) 放松紧固把手，转动升降把手，使摆升高并能自由摆动，然后旋紧紧固把手。<br>(2) 将摆固定在右侧悬臂上，使摆处于水平释放位置，并把指针拨至右端与摆杆平行处。<br>(3) 按下释放开关，使摆向左带动指针摆动。当摆达到最高位置后下落时，用手将摆杆接住，此时指针应指零。<br>(4) 若不指零时，可稍旋紧或放松摆的调节螺母。<br>(5) 重复本项操作，直至指针指零。调零允许误差为±1 |
| 4 | 校核滑动长度：<br>(1) 让摆处于自然下垂状态，松开固定把手，自由悬挂，将底座上垫块置于定位螺丝下面，使摆头上的滑溜块升高。松开紧固把手，转动升降把手，使摆下降。与此同时，提起升柄向左侧移动然后放下举升柄，使橡胶片下缘轻轻触地，紧靠橡胶片摆放滑动长度量尺，使量尺左端对准橡胶片下缘；再提起举升柄，使摆向右移动，然后放下举升柄使橡胶片下缘轻轻触地，检查橡胶片下缘应与滑动长度量尺的右端齐平。<br>(2) 若齐平，则说明橡胶片两次触地的距离（即滑动长度）符合 126mm 的规定。校核滑动长度时，应以橡胶片长边刚刚接触路面为准，不可借摆的力量向前滑动，以免标定的滑动长度与实际不符。<br>(3) 如不齐平，升高或降低摆或仪器底座的高度。微调时用旋转仪器底座上的调平螺丝调整仪器底座高度的方法比较方便，但需注意保持水准泡居中。<br>(4) 重复上述动作，直至滑动长度符合 126mm 的规定 |
| 5 | 将摆固定在右侧悬臂上，使摆处于水平释放位置，并把指针拨至右端与摆杆平行处 |
| 6 | 用喷水壶浇洒测点，使路面处于湿润状态 |
| 7 | 按下右侧悬臂上的释放开关，使摆从路面滑过。当摆杆回落时，用手接住，读数但不记录。然后将摆杆和指针重新置于水平释放位置 |

续表

| 序号 | 内容及要求 |
|---|---|
| 8 | 重复 6～7 的操作 5 次，并读记每次测定的摆值。<br>单点测定的 5 个值中最大值与最小值的差值不得大于 3。当差值大于 3 时，应检查产生的原因，并再次重复上述各项操作，到符合规定为止。取 5 次测定的平均值作为单点的路面抗滑值（即摆值 $BPN_t$），取整数 |
| 9 | 在测点位置上用路表温度计测记潮湿路面的温度，准确至 1℃ |

**四、数据整理**

| | |
|---|---|
| 1 | 每个测点由 3 个单点组成，即需按以上方法在同一测点处平行测定不少于 3 次，以取 3 次测定结果的平均值作为该测点的代表值（精确到 1）。<br>3 个单点均应位于轮迹带上，单点间距离为 3～5m。该测点的位置以中间单点的位置表示 |
| 2 | 抗滑值的温度修正：当路面温度为 $t$（℃）时，测得的摆值为 $BPN_t$，必须按下式换算成标准温度 20℃时的摆值：<br><br>$$BPN_{20} = BPN_t + \Delta BPN$$<br><br>式中　$BPN_{20}$——换算成标准温度 20℃时的摆值；<br>　　　$BPN_t$——路表潮湿状态下的温度 $t$ 时测得的摆值；<br>　　　$\Delta BPN$——温度修正值，按下表采用。<br><br>**温度修正值**<br><br>| 温度 $t$（℃） | 0 | 5 | 10 | 15 | 20 | 25 | 30 | 35 | 40 |<br>|---|---|---|---|---|---|---|---|---|---|<br>| 温度修正值 $\Delta BPN$ | −6 | −4 | −3 | −1 | −0 | +2 | +3 | +5 | +7 | |

**五、报告**

| | |
|---|---|
| 1 | 路面单点抗滑值的测定值 $BPN_t$ 经温度修正后的 $BPN_{20}$、现场温度及 3 次测定的平均值 |
| 2 | 评定路段路面抗滑值的平均值、标准差、变异系数 |

**【检测方法 2】**　摩擦系数测定车测定路面横向力系数。

本方法适用于标准的摩擦系数测试系统在新建、改建路面工程的质量验收中和无严重坑槽、车辙等病害的正常行车条件下，测定沥青路面或水泥混凝土路面的横向力系数，测试结果可作为竣工验收或使用期评定路面抗滑能力的依据。使用时特别注意除自检和标定时外，在水流还未测试轮前方路面上时，不得降下测试轮，测试轮降到位后，严禁车辆倒行。路面的表面应有足够的抗滑能力，以保证行车的安全。当路面的抗滑能力不足时，汽车启动会发生空转打滑现象；汽车在弯道上行驶，会产生横向滑移；紧急制动，所需的制动距离会增长。这些都很容易发生交通事故。经过调查，交通事故 80% 以上与路面滑溜有关，即与路面的摩擦系数低有关。因此，对于路面来说，抗滑性能是一项非常重要的质量评定指标。测定路面抗滑性能的方法很多，现就摩擦系数测定车测定路面横向力系数（及激光构造深度仪）进行介绍。

由于摆式仪测定摆值受人为因素影响较大，而且检测速度很慢，只适用于一般公路不具备摩擦系数测定车时的抗滑性能检测。摩擦系数测定车测定的路面横向力系数既表示车辆在路面上制动时的路面抗力，还表征车辆在路面上发生侧滑时的路面抗力，因此它是路面纵横向摩擦系数的综合指标，反映较高速度下的路面抗滑能力。由于测试车自备水箱，能直接洒在轮前 30cm 宽的路面上，可控制路面水膜厚度，测速较高，不妨碍交通，特别适用于高速公路和一级公路上进行测试。

本方法的数据采集、传输、记录和处理分别由专用软件自动控制进行。

采用摩擦系数测定车（见图 3－13）测定路面横向力系数的内容及要求见表 3－35。

图 3－13　摩擦系数测定车

**表 3－35**　　　　　　　　　**摩擦系数测定车测定路面横向力系数内容及要求**

| 序号 | 内容及要求 |
|---|---|
| **一、仪器准备** | |
| 1 | 测试系统构成：牵引车、供水系统、测量机构（包括荷载传感器）、电子控制和数据处理系统、标定装置等 |
| 2 | 设备牵引车技术要求：牵引车最高行驶速度应大于 80km/h，车辆后部可安装专用拖挂的装置，车辆应配备警灯及相关警示标志 |
| 3 | 测量系统技术要求：<br>(1) 测试仪总质量：256kg。<br>(2) 单轮静态标准荷载：1.27kN。<br>(3) 测试轮夹角：15°。<br>(4) 测试轮标准气压：70kPa±3.5kPa。<br>(5) 测试轮规格：4.00/4.80－8 光面轮胎。<br>(6) 洒水量：路面水膜厚度 0.5～1.0mm。<br>(7) 测试速度：40～60km/h |
| **二、试样准备** | |
| 1 | 按照仪器设备技术手册或使用说明书对测试系统进行标定。将专门的标定板放在地面上，人工将测试仪从板上拖拉 3 遍，系统自动判断标定是否通过，标定通过后才能用于路面测试 |
| 2 | 测试前，设备预热 10min 左右，并检查汽油机是否正常工作，机油是否需要更换 |
| 3 | 测试仪及洒水车轮胎压应满足测试要求，野外测试时间较长时，应带上气压表和充气泵，以便随时检查测试车轮胎气压是否正常，必要时及时补气。系统各部分轮胎气压要求如下：<br>(1) 摩擦测试轮：70kPa±3.5kPa。<br>(2) 距离测试轮：210kPa±13.7kPa。<br>(3) 水车轮胎：根据轮胎标示气压值 |
| 4 | 降下测试轮，打开水阀，检查水流情况是否正常及水流是否符合要求，检查仪表各项指数是否正常，然后升起测试轮 |
| 5 | 将牵引车及洒水车、测试仪及控制线路连接线依次连好后，拔出测试车插销，打开计算机进入测试状态，同时发动汽油机，打开水阀，准备测试 |
| **三、测试步骤** | |
| 1 | 将测试车在测试路段起点前约 500m 处停住，开机预热不少于 10min |
| 2 | 将车辆行驶向测试路段，提前 100～200m 处打开水阀，降下测试轮。测试时的车速可为 40～60km/h，测试过程中必须保持匀速 |
| 3 | 测试过程中如遇数值异常或其他特征点，应及时通过控制程序做好标记，以备后查 |

续表

| 序号 | 内容及要求 |
|------|-----------|
| 4 | 当测试完成时，停止测试过程，存储数据文件 |

四、测试数据处理

测定的摩擦系数数据存储在计算机磁盘中。测试系统提供数据处理程序软件，可计算和打印出每一个计算区间的摩擦系数值、行程距离、行驶速度、统计个数、平均值和标准差，同时还可打印出摩擦系数的变化图

五、数据类型相关性转换

本试验方法得到的直接数据结果应参照《公路路基路面现场测试规程》中 T0965 的内容，转换为标准 SFC 值后才可进行相关的质量检验和评价。

六、报告

| 1 | 路段摩擦系数值平均值、标准差、变异系数 |
|---|-----------|
| 2 | 提供摩擦系数值与 SCRIM 系统测值所建立的相关关系式及相关系数 |

## 检测项目五　路面构造深度的检测

路表面细构造是指集料表面的粗糙度，它随车轮的反复磨耗作用而逐渐被磨光。通常采用石料磨光值（PSV）表征抗磨光的性能。细构造在低速（30～50km/h 以下）时对路表抗滑性能起决定作用。而高速时主要作用的是粗构造，它是由路表外露集料间形成的构造，功能是使车轮下的路表水迅速排除，以免形成水膜。粗构造由构造深度表征，是反映抗滑性能的又一个主要指标。

路面构造深度的测试方法有手工铺砂法、电动铺砂法及激光构造深度仪法等几种。

**【检测方法 1】** 手工铺砂法，（见图 3－14）。

本方法适用于测定沥青路面及水泥混凝土路面表面的构造深度，用以评定路面表面的宏观构造。

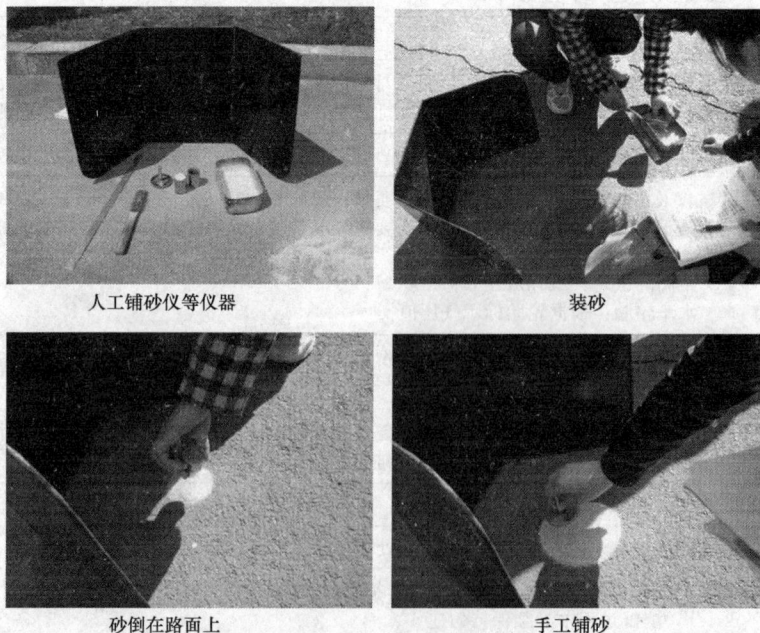

人工铺砂仪等仪器　　　　装砂

砂倒在路面上　　　　手工铺砂

图 3－14　手工铺砂法试验步骤

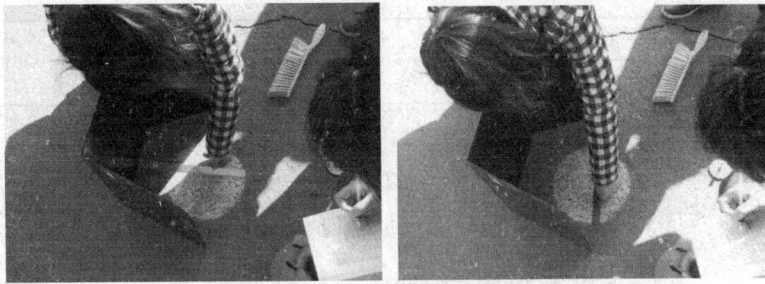

两个方向量取直径

图 3-14　手工铺砂法试验步骤（续）

表 3-36　　　　　　　　　　　手工铺砂法内容及要求

| 序号 | 内容及要求 |
|---|---|
| **一、仪器准备** | |
| 1 | 人工铺砂仪：由量砂筒、推平板组成。<br>量砂筒：一端是封闭的，容积为 25mL±0.15mL，可通过称量砂筒中水的质量以确定其容积 $V$；带一专门的刮尺，可将筒口量砂刮平。<br>推平板：应为木制或铝制，直径 50mm，底面粘一层厚 1.5mm 的橡胶片，上面有一圆柱把手 |
| 2 | 刮平尺：可用 30cm 钢板尺代替 |
| 3 | 量砂：足够数量的干燥洁净的匀质砂，粒径 0.15～0.3mm |
| 4 | 量尺：钢板尺、钢卷尺，或采用已按公式将直径换算成构造深度作为刻度单位的专用构造深度尺 |
| 5 | 其他：装砂容器（小铲）、扫帚或毛刷、挡风板等 |
| **二、试验准备** | |
| 1 | 量砂准备：取洁净的细砂，晾干、过筛，取 0.15～0.3mm 的砂置于适当的容器中备用。量砂只能在路面上使用一次，不宜重复使用 |
| 2 | 对测试路段按规范规定随机取样选点的方法，决定测点所在横断面位置。测点应选在行车道的轮迹带上，距路面边缘不应小于 1m |
| **三、试验步骤** | |
| 1 | 用扫帚或毛刷子将测点附近的路面清扫干净，面积不小于 30cm×30cm |
| 2 | 用小铲装砂沿筒向圆筒中注满砂，手提量砂筒上方，在硬质路表面上轻轻地叩打 3 次，使砂密实，补足砂面，用钢尺一次刮平。<br>**注**　不可直接用量砂筒装砂，以免影响量砂密度的均匀性 |
| 3 | 将砂倒在路面上，用底面粘有橡胶片的推平板，由里向外重复做摊铺运动，稍稍用力将砂尽可能地向外摊开，使砂填入凹凸不平的路表面的空隙中，尽可能将砂摊成圆形，并不得在表面上留有浮动余砂。注意摊铺时不可用力过大或向外推挤 |
| 4 | 用钢板尺测量所构成圆的两个垂直方向的直径，取其平均值，准确至 5mm |
| 5 | 按以上方法，同一处平行测定不少于 3 次，3 个测点均位于轮迹带上，测点间距 3～5m。对同一处，应该由同一个试验员进行测定。该处的测定位置以中间测点的位置表示 |

续表

| 序号 | 内容及要求 |
|---|---|
| 四、结果整理 | |
| 1 | 路面表面的构造深度测定结果按下式计算：<br><br>$$TD = \frac{1000V}{\pi D^2/4} = \frac{31831}{D^2}$$<br><br>式中　$TD$——路面表面的构造深度，mm；<br>　　　$V$——砂的体积，取值为25cm³；<br>　　　$D$——推平砂的平均直径，mm |
| 2 | 每一处均取3次路面构造深度测定结果的平均值作为试验结果，精确至0.01mm |
| 3 | 计算每一个评定区间路面构造深度的平均值、标准差、变异系数 |
| 五、报告 | |
| 1 | 列表逐点报告路面构造深度的测定值及3次测定的平均值，当平均值小于0.2mm时，试验结果以"＜0.2mm"表示 |
| 2 | 每一个评定区间路面构造深度的平均值、标准差、变异系数 |

**【检测方法2】** 电动铺砂法。

本方法适用于测定沥青路面及水泥混凝土路面表面的构造深度，用以评定路面表面的宏观构造。其内容及要求见表3-37。

表3-37　　　　　　　　　　　　　　　电动铺砂法内容及要求

| 序号 | 内容及要求 |
|---|---|
| 一、仪器准备 | |
| 1 | 电动铺砂仪：利用可充电的直流电源将量砂通过砂漏铺设成宽度为5cm、均匀一致的带状的器具 |
| 2 | 其他的仪具与材料同手工铺砂法 |
| 二、试验准备 | |
| 1 | 量砂准备：取洁净的细砂，晾干、过筛，取0.15～0.3mm的砂置于适当的容器中备用。量砂只能在路面上使用一次，不宜重复使用 |
| 2 | 对测试路段按规范规定随机取样选点的方法，决定测点所在横断面位置。测点应选在行车道的轮迹带上，距路面边缘不应小于1m |
| 3 | 电动铺砂器的标定：<br>(1) 将铺砂器平放在玻璃板上，将砂漏移至铺砂器端部。<br>(2) 使灌砂漏斗口和量筒口大致齐平，通过漏斗向量筒中缓缓注入准备好的量砂至高出量筒呈尖顶状，用直尺沿筒口一次刮平，其容积为50mL。<br>(3) 使漏斗口与铺砂器砂漏上口大致齐平。将砂通过漏斗均匀地倒入砂漏，漏斗前后移动，使砂的表面大致齐平，但不得用其他工具刮动砂。<br>(4) 开动电动机，使砂漏向另一端缓缓运动，量砂沿砂漏底部铺成宽5cm的带状，待砂全部漏完后停止。<br>(5) 由$L_1$和$L_2$的平均值决定量砂的摊铺长度$L_0$，精确至1mm，公式如下：<br>$$L_0 = (L_1 + L_2)/2$$<br>(6) 重复标定3次，取平均值，精确至1mm。<br>注：标定应在每一次试验前进行，用同一种量砂，由同一试验员测试 |
| 三、试验步骤 | |
| 1 | 将测试地点附近用毛刷刷净，面积大于铺砂仪 |

| 序号 | 内容及要求 |
|------|-----------|
| 2 | 将铺砂仪沿道路纵向平稳地放在路面上，将砂漏移至端部 |
| 3 | 按电动铺砂仪标定中步骤2～5，在测试地点摊铺50mL量砂，按上述方法量取摊铺长度 $L_1$ 和 $L_2$ 并计算 $L$，精确至1mm，公式如下：<br>$$L = (L_1 + L_2)/2$$ |
| 4 | 按上述方法，同一处平行测定不少于3次，3个测点均位于轮迹带上，测点间距3～5m。该处的测定位置以中间的测点位置表示 |
| 四、结果整理 | |
| 1 | 计算铺砂仪在玻璃板上摊铺的量砂厚度 $t_0$：<br>$$t_0 = \frac{V}{BL_0} \times 1000 = \frac{1000}{L_0}$$<br>式中　$t_0$——量砂在玻璃板上摊铺的标定厚度，mm；<br>　　　$V$——量砂体积，取值为50mL；<br>　　　$B$——铺砂仪铺砂宽度，取值为50mm；<br>　　　$L_0$——玻璃板上50mL量砂摊铺的长度，mm |
| 2 | 按下式计算路面构造深度 $TD$：<br>$$TD = \frac{L_0 - L}{L} \times t_0 = \frac{L_0 - L}{L_0 \times L} \times 1000$$<br>式中　$TD$——路面表面的构造深度，mm；<br>　　　$L$——路面上50mL量砂摊铺的长度，mm |
| 3 | 每一处均取3次路面构造深度的测定结果的平均值作为试验结果，精确至0.1mm |
| 4 | 计算每一个评定区间路面构造深度的平均值、标准差、变异系数 |
| 五、报告 | |
| 1 | 列表逐点报告路面构造深度的测定值及3次测定的平均值，当平均值小于0.2mm时，试验结果以<0.2mm表示 |
| 2 | 每一个评定区间路面构造深度的平均值、标准差、变异系数 |

**【检测方法3】**　激光构造深度仪法。

路面宏观构造深度可用铺沙法和激光构造深度仪测定。铺沙法测定误差大，效率低。激光构造深度测定仪测定的构造深度与铺砂法有良好的相关关系，而且速度快，精度高。

构造深度仪是小型手推式路面构造深度测试仪，也称激光纹理测试仪，具有运输方便、操作快捷、费用低廉、可靠性高等特点。

工作原理是高速脉冲半导体激光器产生红外线投射到道路表面，从投影面上散射的光线由接收透镜聚焦到以线性布置的光敏二极管上，接收光线最多的二极管位置给出了这一瞬间到道路表面的距离，通过一系列计算可得出构造深度。

使用技术要点如下：

（1）查仪器、安装手柄。

（2）根据被测路面状况，选择测量程序。

（3）适宜的检测速度为3～5km/h，即人步行的正常速度。

（4）仪器按每一个计算区间打印出该路段构造深度的平均值。

本方法适用于各类车载式激光构造深度仪在新建、改建路面工程的质量验收中和无严重破损病害及无积水、积雪、泥浆等正常行车条件下连续采集路面构造深度，用以评价路面抗滑及排水能力，但不适用于带有沟槽构造的水泥混凝土路面构造深度的测定。

测试温度不低于0℃，同一个计算区间两次测定进行校核的重复性误差不大于0.02mm。

激光构造深度仪测出的构造深度与铺砂法测出的构造深度不同，但两者有较好的线性关系，因此激光构造深度仪所测的构造深度不能直接用于评定路面的抗滑性能，必须换算为铺砂法的构造深度后才能判断路面抗滑性能是否满足要求。

本方法的数据采集、传输、记录和处理分别由专用软件自动控制进行，具体内容及要求见表3-38。

表 3-38　　　　　　　　　　　　激光构造深度仪法内容及要求

| 序号 | 内容及要求 |
|---|---|
| 一、仪器准备 | |
| 1 | 测试系统：由承载车辆、距离传感器、激光传感器和主控制系统组成。主控制系统对测试装置的操作实施控制，完成数据采集、传输、存储与计算过程 |
| 2 | 设备承载车要求：根据设备供应商的要求选择测试系统承载车辆 |
| 3 | 测试系统基本技术要求和参数：<br>(1) 最大测试速度：≥50km/h。<br>(2) 采样间隔：≤10mm。<br>(3) 传感器测试精度：0.1mm。<br>(4) 距离标定误差：<0.1%。<br>(5) 系统工作环境温度：0～60℃ |
| 二、试样准备 | |
| 1 | 设备安装到承载车上以后应按本表第四部分中1～4步骤的规定进行相关性试验 |
| 2 | 根据设备操作手册的要求对测试系统各传感器进行校准 |
| 3 | 距离测量装置需要现场安装的，根据设备操作手册的说明进行安装，确保机械紧固装置安装牢固 |
| 4 | 检查测试系统各部分应符合测试要求，不应有明显的可视性破损 |
| 5 | 打开系统电源，启动控制程序，检查各部分的工作状态 |
| 三、试验步骤 | |
| 1 | 按照设备使用说明规定的预热时间对测试系统进行预热 |
| 2 | 测试车停在测试起点前50～100m处，启动平整度测试系统程序，按照设备操作手册的规定和测试路段的现场技术要求设置完毕所需的测试状态 |
| 3 | 驾驶员应按照设备操作手册要求的测试速度范围驾驶测试车，避免急加速和急减速，急弯路段应放慢车速，沿正常行车轨迹驶入测试路段 |
| 4 | 进入测试路段后，测试人员启动系统的采集和记录程序，在测试过程中必须及时准确地将测试路段的起终点和其他需要特殊标记的位置输入测试数据记录中 |
| 5 | 在测试车辆驶出测试路段后，测试人员停止数据采集和记录，并恢复仪器各部分至初始状态 |
| 6 | 检查测试数据文件，文件应完整，内容应正常，否则需要重新测试 |
| 7 | 关闭测试系统电源，结束测试 |
| 四、激光构造深度仪测值与铺砂法构造深度值相关关系对比试验 | |
| 1 | 选择构造深度分别在0～0.3mm、0.3～0.55mm、0.55～0.8mm、0.8～1.2mm范围内的4个各长100m的试验路段。试验前应将路面清扫干净，并在起终点做上标记 |
| 2 | 在每个试验路段上沿一侧行车轮迹用铺砂法测试至少10点的构造深度值，并计算平均值 |
| 3 | 驾驶员驾驶测试车以30～50km/h的速度驶过试验路段，并且保证激光构造深度仪的激光传感器探头沿铺砂法所测构造深度的行车轮迹运行，计算试验路段的构造深度平均值 |

| 序号 | 内容及要求 |
|------|-----------|
| 4 | 建立两种方法的相关关系式，要求相关系数 $R$ 不小于 0.97 |
| 五、报告 | |
| 1 | 构造深度检测报告应包括路段构造深度平均值、标准差 |
| 2 | 提供激光构造深度仪测值与铺砂法构造深度值在选定测试条件下的相关关系式及相关系数 |

### 检测项目六　沥青路面渗水性能的测定

路面的渗水性能是衡量沥青路面质量好坏的一个指标，它反映着路面结构的密实程度，密不透水的路面可以防止雨水和雪水等透过路面渗入基层和土基而降低路基路面的整体强度和稳定性，保证路面的正常使用，维持路面的使用寿命。

路面渗水性能用渗水系数来表示，其检验方法有许多种，我国目前常用的一种是路面透水仪。路面的透水性用透水仪在规定的初始静压水头作用下，以单位时间渗入路面规定面积内的水量来表示。

沥青路面铺筑的其中一个基本点是沥青层能够基本上封闭雨水的下渗。路面必须具有良好的防渗水性，如果路面渗水严重，则沥青混合料和路面的耐久性将大幅降低。因此，沥青路面渗水性能成为反映路面沥青混合料级配组成的一个间接指标，也是沥青路面水稳定性的一个重要指标。如果整个沥青面层均透水，则水势必进入基层或路基，使路面承载力降低。相反如果沥青面层中有一层不透水，而表层能很快透水，则不致形成水膜，对抗滑性能有很大好处。所以路面渗水系数已成为评价路面使用性能的一个重要指标而被列入相关的技术规范中。

【检测方法】　渗水仪法。

本方法适用于在路面现场测定沥青路面的渗水系数。其试验过程见图 3-15，具体内容及要求见表 3-39。

用粉笔画密封区域　　　　　　　　在内圈之外涂密封材料

将渗水仪放在测点上　　　　　　　加上配重

图 3-15　渗水仪法试验过程

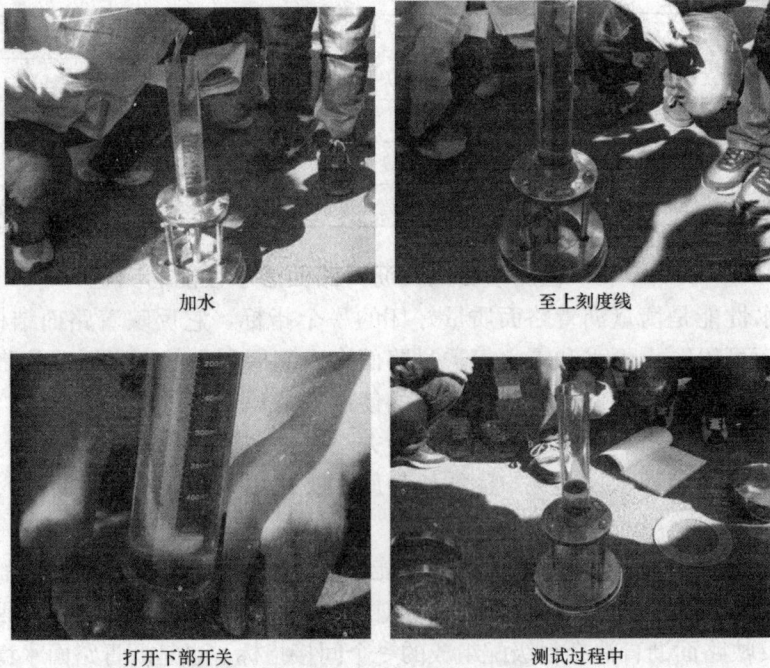

| 加水 | 至上刻度线 |

| 打开下部开关 | 测试过程中 |

图 3-15　渗水仪法试验过程（续）

表 3-39　　　　　　　　　　　　　渗水仪法内容及要求

| 序号 | 内容及要求 |
|---|---|
| 一、仪器准备 | |
| 1 | 路面渗水仪：上部盛水量筒由透明有机玻璃制成，容积 600mL，上有刻度，在 100mL 及 500mL 处有粗标线，下方通过直径 10mm 的细管与底座相接，中间有一开关。量筒通过支架连接，底座下方开口内径 150mm、外径 220mm，仪器附压重铁圈两个，每个质量约 5kg，内径 160mm |
| 2 | 水筒及大漏斗 |
| 3 | 秒表 |
| 4 | 密封材料：防水腻子、油灰或橡皮泥 |
| 5 | 其他：水、红墨水、粉笔、扫帚等 |
| 二、试验准备 | |
| 1 | 在测试路段的行车道路面上，按规范规定的随机取样方法选择测试位置，每一个检测路段应测定 5 个测点，并用粉笔画上测试标记 |
| 2 | 试验前，首先用扫帚清扫表面，并用刷子将路面表面的杂物刷去。杂物的存在一方面会影响水的渗入；另一方面也会影响渗水仪和路面或者试件的密封效果 |
| 三、试验步骤 | |
| 1 | 将塑料圈置于试件中央或者路面表面的测点上，用粉笔分别沿塑料圈的内侧和外侧画上圈，在外环和内环之间的部分就是需要用密封材料进行密封的区域 |
| 2 | 用密封材料对环状密封区域进行密封处理，注意不要使密封材料进入内圈。如果密封材料不小心进入内圈，必须用刮刀将其刮走。然后再将搓成拇指粗细的条状密封材料摞在环状密封区域的中央，并且摞成一圈 |

续表

| 序号 | 内容及要求 |
|------|-----------|
| 3 | 　将渗水仪放在试件或者路面表面的测点上，注意使渗水仪的中心尽量和圆环中心重合，然后略微使劲将渗水仪压在条状密封材料表面，再将配重加上，以防压力水从底座与路面间流出<br>　将开关关闭，向量筒中注满水，然后打开开关，使量筒中的水下流以排出渗水仪底部内的空气，当量筒中水面下降速度变慢时，用双手轻压渗水仪，使渗水仪底部的气泡全部排出。关闭开关，并再次向量筒中注满水 |
| 4 | 　将开关打开，待水面下降至 100mL 刻度时，立即开动秒表开始计时，每间隔 60s，读记仪器管的刻度一次，到水面下降至 500mL 时为止。测试过程中，如水从底座与密封材料间渗出，说明底座与路面密封不好，应移至附近干燥路面处重新操作。如果水面下降速度较慢，则测得 3min 的渗水量即可停止；如果水面下降速度较快，在不到 3min 的时间内到达了 500mL 刻度线，则记录到达 500mL 刻度线的时间；若试验时水面下降至一定程度后基本保持不动，说明路面基本不透水或根本不透水，则在报告中注明 |
| 5 | 　按以上步骤在同一个检测路段选择 5 个测点测定渗水系数，取其平均值作为检测结果 |

**四、结果整理**

　计算时以水面从 100mL 下降至 500mL 所需的时间为标准，若渗水时间过长，也可采用 3min 通过的水量计算：

$$C_w = \frac{V_2 - V_1}{t_2 - t_1} \times 60$$

式中　$C_w$——路面渗水系数，mL/min；
　　　$V_1$——第一次读数时的水量，通常为 100，mL；
　　　$V_2$——第二次读数时的水量，通常为 500，mL；
　　　$t_1$——第一次读数时的时间，s；
　　　$t_2$——第二次读数时的时间，s

**五、报告**

　现场检测，每个检测路段应测定 5 个测点，计算其平均值作为检测结果。若路面不透水，则在报告中注明渗水系数为 0

**检测项目七　路面厚度的测试**

　　路面厚度是施工过程中质量控制及施工验收的必测项目。路面厚度的检测，通常规定以测量钻孔试件厚度或挖坑法为标准试验方法，属于破坏性检验。因此，在沥青路面施工过程中，取消了施工过程中挖坑检测厚度的方法，应尽量采用无破损方法进行检验，以减少对路面造成损坏或留下后患。

　　短脉冲雷达是目前国内外已普遍用于测试路面结构厚度的一种无损测试设备。其沥青面层的测试误差一般可控制在 3mm 内，但是其测试效率是传统方法所无法相比的。

　　**【检测方法 1】**　挖坑及钻芯法。

　　本方法适用于路面各层施工过程中的厚度检验及工程交工验收检查使用。其内容及要求见表 3-40。

表 3-40　　　　　　　　　　　　挖坑及钻芯法内容及要求

| 序号 | 内容及要求 |
|------|-----------|
| 一、仪器准备 | |
| 1 | 挖坑用镐、铲、凿子、小铲、毛刷 |
| 2 | 路面取芯样钻机及钻头、冷却水。钻头的标准直径为 100mm，当芯样仅供测量厚度用，不做其他试验时，对沥青面层与水泥混凝土板也可用直径 50mm 的钻头，对基层材料有可能损坏试件时，也可用直径 150mm 的钻头，但钻孔深度均必须达到层厚 |

续表

| 序号 | 内容及要求 |
|---|---|
| 3 | 量尺：钢板尺、钢卷尺、卡尺 |
| 4 | 补坑材料：与检查层位的材料相同 |
| 5 | 补坑用具：夯、热夯、水等 |
| 6 | 其他：搪瓷盘、棉纱等 |

### 二、试验方法及步骤

| 序号 | 内容及要求 |
|---|---|
| 1 | 基层或砂石路面的厚度可用挖坑法测定，沥青面层及水泥混凝土路面板的厚度应用钻孔法测定 |
| 2 | 挖坑法厚度测试步骤：<br>（1）根据现行相关规范的要求，按规程规定的公路路基路面现场测试随机选点方法，随机取样决定挖坑检查的位置，当为旧路，改点有坑洞等显著缺陷或接缝时，可在其旁边检测。<br>（2）在选择试验地点，选一块约 40cm×40cm 的平坦表面，用毛刷将其清扫干净。<br>（3）根据材料坚硬程度，选择镐、铲、凿子等适当的工具，开挖这一层材料，直至层位底面。在便于开挖的前提下，开挖面积应尽量缩小，坑洞大体呈圆形，边开挖边将材料铲出，置于搪瓷盘中。<br>（4）用毛刷清扫坑底，确认为下一层的顶面。<br>将钢板尺平放横跨于坑的两边，用另一把钢尺或卡尺等量具在坑的中部位置垂直伸至坑底，测量坑底至钢板尺的距离，即为检查层的厚度，以 mm 计，精确至 1mm |
| 3 | 钻孔取芯样法厚度测试步骤：<br>（1）根据现行相关规范的要求，按规范规定的公路路基路面现场测试随机选点方法，随机取样决定钻坑检查的位置，当为旧路，改点有坑洞等显著缺陷或接缝时，可在其旁边检测。<br>（2）按规范规定的方法用路面取芯钻机钻孔，芯样的直径应符合本方法的要求，钻孔深度必须达到层厚。<br>（3）仔细取出芯样，清除底面灰土，找出与下层的分界面。<br>（4）用钢板尺或卡尺沿圆周对称的十字方向四点处量取表面至上下层界面的高度，取其平均值，即为该层的厚度，精确至 1mm |
| 4 | 在沥青路面施工过程中，当沥青混合料尚未冷却时，可根据需要随机选择测点，用大螺丝刀插入至沥青层底面深度后用尺读数，量取沥青层的厚度，以 mm 计，精确至 1mm |
| 5 | 填补挖坑或钻孔的步骤：<br>（1）适当清理坑中的残留物，钻孔时留下的积水应用棉纱吸干。<br>（2）对无机结合料稳定层及水泥混凝土路面板，应按相同配合比用新拌的材料分层填补，并用小锤压实。水泥混凝土中宜掺加少量快凝早强剂。<br>（3）对无结合料粒料基层，可用挖坑时取出的材料，适当加水拌和后分层填补，并用小锤压实。<br>（4）对正在施工的沥青路面，用相同级配的热拌沥青混合料分层填补，并加热的铁锤或热夯压实，旧路钻孔也可用乳化沥青混合料修补。<br>（5）所有补坑结束时，宜比表面略鼓出少许，用重锤或压路机压实平整。<br>注：补坑工序如有疏忽、遗留或补得不好，则易成为隐患而导致开裂，所有挖坑、钻孔均应仔细做好 |

### 三、计算

| 序号 | 内容及要求 |
|---|---|
| 1 | 按下式计算路面实测厚度与设计厚度之差：<br>$$\Delta T_i = T_{li} - T_{oi}$$<br>式中　$T_{li}$——路面的实测厚度，mm；<br>　　　$T_{oi}$——路面的设计厚度，mm；<br>　　　$\Delta T_i$——路面实测厚度与设计厚度的差值，mm |
| 2 | 若为检查路面总厚度，则将各层平均厚度相加即为路面总厚度，按规程中检测路段数据整理方法，计算一个评定路段检测厚度的平均值、标准差、变异系数，并计算代表厚度 |

续表

| 序号 | 内容及要求 |
|---|---|
| 四、报告 | |
| | 路面厚度检测报告应列表填写，并记录与设计厚度之差，不足设计厚度为负，大于设计厚度为正 |

**【检测方法 2】** 短脉冲雷达测定法。

路面雷达测试系统能在高速公路时速下，收集公路雷达信息，然后将信息输入计算机程序中，在很短的时间内程序便会自动分析出公路或桥面内各层厚度、湿度、空隙位置、破损位置及程度。

本方法适用于采用短脉冲雷达无损检测路面面层厚度，可用于新建、改建路面工程质量验收和旧路加铺路面设计的厚度调查。

本方法的数据采集、传输、记录和数据处理分别由专用软件自动控制进行。雷达发射的电磁波在路面层传播过程中会逐渐削弱、消散、层面反射。雷达最大探测深度是由雷达系统的参数以及路面材料的电磁属性决定的。对于材料过度潮湿或饱和以及有高含铁量矿渣集料的路面不适合用本方法测试。

其工作原理是：雷达发射机产生的高频电磁脉冲离开天线后便成为发射信号，发射信号经由空气到达路表面时，一部分信号会透射路表继续向下传播，另一部分信号会被路面反射回来。这样电磁波在路面系统内传播的过程中，每遇到不同的结构层，就会在层间界面发生透射和反射，反射回来的那部分电磁波由雷达接收天线接收，并采用采样技术将其转化为数字信号进行处理。由于路面各种材料的介电常数明显不同，因此介电常数突变处也就是两结构层的界面。当结构层发生破损（如空洞、裂缝、脱腔等）时，在雷达资料中便会出现明显的特征反射，如脱腔时产生夹层反射，空洞时产生绕射等；当结构层因透水性问题而使某层含水率增大，或出现软弱夹层时，介电常数将明显增大，在资料中可以得到高含水性的反射。探地雷达具有极高的探测精度，可以根据测知的各种路面材料的介电常数及波速，计算路面各结构层的厚度、含水率、损坏位置等。

短脉冲雷达测定法的内容及要求见表 3-41。

表 3-41　　　　　　　　　短脉冲雷达测定法内容及要求

| 序号 | 内容及要求 |
|---|---|
| 一、仪器准备 | |
| 1 | 雷达测试系统由承载车、天线、雷达发射接收器和控制系统组成 |
| 2 | 设备承载车车型应满足设备制造商的要求 |
| 3 | 测试系统的技术要求和参数：<br>（1）距离标定误差：<0.1%。<br>（2）设备工作温度：0~40℃。<br>（3）最小分辨层厚：≤40mm。<br>（4）系统测量精度要求见下表：<br><br>**系统测量精度技术要求**<br><br>| 测量深度（cm） | <10 | 10~25 | >25 |<br>| 测量误差（mm） | ±3 | ±5 | ±10 | |

续表

| 序号 | 内容及要求 |
|---|---|
| **二、试验准备** | |
| 1 | 距离标定：承载车行驶超过 20 000km，更换轮胎，或使用超过 1 年的情况下需要进行距离标定。距离标定方法根据厂商提供的使用说明进行 |
| 2 | 安装雷达天线：将雷达天线按照厂商提供的安装方法牢固安装好，并将天线与主机的连线连接好 |
| 3 | 检查连接线安装无误后开机预热，预热时间不得少于厂商规定的时间 |
| 4 | 将金属板放置在天线正下方，启动控制软件的标定程序，获取相应参数 |
| 5 | 打开控制软件的参数设置界面，根据不同的检测目的，设置采样间隔、时间窗、增益等参数 |
| **三、试验步骤** | |
| 1 | 将承载车停在起点，开启安全警示灯，启动软件测试程序，令驾驶员缓慢加速车辆到正常检测速度 |
| 2 | 检测过程中，操作人员应记录测试线路所遇到的桥梁、涵洞、隧道等构造物的起终点 |
| 3 | 在测试车辆到达测试终点后，操作人员停止采集程序 |
| 4 | 芯样标定：为了准确反算出路面厚度，必须知道路面材料的介电常数，通常路面上钻芯取样方法以获取路面材料的介电常数。做法是首先令雷达天线在需要标定芯样点的上方采样，然后钻芯，最后将芯样的真实厚度数据输入到计算程序中，反算出路面材料的介电常数或者雷达波在材料中的传播速度；路面材料的介电常数会随集料类型、沥青产地、密度、湿度等不同而不同。测试过程中应根据实际情况增加芯样钻取数量，以保证测试厚度的准确性 |
| 5 | 操作人员检查数据文件，文件应完整，数据应正常，否则应重新测试 |
| 6 | 关闭测试系统电源，结束测试 |
| **四、计算** | |
| 1 | 计算原理：由于地下介质具有不同的介电常数，造成各种介质具有不同的电导性，电导性的差异影响了电磁波的传播速度。一般用下式计算电磁波在不同介质中的传播速度：<br><br>$$v = \frac{c}{\sqrt{\varepsilon_r}}$$<br><br>式中　$v$——电磁波在介质中的传播速度，mm/ns；<br>　　　$c$——电磁波在空气中的传播速度，取 300，mm/ns；<br>　　　$\varepsilon_r$——介质的相对介电常数。<br>根据雷达波在路面面层中的双程走时以及材料的相对介电常数，用下式确定面层厚度：<br><br>$$T = \frac{\Delta t \times c}{2\sqrt{\varepsilon_r}}$$<br><br>式中　$T$——面层厚度，mm；<br>　　　$c$——电磁波在空气中的传播速度，取 300，mm/ns；<br>　　　$\varepsilon_r$——相对介电常数；<br>　　　$\Delta t$——雷达波在路面面层中的双程走时，ns |
| 2 | 路面材料的相对介电常数 $\varepsilon_r$ 可以通过路面芯样获得。路面厚度的计算通常先由雷达波识别软件自动识别各层分界线，得到雷达波在各层中的双程走时，然后计算各层厚度 |
| **五、报告** | |
| 路面厚度测试报告应包括检测路段的厚度平均值、标准差、厚度代表值 | |

## 检测项目八　路基路面几何尺寸测试

路基路面的几何尺寸，即宽度、纵断面高程、横坡及中线平面偏位等是施工质量检查及竣工验收的规定项目。

通常的测量方法是使用钢卷尺、经纬仪、水准仪及全站仪等仪器测量。

　　另外还有几何数据测试系统测定路面横坡的方法，它是利用各类几何数据测试系统在正常行车条件下，连续采集路面的横坡数据。目前采用激光测距仪、加速度传感器和陀螺仪等设备测试地面横坡的自动化测试系统。

【**检测方法 1**】　路面几何尺寸测试方法。

　　本方法适用于路基路面各部分的宽度、纵断面高程、横坡及中线平面偏位等几何尺寸的检测，以供道路施工过程、路面交竣工验收及旧路调查使用。其内容及要求见表 3－42。

表 3－42　　　　　　　　　　　　　路面几何尺寸测试方法内容及要求

| 序号 | 内容及要求 |
|---|---|
| 一、仪器准备 | |
| 1 | 长度量具：钢卷尺 |
| 2 | 经纬仪、精密水准仪、塔尺或全站仪 |
| 3 | 其他：粉笔等 |
| 二、试验准备 | |
| 1 | 在路基或路面上准确恢复桩号 |
| 2 | 根据有关施工规范或 JTG F80/1—2004 的要求，按公路路基路面现场测试随机选点的方法，在一个检查路段内选取测定的断面位置及里程桩号，在测定断面做上标记。通常的路面宽度、横坡、高程及中线平面偏位选取在同一断面位置，且宜在整数桩号上测定 |
| 3 | 根据道路设计的要求，确定路基面各部分设计宽度的边界位置，在测定位置上用粉笔做上记号 |
| 4 | 根据道路设计的要求，确定设计高程的纵断面位置。在测定位置上用粉笔做上记号 |
| 5 | 根据道路设计的要求，在与中线垂直的横断面上确定成型后路面的实际中心线位置 |
| 6 | 根据道路设计的路拱形状，确定曲线与直线部分的交界位置及路面与路肩（或硬路肩）的交界处，作为横坡检验的基准；当有路缘石或中央分隔带时，以两侧路缘石边缘为横坡测定的基准点，用粉笔做上记号 |
| 三、路基路面各部分的宽度及总宽度测试步骤 | |
| 用钢尺沿中心线垂直方向水平量取路基路面各部分的宽度，以 m 表示。对高速公路及一级公路，精确至 0.005m；对其他等级公路，精确至 0.01m。测量时钢尺应保持水平，不得将尺紧贴路面量取，也不得使用皮尺 | |
| 四、纵断面高程测试步骤 | |
| 1 | 将精密水准仪架设在路面平顺处调平，将塔尺竖立在中线的测定位置上，以路线附近的水准点高程为基准。测记测定点的高程读数，以 m 表示，精确至 0.001m |
| 2 | 连续测定全部测点，并与水准点闭合 |
| 五、路面横坡测试步骤 | |
| 1 | 设有中央分隔带的路面：将精密水准仪架设在路面平顺处调平，将塔尺分别竖立在路面与中央分隔带分界的路缘带边缘 $d_1$ 处及路面与路肩交界位置（或外侧路缘石边缘）$d_2$ 处，$d_1$ 与 $d_2$ 两测点必须在同一横断面上，测量 $d_1$ 与 $d_2$ 处的高程，记录高程读数，以 m 表示，精确至 0.001m |
| 2 | 无中央分隔带的路面：将精密水准仪架设在路面平顺处调平，将塔尺分别竖立在路拱曲线与直线部分的交界位置 $d_1$ 处及路面与路肩（或硬路肩）的交界位置 $d_2$ 处，$d_1$ 与 $d_2$ 两测点必须在同一横断面上，测量 $d_1$ 与 $d_2$ 处的高程，记录高程读数，以 m 表示，精确至 0.001m |
| 3 | 用钢尺测量两测点的水平距离，以 m 表示。对高速公路及一级公路，精确至 0.005m；对其他等级公路，精确至 0.01m |

续表

| 序号 | 内容及要求 |
|---|---|
| 六、中线偏位测试步骤 | |
| 1 | 有中线坐标的道路：首先从设计资料中查出待测点 $P$ 的设计坐标，用经纬仪对该设计坐标进行放样，并在放样点 $P'$ 做好标记，量取 $PP'$ 的长度，即为中线平面偏位 $\Delta_{cl}$，以 mm 表示。对高速公路及一级公路，精确至 5mm；对其他等级公路，精确至 10mm |
| 2 | 无中桩坐标的低等级道路：应首先恢复交点或转点，实测偏角和距离，然后采用链锯法、切线支距法或偏角法等传统方法敷设道路中线的设计位置，量取设计位置与施工位置之间的距离，即为中线平面偏位 $\Delta_{cl}$，以 mm 表示，精确至 10mm |
| 七、计算 | |
| 1 | 按下式计算各个断面的实测宽度与设计宽度之差： $$\Delta B_i = B_{li} - B_{oi}$$ 式中　$B_{li}$——各断面的实测宽度，m；　　　$B_{oi}$——各断面的设计宽度，m；　　　$\Delta B_i$——各断面的实测宽度和设计宽度的差值，m。 总宽度为路基路面各部分宽度之和 |
| 2 | 按下式计算各个断面的实测高程与设计高程之差： $$\Delta H_i = H_{li} - H_{oi}$$ 式中　$H_{li}$——各个断面的纵断面实测高程，m；　　　$H_{oi}$——各个的纵断面设计高程，m；　　　$\Delta H_i$——各个断面的纵断面实测高程和设计高程的差值，m |
| 3 | 各测定断面的路面横坡 $i_{li}$ 及其与设计横坡 $i_{oi}$ 之差分别按下式计算，精确至一位小数： $$i_{li} = \frac{d_{1i} - d_{2i}}{B_{li}} \times 100$$ $$\Delta i_i = i_{li} - i_{oi}$$ 式中　$i_{li}$——各测定断面的路面横坡，%；$d_{1i}$、$d_{2i}$——上述五中的各断面测点 $d_1$ 和 $d_2$ 处的高程读数，m；$B_{li}$——各断面测点 $d_1$ 和 $d_2$ 之间的水平距离，m；$i_{oi}$——各断面的设计横坡，%；$\Delta i_i$——各测定断面的路面横坡和设计横坡的差值，% |
| 4 | 根据规程中检测路段数据整理方法计算一个评定路段内各测定断面的宽度、高程、横坡以及中线平面偏位的平均值、标准差、变异系数，但加宽及超高部分的测定值不参与计算 |
| 八、报告 | |
| 1 | 以评定路段为单位列出桩号、宽度、高程、横坡以及中线偏位测定的记录表，记录平均值、标准值、变异系数。注明不符合规范要求的断面 |
| 2 | 纵断面高程测试报告中应包括实测高程与设计高程的差值，低于设计高程为负，高于设计高程为正 |
| 3 | 路面横坡测试报告中应包括实测横坡与设计横坡的差值。实测横坡小于设计横坡差值为负；实测横坡大于设计横坡差值为正 |

**【检测方法 2】**　几何数据测试系统测定路面横坡法。

本方法适用于新建、改建路面工程的质量验收和无严重坑槽、车辙等病害的通车运行路面的横坡评价。本方法的采集、传输、记录和数据处理由专用软件自动控制进行。

测试过程中路面应整洁，宜选择风力较小时进行，其具体内容及要求见表3-43。

**表 3 - 43**　　　　　　　　　　**几何数据测试系统测定路面横坡法内容及要求**

| 序号 | 内容及要求 |
|---|---|
| **一、仪器准备** | |
| 1 | 几何数据测试系统由承载车、数据采集处理系统和距离测量系统组成 |
| 2 | 几何数据测试系统承载车的车身高度不宜超过 17m，车型满足设备制造商的要求 |
| 3 | 测试系统的技术要求和参数：<br>(1) 距离标定误差：≤0.1%；<br>(2) 设备工作温度：−10～+60℃；<br>(3) 横坡分辨率：≤0.1° |
| **二、试验准备** | |
| 1 | 检查轮胎气压，使气压达到车辆正常使用的轮胎气压 |
| 2 | 距离标定：承载车每行驶 5000km 或者更换轮胎必须进行距离标定，距离标定长度为 1000m，误差 0.1% |
| 3 | 将控制面板电源打开，检查各项控制功能键、指示灯和技术参数选择状态 |
| **三、试验步骤** | |
| 1 | 打开测试系统，通电预热时间符合设备操作手册的规定 |
| 2 | 每次测试开始前或连续测试长度超过 100km 后必须按照设备使用手册规定的方法进行系统偏差标定 |
| 3 | 按照设备操作手册的规定和测试路段的现场技术要求设置完毕所需的测试状态 |
| 4 | 驾驶员以恒定加速度加速至测试速度，测试车速宜为 30～90km/h。沿正常行车轨迹驶入测试路段。测试过程中承载车应沿车道线匀速行驶，不能超车、变线 |
| 5 | 进入测试路段后，测试人员在测试过程中必须及时准确地将测试路段的起终点和其他需要特殊标记的点的位置输入测试数据记录中 |
| 6 | 在承载车驶出测试路段后，停车，设备操作人员停止数据采集和记录，并恢复仪器各部分至初始状态 |
| 7 | 操作人员检查测试数据，内容应正常，否则应重新测试 |
| 8 | 关闭测试系统电源，结束测试 |
| **四、报告** | |
| 报告应包括横坡值的平均值、标准差和变异系数 | |

## 任务 3.3　沥青路面面层的评定

**一、沥青混凝土面层施工质量检测与评定内容**

(1) 材料的检测与评定。沥青、混合料各种技术要求都要进行检测与评定。

(2) 沥青混凝土面层的检测与评定。路面质量的好坏直接影响行车速度、运输成本、行车安全和舒适性，路面质量也会影响道路的寿命，沥青混凝土面层完工后除了严格检查各项指标以外，还应对施工材料、施工过程、施工中出现的问题和采取的措施进行详细记录。

(3) 原始记录。其中有材料品种、规格、数量、产地以及各种试验报告等记录。施工过程中，应有准备工作、施工过程控制的相应记录。

### 二、沥青混凝土面层施工质量评定的步骤

工程完工后，施工单位应组织本单位的检验人员对工程质量进行全面检查，将全线以1～3km为一个评定路段分段检测，每段按照规定随机选取测点对路面工程进行检测。

检验标准：

公路验收程序执行交通部颁发的《公路工程竣（交）工验收办法》。

公路质量检测执行交通部颁发的《公路工程质量检验评定标准　第一册　土建工程》(JTG F80/1—2004)。

路面工程检测内容执行交通部颁发的《公路沥青路面施工技术规范》(JTG F40—2004)。

质量检测方法执行交通运输部颁发的《公路路基路面现场测试规程》(JTG E60—2008)。

质量标准。

沥青混凝土面层施工质量的具体检测与评定应按以下顺序进行：

(1) 基本要求的检查：路面的施工对不同面层材料提出了相应的材料要求、施工方法和铺筑质量要求。

(2) 工程项目实测检查：实测检查的对象是沥青混凝土面层的规定检查项目，项目包括结构的几何尺寸、厚度、压实度、弯沉、平整度、抗滑性能和渗水性能等。一般情况下，相应的技术标准都提出了数量上的要求。检查按规定的频率，现场抽样进行。

(3) 外观鉴定：路面基层的工程外表状况是有一定要求的。外观鉴定按项目检测与评定。

#### (一) 沥青混凝土面层和沥青碎（砾）石面层

**1. 基本要求**

(1) 沥青混合料的矿料质量及矿料级配应符合设计要求和施工规范的规定。

(2) 严格控制各种矿料和沥青用量及各种材料和沥青混合料的加热温度，沥青材料及混合料的各项指标应符合设计和施工规范要求。对于沥青混合料的生产，每日应做抽提试验、马歇尔稳定度试验。矿料级配、沥青含量、马歇尔稳定度等结果的合格率应不小于90%。

(3) 拌和后的沥青混合料应均匀一致，无花白，无粗细料分离和结团成块现象。

(4) 基层必须碾压密实，表面干燥、清洁、无浮土，其平整度和路拱度应符合要求。

(5) 摊铺时应严格控制摊铺厚度和平整度，避免离析，注意控制摊铺和碾压温度，碾压至要求的密实度。

**2. 实测项目**

沥青混凝土面层和沥青碎（砾）石面层实测项目见表3-44。

表3-44　　　　　沥青混凝土面层和沥青碎（砾）石面层实测项目"＊"

| 项次 | 检查项目 | 规定值或允许偏差 | | 检查方法和频率 | 权值 |
| --- | --- | --- | --- | --- | --- |
| | | 高速公路、一级公路 | 其他公路 | | |
| 1△ | 压实度（%） | 试验室标准密度的96%（98%）；最大理论密度的92%（94%）；试验段密度的98%（99%） | | 按规范规定，每200m测1处 | 3 |

续表

| 项次 | 检查项目 | | 规定值或允许偏差 | | 检查方法和频率 | 权值 |
|---|---|---|---|---|---|---|
| | | | 高速公路、一级公路 | 其他公路 | | |
| 2 | 平整度 | $\sigma$(mm) | 1.2 | 2.5 | 平整度仪：全线每车道连续按每100m计算 IRI 或 $\sigma$ | 2 |
| | | IRI(m/km) | 2.0 | 4.2 | | |
| | | 最大间隙 $h$(mm) | — | 5 | 3m 直尺：每200m 测 2 处 ×10 尺 | |
| 3 | 弯沉值 (0.01mm) | | 符合设计要求 | | 按规范规定检查 | 2 |
| 4 | 渗水系数 | | SMA 路面 200mL/min；其他沥青混凝土路面 300mL/min | — | 渗水试验仪：每200m 测 1 处 | 2 |
| 5 | 抗滑 | 摩擦系数 | 符合设计要求 | — | 摆式仪：每200m 测 1 处；横向力系数测定车：全线连续 | 2 |
| | | 构造深度 | | | 铺砂法：每200m 测 1 处 | |
| 6△ | 厚度 (mm) | 代表值 | 总厚度：$-5\%H$ 上面层：$-10\%h$ | $-8\%H$ | 按规范规定检查，双车道每200m 测 1 处 | 3 |
| | | 合格值 | 总厚度：$-10\%H$ 上面层：$-20\%h$ | $-15\%H$ | | |
| 7 | 中线平面偏位 (mm) | | 20 | 30 | 经纬仪：每200m 测 4 点 | 1 |
| 8 | 纵断面高程 (mm) | | ±15 | ±20 | 水准仪：每200m 测 4 断面 | 1 |
| 9 | 宽度 (mm) | 有侧石 | ±20 | ±30 | 尺量：每200m 测 4 断面 | 1 |
| | | 无侧石 | 不小于设计值 | | | |
| 10 | 横坡 (%) | | ±0.3 | ±0.5 | 水准仪：每200m 测 4 处 | 1 |
| | 合计 | | | | | 18 |

注  1 表内压实度可选用其中的 1 个或 2 个标准，选用 2 个标准时，以合格率低的作为评定结果。SMA 路面，其他为普通沥青混凝土路面。

2 表列厚度仅规定负允许偏差。$H$ 为沥青层设计总厚度（mm），$h$ 为沥青上面层设计厚度（mm）。

3. 外观鉴定

（1）表面应平整密实，不应有泛油、松散、裂缝和明显离析等现象，对于高速公路和一级公路，有上述缺陷的面积（凡属单条的裂缝，则按其实际长度乘以 0.2m 宽度，折算成面积）之和不得超过受检面积的 0.03%，其他公路不得超过 0.05%。不符合要求时每超过 0.03% 或 0.05% 减 2 分。

半刚性基层的反射裂缝可不计作施工缺陷，但应及时进行灌缝处理。

（2）搭接处应紧密、平顺，烫缝不应枯焦。不符合要求时，累计每 10m 长减 1 分。

（3）面层与路缘石及其他构筑物应密贴接顺，不得有积水或漏水现象。不符合要求时，每处减 1～2 分。

## （二）沥青贯入式面层（或上拌下贯式面层）

1. 基本要求

（1）沥青材料的各项指标应符合设计要求和施工规范要求。

（2）各种材料的规格和用量应符合设计要求和施工规范要求，上拌沥青混凝土混合料每日应做抽提试验和马歇尔稳定度试验。

（3）碎石层必须平整坚实、嵌挤稳定，沥青贯入应深透，浇洒应均匀，不得污染其他构筑物。

（4）嵌缝料必须趁热撒铺，扫料均匀，不应有重叠现象。

（5）上层采用拌合料时，混合料应均匀一致，无花白和粗细分离现象，摊铺平整，接茬平顺，及时碾压密实。

（6）沥青贯入式面层施工时，应先做好路面结构层和路肩的排水。

2. 实测项目

沥青贯入式面层（或上拌下贯式面层）实测项目见表 3-45。

表 3-45　　　　　　沥青贯入式面层（或上拌下贯式面层）实测项目

| 项次 | 检查项目 | | 规定值或允许偏差 | 检查方法和频率 | 权值 |
|---|---|---|---|---|---|
| | | | 高速公路、一级公路 | | |
| 1 | 平整度 | $\sigma$ (mm) | 3.5 | 平整度仪：全线每车道连续按每 100m 计算 IRI 或 $\sigma$ | 3 |
| | | IRI (m/km) | 5.8 | | |
| | | 最大间隙 $h$ (mm) | 8 | 3m 直尺：每 200m 测 2 处×10 尺 | |
| 2 | 弯沉值（0.01mm） | | 符合设计要求 | 按规范规定检查 | 2 |
| 3△ | 厚度（mm） | 代表值 | $-8\%H$ 或 $-5$ | 按规范规定检查，每 200m 每车道测 1 点 | 3 |
| | | 合格值 | $-15\%H$ 或 $-10$ | | |
| 4 | 沥青用量（%） | | ±0.5 | 每工作日每层洒布查 1 次 | 3 |
| 5 | 中线平面偏位（mm） | | 30 | 经纬仪：每 200m 测 4 点 | 1 |
| 6 | 纵断面高程（mm） | | ±20 | 水准仪：每 200m 测 4 断面 | 2 |
| 7 | 宽度（mm） | 有侧石 | ±30 | 尺量：每 200m 测 4 处 | 2 |
| | | 无侧石 | 不小于设计值 | | |
| 8 | 横坡（%） | | ±0.5 | 水准仪：每 200m 测 4 个断面 | 2 |
| 合计 | | | | | 18 |

注　1 当设计厚度≥60mm 时，按厚度百分率控制；当设计厚度<60mm 时，按厚度不足的毫米数控制。$H$ 为厚度（mm）。

　　2 沥青总用量按 JTG E60—2008 中 T 0892 方法，每工作日每层洒布沥青检查一次，并计算同一路段单位面积的总沥青用量。

3. 外观鉴定

（1）表面应平整密实，不应有松散、裂缝、油包、油丁、波浪、泛油等现象，有上述缺陷的面积之和不超过受检面积的 0.2%。不符合要求时，每超过 0.2% 减 2 分。

（2）表面无明显碾压轮迹。不符合要求时，每处减 1～2 分。

（3）面层与路缘石及其他构筑物应密贴接顺，无积水现象。不符合要求时，每处减 1～2 分。

（三）沥青表面处治面层

1．基本要求

（1）在新建或旧路的表层进行表面处治时，应将表面的泥砂及一切杂物清除干净，底层必须坚实、稳定、平整，保持干燥后才可施工。

（2）沥青材料的各项指标和石料的质量、规格、用量应符合设计要求和施工规范的规定。

（3）沥青浇洒应均匀，无露白，不得污染其他构筑物。

（4）嵌缝料必须趁热撒铺，洒布均匀，不得有重叠现象，压实平整。

2．实测项目

沥青表面处治面层实测项目见表 3－46。

表 3－46　　　　　　　　　　　沥青表面处治面层实测项目

| 项次 | 检查项目 | | 规定值或允许偏差 | 检查方法和频率 | 权值 |
|---|---|---|---|---|---|
| | | | 高速公路、一级公路 | | |
| 1 | 平整度 | $\sigma$(mm) | 4.5 | 平整度仪：全线每车道连续按每 100m 计算 $IRI$ 或 $\sigma$ | 2 |
| | | $IRI$（m/km） | 7.5 | | |
| | | 最大间隙 $h$（mm） | 10 | 3m 直尺：每 200m 测 2 处×10 尺 | |
| 2 | 弯沉值（0.01mm） | | 符合设计要求 | 按规范规定检查 | 2 |
| 3△ | 厚度（mm） | 代表值 | −5 | 按规范规定检查，每 200m 每车道测 1 处 | 3 |
| | | 合格值 | −10 | | |
| 4 | 沥青用量（％） | | ±0.5 | 每工作日每层洒布查 1 次 | 2 |
| 5 | 中线平面偏位（mm） | | 30 | 经纬仪：每 200m 测 4 点 | 1 |
| 6 | 纵断面高程（mm） | | ±20 | 水准仪：每 200m 测 4 断面 | 1 |
| 7 | 宽度（mm） | 有侧石 | ±30 | 尺量：每 200m 测 4 处 | 2 |
| | | 无侧石 | 不小于设计值 | | |
| 8 | 横　坡（％） | | ±0.5 | 水准仪：每 200m 测 4 个断面 | 1 |
| 合计 | | | | | 14 |

3．外观鉴定

（1）表面平整密实，不应有松散、油包、油丁、波浪、泛油、封面料明显散失等现象，有上述缺陷的面积之和不超过受检面积的 0.2％。不符合要求时，每超过 0.2％减 2 分。

（2）无明显碾压轮迹。不符合要求时，每处减 1～2 分。

（3）面层与路缘石及其他构筑物应密贴接顺，不得有积水现象。不符合要求时，每处减 1～2 分。

### 三、路基路面各项指标的评定方法

路面工程质量管理的内容是很丰富的，各等级道路路面的质量要求很高，其质量管理工作包括设计、施工过程中的质量管理和检查验收，其中要进行材料试验、铺筑试验路段等一系列工作。为了保证这些工作的质量，必须建立健全工地试验、质量检查及工序间的交接验收等各项制度，真正做到试验和检验记录齐全，数据真实可靠。

路面各结构层厚度按代表值和单点合格值设定允许偏差。当代表值偏差超过规定值时，该分项工程评为不合格；当代表值偏差满足要求时，按单个检查值的偏差不超过单点合格值的测点数计算合格率。材料要求和配比控制列入各节基本要求，可通过检查施工单位、工程监理单位的资料进行评定。

（一）路面结构层厚度评定

（1）评定路段内路面结构层厚度按代表值和单个合格值的允许偏差进行评定。

（2）按规定频率，采用挖验或钻取芯样测定厚度。

（3）厚度代表值为厚度的算术平均值的下置信界限值，用下式计算：

$$X_L = \overline{X} - \frac{t_\alpha}{\sqrt{n}} S$$

式中　$X_L$——厚度代表值（算术平均值的下置信界限值）；

$\overline{X}$——厚度平均值；

$S$——标准差；

$n$——检测点数；

$t_\alpha$——$t$ 分布表中随测点和保证率（或置信度 $\alpha$）而变的系数。

采用的保证率：对高速公路、一级公路，基层、底基层为 99%，面层为 95%；对其他公路，基层、底基层为 95%，面层为 90%。

（4）当厚度代表值大于或等于设计厚度减去代表值允许偏差时，按单个检查值的偏差不超过单点合格值来计算合格率；当厚度代表值小于设计厚度减去代表值允许偏差时，相应分项工程评为不合格。

代表值和单点合格值的允许偏差见各实测项目表。

（5）沥青面层一般按沥青铺筑层总厚度进行评定，高速公路和一级公路分 2～3 层铺筑时，还应进行上面层厚度检查和评定。

［例 3-1］　某路段水泥混凝土路面板厚度检测结果见表 3-47 所列。保证率为 95%，设计厚度为 25cm，代表值容许偏差为 5mm，单点合格值为 10mm。试对该路段的板厚进行评价。

表 3-47　　　　　　　　　　水泥混凝土路面板厚度检测结果　　　　　　　　　　cm

| 序号 | 1 | 2 | 3 | 4 | 5 | 6 | 7 | 8 | 9 | 10 | 11 | 12 | 13 | 14 | 15 |
|---|---|---|---|---|---|---|---|---|---|---|---|---|---|---|---|
| 厚度 | 25.1 | 24.8 | 25.1 | 24.6 | 24.7 | 25.4 | 25.2 | 25.3 | 24.7 | 24.9 | 24.8 | 25.3 | 25.3 | 25.2 | 24.9 |
| 序号 | 16 | 17 | 18 | 19 | 20 | 21 | 22 | 23 | 24 | 25 | 26 | 27 | 28 | 29 | 30 |
| 厚度 | 25.0 | 25.1 | 24.8 | 25.0 | 25.1 | 24.7 | 24.9 | 25.0 | 25.4 | 25.2 | 25.1 | 25.0 | 25.0 | 25.5 | 25.4 |

**解**　经计算得 $\overline{X}=25.05\text{cm}$，$S=0.24$。

由 $n=30$，保证率为 95%，查表得：$t_\alpha/\sqrt{n}=0.310$。

则

$$X_{L} = \overline{X} - \frac{t_{\alpha}}{\sqrt{n}}S = 25.05 - 0.310 \times 0.24 = 24.98\text{cm}$$

代表值 $X_L > 25 - 0.5 = 24.5\text{cm}$，所以该路段的板厚度满足要求。

（二）路基、柔性基层、沥青路面弯沉值评定

路基路面回弹弯沉值的评定应遵循以下原则：

（1）弯沉值每一车道评定路段（不超过 1km）检查 80～100 个点，多车道公路必须按车道数与双车道之比，相应增加测点。各段最小长度应与施工方法相适应，土基干湿类型和土质应相同，统计计算各段的计算参数。

（2）弯沉代表值为弯沉测量值的算术平均值的上置信界限值，用下式计算：

$$l_{r} = \overline{l} + Z_{\alpha}S$$

式中　$l_r$——弯沉代表值，0.01mm；

　　　$\overline{l}$——实测弯沉的平均值，0.01mm；

　　　$S$——标准差；

　　　$Z_{\alpha}$——与要求保证率有关的系数，见表 3-48。

表 3-48　　　　　　　　　　　　　$Z_{\alpha}$ 值

| 层位 | $Z_{\alpha}$ | |
|---|---|---|
| | 高速公路、一级公路 | 二、三级公路 |
| 沥青面层 | 1.645 | 1.5 |
| 路基 | 2.0 | 1.645 |

（3）当路基和柔性基层、底基层的弯沉代表值不符合要求时，可将超出 $\overline{l} \pm (2\sim3)S$ 的弯沉特异值舍弃，重新计算平均值和标准差。对舍弃的弯沉值大于 $\overline{l} \pm (2\sim3)S$ 的点，应找出其周围界限，进行局部处理。

用两台弯沉仪同时进行左右轮弯沉值测定时，应按两个独立测点计，不能采用左右两点的平均值。

（4）弯沉代表值不大于设计要求的弯沉值时得满分，相应分项工程为合格；反之，大于时得零分，相应分项工程为不合格。

（5）测定时的路表温度对沥青面层的弯沉值有明显影响，应进行温度修正。当沥青层厚度小于或等于 50m 或路表温度在 20℃±2℃ 范围内时，可不进行温度修正。

若在非不利季节测定，则应考虑季节影响系数。

［例 3-2］　某高速公路竣工后，在不利季节测得路面的弯沉值见表 3-49 所列。路面设计弯沉值为 40，试判断该路段的弯沉值是否满足要求？保证率系数 $Z_{\alpha} = 2.0$。

表 3-49　　　　　　　　　　　　弯沉值检测结果　　　　　　　　　　0.01mm

| 序号 | 1 | 2 | 3 | 4 | 5 | 6 | 7 | 8 | 9 | 10 | 11 |
|---|---|---|---|---|---|---|---|---|---|---|---|
| 弯沉值 | 30 | 29 | 31 | 28 | 27 | 26 | 33 | 32 | 30 | 30 | 31 |
| 序号 | 12 | 13 | 14 | 15 | 16 | 17 | 18 | 19 | 20 | 21 | 22 |
| 弯沉值 | 29 | 27 | 26 | 32 | 31 | 33 | 31 | 30 | 29 | 28 | 28 |

**解**　经计算得 $\overline{l}=29.6$，$S=2.09$，由题意知设计值 $=40$（0.01mm）。

则

$$l_r=\overline{l}+Z_aS=29.5+2\times2.09=33.8（0.01\mathrm{mm}）$$

因为代表值小于设计值，所以该路段的弯沉值满足要求。

（三）路面横向力系数评定

（1）评定路段内的路面横向力系数按 $SFC$ 的设计或验收标准值进行评定。

（2）$SFC$ 代表值为 $SFC$ 算术平均值的下置信界限值，用下式计算：

$$SFC_r=\overline{SFC}-\frac{t_\alpha}{\sqrt{n}}S$$

式中　$SFC_r$——$SFC$ 代表值；

　　$\overline{SFC}$——$SFC$ 平均值；

　　$S$——标准差；

　　$n$——检测点数；

　　$t_\alpha$——$t$ 分布表中随测点数和保证率（或置信度 $\alpha$）而变的系数。

采用的保证率：高速公路、一级公路为 95％；其他公路为 90％。

（3）当 $SFC$ 代表值不小于设计或验收标准时，按单个 $SFC$ 计算合格率；当 $SFC$ 代表值小于设计或标准值时，相应分项工程评为不合格。

# 小　　结

路面工程和路基工程一样，都是作为道路工程的单位工程。路面工程质量的评定与检测是道路竣工验收工作的一部分。

为了保证公路与城市道路最大限度地满足车辆运行的要求，提高车速、增强安全性和舒适性，降低运输成本和延长道路使用年限，要求路面具有一系列基本性能。如路面表面要求平整，但不宜光滑，因此路面技术性能的现场检测是道路工程施工质量管理最重要的内容之一。

现代化道路路面的修筑一般是机械化施工，部分路面材料已实行工厂化生产，路面施工质量的管理及其检验评定工作趋向于更为严格、完善和规范化，而且试验检测过程中应不断应用新技术、新方法来提高检测速度和检测质量。

本学习情境介绍了沥青路面施工准备阶段、施工阶段、竣工验收阶段的主要检测内容和检测方法，以及路面基层、底基层的质量评定方法，其中介绍了一些路基路面检测新技术，例如弯沉检测新技术，包括落锤式弯沉仪和自动弯沉仪；平整度检测新技术，包括激光平整度仪和颠簸累积仪；抗滑性能检测新技术，包括横向力系数测定车和激光构造深度仪；路面雷达测试系统以及瑞雷波检测技术。此外，本学习情境结合沥青路面，对我国路面性状评价指标体系进行了阐述。

通过学习，使学生对路面各阶段的质量检测有一个系统的掌握。

# 习　题

1. 简述摆式仪测定路面抗滑性能的要点。
2. 简述沥青面层压实度试验的目的和步骤。
3. 什么是路面弯沉值？常用哪几种方法测定？各种测定方法有何特点？
4. 简述贝克曼梁法测定路面回弹弯沉的要点。
5. 路面抗滑性能的测试方法有哪几种？各种方法的原理是什么？
6. 简述构造深度的测试方法。
7. 颠簸累积仪、激光平整度仪及连续式平整度仪的检测结果分别是什么？它们能否相互换算？
8. 简述渗水系数测试的必要性及测试要点。
9. 自动弯沉仪、落锤式弯沉仪与贝克曼梁测出的弯沉值有何区别？
10. 路面雷达测试系统的主要用途是什么？

# 学习情境 4　水泥混凝土路面检测与评定

## 情境导入

水泥混凝土路面工程施工中，按照施工准备阶段、施工阶段和竣工验收阶段进行试验检测评定，避免不合格的材料和产品流入下一道工序，只有保证每一道工序的质量，才能保证整个工程的质量。

## 学习目标

### 知识目标

完成本学习情境的学习，学生能够熟悉水泥混凝土路面工程的施工工艺；熟悉各项检测任务的目的和检测方法、步骤以及试验的原理；熟悉各种检测仪器的性能；熟悉与所检测项目相关的技术标准、技术规范和技术规程；能用定量的方法科学地评定路基的质量。

### 能力目标

学生能够熟练掌握水泥混凝土路面工程在施工准备阶段、施工阶段质量检验评定的工作过程，明确水泥混凝土路面工程在各阶段中所要进行的各种检测项目，能熟练操作各种检测仪器进行试验；能够正确如实地填写原始记录；能够运用数理统计方面的知识对检测结果进行数据处理及评定。

## 任务 4.1　施工准备阶段的检测

### 4.1.1　任务导入

水泥混凝土路面施工准备阶段主要对原材料及各种配合比进行试验检测，避免不合格的材料用于工程，为开工做好前期准备工作。水泥混凝土路面施工准备阶段需检测的项目见表 4−1。

表 4−1　　　　　　　　水泥混凝土路面施工准备阶段需检测的项目

| 序号 | 检测项目 | 采用规程（标准） |
|------|----------|------------------|
| 1 | 混凝土组成材料试验 | 《公路工程水泥及水泥混凝土试验规程》（JTG E 30—2005）<br>《公路工程质量检验评定标准　第一册　土建工程》（JTG F 80/1—2004） |
| 2 | 混凝土配合比设计 | |
| 3 | 混凝土拌合物性能试验 | |
| 4 | 混凝土抗压强度试验 | |
| 5 | 水泥混凝土抗弯拉强度试验 | |

### 4.1.2　任务实施

混凝土组成材料试验、混凝土配合比设计、混凝土拌合物性能试验、混凝土抗压强度试验参照"道桥材料试验检测"课程进行试验检测。

平整度检测、摩擦系数检测、路面构造深度检测参照任务 3.2 进行试验检测。

### 检测项目　水泥混凝土抗弯拉强度测定

水泥混凝土的抗弯拉强度是指混凝土抵抗弯曲拉伸的能力。它是标准条件下的梁式试件龄期 28d 时的抗弯强度。

混凝土的抗弯拉强度很低，为抗压强度的 1/10～1/5，因此在结构物构件中处于受拉部位的混凝土均需配钢筋。在道路路面或机场道面使用的水泥混凝土，以抗弯拉强度为主要强度指标，抗压强度为参考指标，因而需要检测混凝土的抗弯拉强度。在道路路面及机场跑道工程中水泥混凝土应测定其抗弯拉时的平均弹性模量，一般取抗弯拉强度 50％时的加荷割线模量。

本试验适用于试验室测定混凝土抗弯拉极限强度的方法，以提供设计参数，检查混凝土施工品质和确定抗弯拉弹性模量试验加荷标准，适用于各类水泥混凝土的棱柱体试件。

**【检测方法】** 压力机法。

压力机法的内容及要求见表 4-2。

**表 4-2**　　　　　　　　　**压力机法内容及要求**

| 序号 | 内容及要求 |
|---|---|
| **一、仪器准备** | |
| 1 | 压力机或万能试验机：压力机除符合《液压式压力试验机》（GB/T 3722）及《试验机通用技术要求》（GB/T 2611）中的要求外，其测量精度为±1％，试件破坏应大于压力机全量程的 20％且小于压力机全量程的 80％，同时应具有加荷速度指示装置或加荷速度控制装置。上下压板平整并有足够刚度，可以均匀地连续加荷卸载，可以保持固定荷载，开停机灵活自如，能够满足试件破型吨位要求 |
| 2 | 抗弯拉试验装置，即三分点处双点加荷和三点自由支承式混凝土抗弯拉强度与抗弯拉弹性模量试验装置，见下图：<br><br>抗弯拉试验装置（单位：mm）<br>1、2——一个钢球；3、5—两个钢球；4—试件；6—固定支座；7—活动支座；8—机台；9—活动船形垫块 |
| **二、试样准备** | |
| 1 | 混凝土抗折抗弯拉强度试件为直角棱柱体小梁，标准试件尺寸为 150mm×150mm×550mm 或 150mm×150mm×600mm，集料粒径应不大于 31.5mm；如确有必要，允许采用非标准尺寸 100mm×l00mm×400mm 试件，集料粒径应不大于 26.5mm。同时在试件长向中部 1/3 区段内表面不得有直径超过 5mm、深度超过 2mm 的孔洞 |
| 2 | 混凝土抗弯拉强度试件应取同龄期者为一组，每组为 3 根同条件制作和养护的试件 |
| **三、试验步骤** | |
| 1 | 试验前先检查试件，在试件长向中部 1/3 区段内表面不得有直径超过 5mm、深度超过 2mm 的孔洞。试件取出后，用湿毛巾覆盖并及时进行试验，保持试件干湿状态不变。在试件中部量出其宽度和高度，精确至 1mm |
| 2 | 调整两个可移动支座，使试件妥善放在支座上，将试件成型时的侧面朝上，几何对中后，务必使支座及承压面与活动船形垫块的接触面平稳、均匀，否则应垫平 |

| 序号 | 内容及要求 |
|---|---|
| 3 | 加荷时，应保持均匀而连续。当混凝土的强度等级小于 C30 时，加荷速度为 0.02～0.05MPa/s；当混凝土的强度等级大于或等于 C30 且小于 C60 时，加荷速度为 0.05～0.08MPa/s；当混凝土的强度等级大于或等于 C60 时，加荷速度为 0.08～0.10MPa/s。当试件接近破坏而开始迅速变形时，应停止调整试验机油门，直至试件破坏，记下破坏极限荷载 $F$（N） |

**四、结果整理**

| | |
|---|---|
| 1 | 当断面发生在两个加荷点之间时，抗弯拉强度 $f_b$ 按下式计算：<br><br>$$f_b = \frac{FL}{bh^2}$$<br><br>式中　$f_b$——抗弯拉强度，MPa；<br>　　　$F$——极限荷载，N；<br>　　　$L$——支座间距离；<br>　　　$b$——试件宽度，mm；<br>　　　$h$——试件高度，mm |
| 2 | 以 3 个试件测值的算术平均值为测定值。3 个试件中最大值或最小值中如有一个与中间值之差超过中间值的 15％，则把最大值和最小值舍去，以中间值作为试件的抗弯拉强度；如最大值和最小值与中间值之差均超过中间值的 15％，则该组试验结果无效。<br>3 个试件中如有一个断裂面位于加荷点外侧，则混凝土抗弯拉强度按另外两个试件的试验结果计算。如果这两个测值的差值不大于这两个测值中较小值的 15％，则以两个测值的平均值为测试结果，否则结果无效。<br>如断面位于加荷点外侧，则该试件结果无效；如有两根试件结果无效，则该组结果作废。<br>抗弯拉强度计算精确到 0.01MPa。<br>注：断面位置在试件断块短边一侧的底面中轴线上量得 |
| 3 | 采用 100mm×100mm×400mm 非标准试件时，在三分点加荷的试验方法同前，但所取得的抗弯拉强度值应乘以尺寸换算系数 0.85。当混凝土的强度等级大于或等于 C60 时，应采用标准试件 |

**五、报告**

试验报告应包括以下内容：
(1) 要求检测的项目名称、执行标准；
(2) 原材料的品种、规格和产地；
(3) 试验日期及时间；
(4) 仪器设备的名称、型号及编号；
(5) 环境温度和湿度；
(6) 水泥混凝土抗弯拉强度值；
(7) 要说明的其他内容

# 任务 4.2　施工阶段的检测

## 4.2.1　任务导入

水泥混凝土路面施工阶段除主要对原材料及各种配合比进行试验检测，以及按试验检测频率对准备阶段的项目进行检测外，还需对现场的一些项目进行检测。水泥混凝土路面施工阶段需检测的项目见表 4-3。

**表 4-3　　　　　　　水泥混凝土路面施工准备阶段需检测的项目**

| 序号 | 检测项目 | 采用规程（标准） |
|---|---|---|
| 1 | 平整度检测 | 《公路工程水泥及水泥混凝土试验规程》（JTG E 30—2005）《公路工程质量检验评定标准》（JTG F 80/1—2004） |
| 2 | 摩擦系数检测 | |
| 3 | 路面构造深度检测 | |
| 4 | 路面板厚度检测 | |
| 5 | 路面错台测试 | |
| 6 | 路面强度测定 | |

### 4.2.2　任务实施

平整度检测、摩擦系数检测、路面构造深度检测、路面板厚度检测参照任务 3.2 进行试验检测。

#### 检测项目一　路面错台测试

路面错台是路面常见的损坏形式，也是产生跳车的主要原因。

本方法适用于测定路面在人工构造物端部接头、水泥混凝土路面或桥梁的伸缩缝以及沥青混凝土裂缝两侧由于沉降所造成的错台（台阶）高度，以评价路面行车的舒适性（跳车情况），并作为计算维修工作的依据。

**【检测方法】** 尺量法。

尺量法的内容及要求见表 4-4。

**表 4-4　　　　　　　尺量法内容及要求**

| 序号 | 内容及要求 |
|---|---|
| 一、仪器准备 | |
| 1 | 皮尺 |
| 2 | 水准仪 |
| 3 | 3m 直尺 |
| 4 | 钢板尺或钢卷尺 |
| 5 | 粉笔 |
| 二、试样准备 | |
| 1 | 非经注明，错台的测定位置以行车车道错台最大处纵断面为准，根据需要也可以其他代表性纵断面为测定位置 |
| 2 | 选择需要测定的断面，记录位置及桩号，描述发生错台的原因 |
| 三、试验步骤 | |
| 1 | 构造物端部由于沉降造成的接头错台的测定步骤：<br>（1）将精密水准仪架在距构造物端部不远的路面平顺处调平。<br>（2）从构造物端部无沉降或鼓包的断面位置起，沿路线纵向用皮尺量取一定距离，作为测点，在该处立起塔尺，测量高程，再向前量取一定距离，作为测点，测量高程。如此重复，直到无明显沉降的断面为止。无特殊需要，从构造物端部起的 2m 内应每隔 0.2m 量测一次，2～5m 宜每隔 0.5m 量测一次，5m 以上可每隔 1m 量测一次，由此得出沉降纵断面及最大沉降值，即最大错台高度 $D_m$，精确至 1mm |

| 序号 | 内容及要求 |
|---|---|
| 2 | 测定由水泥混凝土路面或桥梁的伸缩缝或路面横向开裂造成的接缝错台、裂缝错台时，可按 1 条的方法用水准仪测定接缝或裂缝两侧一定范围内的道路纵断面，确定最大错台位置及高度 $D_m$，精确至 1mm |
| 3 | 当发生错台变形的范围不足 3m 时，可在错台最大位置沿路线纵向用 3m 直尺架在路面上，其一端位于错台高出的一侧，另一端位于无明显沉降变形处，作为基准线。用钢板尺或钢卷尺每隔 0.2m 量取路面与基准线之间高度 $D$，同时测记最大错台高度 $D_m$，精确至 1mm |

**四、资料整理**

以测定的错台读数 $D$ 与各测点的距离绘成纵断面图作为测定结果，图中应标明相应断面的设计纵断面高程、最大错台的位置与高度 $D_m$，精确至 0.001m

**五、报告**

测试报告应记录以下事项：

(1) 线名、测定日期、天气情况；

(2) 测定地点、桩号、路面及构造物概况；

(3) 道路交通情况及造成错台的原因初步分析；

(4) 最大错台高度 $D_m$ 及错台纵断面图

## 检测项目二　路面强度测定

在现场对水泥混凝土路面强度的快速评定方法有回弹仪测定法、超声回弹法、射钉法等几种。

(1) 回弹仪测定水泥混凝土强度的方法适用于在现场对水泥混凝土路面及其他构筑物的普通混凝土抗压强度的快速评定，所试验的水泥混凝土不得小于 100mm，温度应不低于 10℃。

回弹法试验可作为试块强度的参考，不得用于代替混凝土的强度评定，不适于作为仲裁试验或工程验收的最终依据。

(2) 超声回弹法适用于采用回弹仪、低频超声仪在现场对水泥混凝土路面按综合法进行快速检测，并利用测强曲线方程推算混凝土的抗弯强度。

超声回弹法适用于视密度为 1.9～2.5t/m³，板厚大于 100mm，龄期大于 14d，强度已达到设计抗压强度 80% 以上的水泥混凝土。

本方法不适用于下列情况的水泥混凝土：

1) 隐蔽或外露局部缺陷区；

2) 裂缝或微裂区（包括路面伸缩缝和工作缝）；

3) 路面角隅钢筋和边缘钢筋处，特别是超声波与钢筋方向相同时；

4) 距路面边缘小于 10cm 的部位。

(3) 射钉法是采用发射枪使射钉射入混凝土，以射钉外露长度代表贯入阻力，通过相关关系快速评定水泥混凝土的硬化强度。

该方法适用于抗压强度不大于 50MPa，且厚度不小于 15cm 的水泥混凝土，可用于快速评定新浇混凝土的硬化强度，以检测现场混凝土的匀质性，了解质量低劣的部位或范围；不适用于施工质量的评定验收与仲裁。目前最常用的现场检测水泥混凝土强度的方法是回弹仪法，这里只介绍回弹仪测定水泥混凝土强度的试验方法。其他方法详见 JTG E 60—2008 中规定。

**【检测方法】** 回弹仪法。

回弹仪法的内容及要求见表 4-5。

**表 4-5**　　　　　　　　　　　　　　　回弹仪法内容及要求

| 序号 | 内容及要求 |
|---|---|
| 一、仪器准备 | |
| 1 | 混凝土回弹仪：可采用指针直读式的混凝土回弹仪，也可采用数字显示式或自记录式的回弹仪。回弹仪应符合下列标准：<br>(1) 水平弹击时，在弹击时锤脱钩的瞬间，回弹仪的标称动能应为 2.207J。<br>(2) 弹击锤与弹击杆碰撞的瞬间，弹击拉簧处于自由状态，此时弹击锤起点应位于刻度尺的零点处。<br>(3) 在洛氏硬度为 HRC60±2 的钢砧上，回弹仪的率定值应为 80±2 |
| 2 | 酚酞酒精溶液：浓度为 1% |
| 3 | 手提式砂轮 |
| 4 | 钢砧 |
| 5 | 其他：卷尺、游标卡尺、凿子、锤、吸耳球等 |
| 二、回弹仪的检定与保养 | |
| 1 | 回弹仪有下列情况之一时，应送检定单位校验：<br>(1) 累计弹击次数超过 6000 次。<br>(2) 弹击拉簧座、弹击杆、缓冲压簧、中心导杆、导向法兰、弹击锤、指针轴、指针片、指针块、挂钩及调零螺丝等主要零件之一经更换。<br>(3) 弹击拉簧前端不在拉簧座原孔位或调零螺丝松动。<br>(4) 遭受严重撞击或其他损害。<br>检定合格的回弹仪应具有检定合格证，其有效期为半年 |
| 2 | 回弹仪有下列情况之一时，应在钢砧上进行率定试验：<br>(1) 进行构件测试前后，如连续数天测试，可在每天测试完毕后率定一次。<br>(2) 测定过程中对回弹值有怀疑时。<br>如率定试验结果不在规定的 80±2 范围内，应对回弹仪进行常规保养后再行率定；如再次率定仍不合格，应送检定单位检验 |
| 3 | 回弹仪率定步骤：回弹仪率定试验，宜在室温为 20℃±5℃ 的条件下进行。率定时，钢砧应稳固地平放在刚度大的混凝土地坪上，回弹仪向下弹击时，弹击杆应分 4 次旋转，每次旋转约 90°，弹击 3～5 滴，取其中最后连续 3 次且读数稳定的回弹值进行平均以作为率定值 |
| 三、测区和测点的布置 | |
| 1 | 当为水泥混凝土路面时，将一块混凝土板作为一个试样，试样的选择按规范规定的方法进行。每个试样的测区数不宜少于 10 个，相邻两测区的间距不宜大于 2m；测区宜在试样的可测表面上均匀分布，并宜避开板边板角 |
| 2 | 对其他混凝土构造物，测区应避开位于混凝土内保护层附近设置的钢筋，测区宜在试样的两个相对表面上有两个基本对称的测试面，当不能满足这一要求时，一个测区只允许有一个测试面 |
| 3 | 测区表面应清洁、干燥、平整，不应有接缝、饰面层、粉刷层、附浆、油垢以及蜂窝、麻面等，必要时可用砂轮清除表面的杂物和不平整处，磨光的表面不应有残留粉尘或碎屑 |
| 4 | 一个测区的面积宜不小于 200mm×200mm，每一测区宜测定 16 个测点，相邻两侧点的间距宜不小于 3cm，测点距路面边缘或接缝的距离应不小于 5cm |
| 5 | 对龄期超过 3 个月的硬化混凝土，应测定混凝土表层的碳化深度进行回弹值修正，也可用砂轮将碳化层打磨掉以后进行测定，但经打磨的与未经打磨的回弹值不得混在一起计算或与试块强度比较（未打磨） |
| 四、回弹值的测定 | |
| 1 | 在测试过程中，回弹仪的轴线应始终垂直于混凝土表面，具体操作应符合以下要求：将回弹仪的弹击杆顶住混凝土表面，轻压仪器，使按钮松开，弹击杆缓慢伸出，并使挂钩上弹击锤 |
| 2 | 手持回弹仪对混凝土表面缓慢均匀施压，待弹击锤脱钩，冲击弹击杆后，弹击锤即带动指针向后移动到达一定位置，指针刻度线在刻度尺上的示值即为该点的回弹值 |

| 序号 | 内容及要求 |
|---|---|
| 3 | 使用上述方法在混凝土表面依次读数并记录回弹值，如条件不利于读数，可按下按钮，锁住机芯，将回弹仪移至他处读数，精确至 1 个单位 |
| 4 | 使用完毕后应将弹击杆压入仪器内，经弹击后按下按钮锁锁住机芯，待下一次使用 |

**五、碳化深度的测定**

| | |
|---|---|
| 1 | 对龄期超过 3 个月的混凝土，回弹值测量完毕后，可在每个测区上选择一处测量混凝土的碳化深度值。当相邻测区的混凝土生产工艺条件相同，龄期基本相同时，则该测区测得的碳化深度值也可代表相邻测区的碳化深度值 |
| 2 | 测量碳化深度值时，可用合适的工具在测区表面形成直径约为 15mm 的孔洞（其深度略大于混凝土的碳化深度），然后用吸耳球吹去孔洞中的粉末和碎屑（不得用液体冲洗），并立即用浓度为 1‰酚酞酒精溶液洒在孔洞内壁的边缘处，当已碳化与未碳化界限清楚时（未碳化部分变成紫红色），用游标卡尺测量已碳化与未碳化交界面至混凝土表面的垂直距离 1~2 次，该距离即为混凝土的碳化深度值，每次测读精确至 0.5mm |

**六、计算**

| | |
|---|---|
| 1 | 对于一个测区的 16 个测点的回弹值，去掉 3 个最大值及 3 个最小值，将其余 10 个回弹值按下式计算测区平均回弹值：<br>$$\overline{N}_s = \frac{\sum N_i}{10}$$<br>式中　$\overline{N}_s$——测区平均回弹值，精确至 0.1；<br>　　　$N_i$——第 $i$ 个测点的回弹值 |

当回弹仪非水平方向测试混凝土浇筑侧面时，应根据回弹仪轴线与水平方向的角度将测得的数据按下式进行修正：

$$\overline{N} = \overline{N}_s + \Delta N$$

式中　$\overline{N}$——经非水平测定修正的测区平均回弹值；

　　　$\overline{N}_s$——回弹仪实测的测区平均回弹值；

　　　$\Delta N$——非水平方向测定的回弹值修正值，由下表查得或内插法求得，精确至 0.1。

当测定水泥混凝土路面为向下垂直方向时，测试角度为 $-90°$

**非水平方向测定的回弹值修正值**

| 测试角度<br>回弹值 | $+90°$ | $+60°$ | $+45°$ | $+30°$ | $-30°$ | $-45°$ | $-60°$ | $-90°$ |
|---|---|---|---|---|---|---|---|---|
| 20 | $-6.0$ | $-5.0$ | $-4.0$ | $-3.0$ | $+2.5$ | $+3.0$ | $+3.5$ | $+4.0$ |
| 30 | $-5.0$ | $-4.0$ | $-3.5$ | $-2.5$ | $+2.0$ | $+2.5$ | $+3.0$ | $+3.5$ |
| 40 | $-4.0$ | $-3.5$ | $-3.0$ | $-2.0$ | $+1.5$ | $+2.0$ | $+2.5$ | $+3.0$ |
| 50 | $-3.5$ | $-3.0$ | $-2.5$ | $-1.5$ | $+1.0$ | $+1.5$ | $+2.0$ | $+2.5$ |

注：表中未列入的 $\overline{N}_s$，可用内插法求得。

平均碳化深度按下式计算：

$$\overline{L} = \frac{1}{n}\sum_{i=1}^{n} L_i$$

式中　$\overline{L}$——平均碳化深度，mm；

　　　$L_i$——第 $i$ 个测点碳化深度，mm；

　　　$n$——测点数。

如平均碳化深度值 $\overline{L}$ 小于或等于 0.4mm，按无碳化处理（即平均碳化深度为 0）；如大于或等于 6.0mm，则取 6.0mm。对新浇混凝土龄期不超过 3 个月者，可视为无碳化

| 序号 | 内容及要求 |
|---|---|

混凝土强度推算：

(1) 当需要将回弹值换算为混凝土强度时，宜采用下列方法：

1) 有试验条件时，宜通过试验建立实际的测强曲线，但测强曲线仅适用于材料质量、成型、养护和龄期等条件基本相同的混凝土。混凝土标准试块尺寸为 15cm×15cm×15cm，采用 1.5、1.75、2.0、2.25、2.50 五个灰水比，以便得到不少于 30 对数据。试件与被测对象有相同的养护条件，到达龄期后，将试块用压力机加压至 30~50kN 后稳压，用回弹仪在两侧面分别测定 8 个测点，按 1 中的公式计算平均回弹值，然后进行抗压强度试验，用最小二乘法建立两者相关关系的推定式。推定式可为直线式或其他适当的形式，相关系数不得小于 0.90，然后根据测区平均回弹值利用测强曲线推定混凝土抗压强度。

2) 当无足够的试验数据或相关关系的推定式不够满意时，可按下式推算混凝土抗压强度：

$$R = 0.025\overline{N}^2$$

式中　$R$——水泥混凝土的抗压强度，MPa；

　　　$\overline{N}$——测区混凝土平均回弹值。

(2) 在没有条件通过试验建立实际的测强曲线时，每个测区混凝土的抗压强度值 $R_i$ 可按平均回弹值 $\overline{N}$ 及平均碳化深度值 $\overline{L}$ 根据下表查出：

| 平均碳化深度值 $\overline{L}$(mm) / 平均回弹值 $\overline{N}$ | 测区混凝土抗压强度值 $R_i$ | | | | | | | | | | | | |
|---|---|---|---|---|---|---|---|---|---|---|---|---|---|
| | 0 | 0.5 | 1.0 | 1.5 | 2.0 | 2.5 | 3.0 | 3.5 | 4.0 | 4.5 | 5.0 | 5.5 | 6.0 |
| 20 | 10.3 | 9.9 | | | | | | | | | | | |
| 21 | 11.4 | 10.9 | 10.5 | 10.1 | | | | | | | | | |
| 22 | 12.5 | 12.0 | 11.5 | 11.0 | 10.6 | 10.2 | 9.8 | | | | | | |
| 23 | 13.7 | 13.1 | 12.6 | 12.1 | 11.6 | 11.1 | 10.7 | 10.2 | 9.8 | | | | |
| 24 | 14.9 | 14.3 | 13.7 | 13.2 | 12.6 | 12.1 | 11.6 | 11.2 | 10.7 | 10.3 | 9.8 | | |
| 25 | 16.2 | 15.5 | 14.9 | 14.3 | 13.7 | 13.1 | 12.6 | 12.1 | 11.6 | 11.1 | 10.7 | 10.3 | 9.9 |
| 26 | 17.5 | 16.8 | 16.1 | 15.4 | 14.8 | 14.2 | 13.7 | 13.1 | 12.6 | 12.1 | 11.6 | 11.1 | 10.7 |
| 27 | 18.9 | 18.1 | 17.4 | 16.7 | 16.0 | 15.4 | 14.7 | 14.1 | 13.6 | 13.0 | 12.5 | 12.0 | 11.5 |
| 28 | 20.3 | 19.5 | 18.7 | 17.9 | 17.2 | 16.5 | 15.8 | 15.2 | 14.6 | 14.0 | 13.4 | 12.9 | 12.4 |
| 29 | 21.8 | 20.9 | 20.1 | 19.2 | 18.5 | 17.7 | 17.0 | 16.3 | 15.7 | 15.0 | 14.4 | 13.8 | 13.3 |
| 30 | 23.3 | 22.4 | 21.5 | 20.6 | 19.8 | 19.0 | 18.2 | 17.5 | 16.8 | 16.1 | 15.4 | 14.8 | 14.2 |
| 31 | 24.9 | 23.9 | 22.9 | 22.0 | 21.1 | 20.3 | 19.4 | 18.7 | 17.9 | 17.2 | 16.5 | 15.8 | 15.2 |
| 32 | 26.5 | 25.5 | 24.4 | 23.5 | 22.5 | 21.6 | 20.7 | 19.9 | 19.1 | 18.3 | 17.6 | 16.9 | 16.2 |
| 33 | 28.2 | 27.1 | 26.0 | 25.0 | 23.9 | 23.0 | 22.0 | 21.2 | 20.3 | 19.5 | 18.7 | 17.9 | 17.2 |
| 34 | 30.0 | 28.8 | 27.6 | 26.5 | 25.4 | 24.4 | 23.4 | 22.5 | 21.6 | 20.7 | 19.9 | 19.1 | 18.3 |
| 35 | 31.8 | 30.5 | 29.3 | 28.1 | 27.0 | 25.9 | 24.9 | 23.9 | 22.9 | 21.9 | 21.0 | 20.2 | 19.4 |
| 36 | 33.6 | 32.3 | 31.0 | 29.7 | 28.5 | 27.4 | 26.3 | 25.2 | 24.2 | 23.2 | 22.3 | 21.4 | 20.5 |
| 37 | 35.5 | 34.1 | 32.7 | 31.4 | 30.1 | 28.9 | 27.8 | 26.6 | 25.6 | 24.5 | 23.5 | 22.6 | 21.7 |
| 38 | 37.5 | 36.0 | 34.5 | 33.1 | 31.8 | 30.0 | 29.3 | 28.1 | 27.0 | 25.9 | 24.8 | 23.8 | 22.9 |
| 39 | 39.5 | 37.9 | 36.4 | 34.9 | 33.5 | 32.2 | 30.9 | 29.6 | 28.4 | 27.8 | 26.2 | 25.1 | 24.1 |
| 40 | 41.6 | 39.9 | 38.3 | 36.7 | 35.3 | 33.8 | 32.5 | 31.2 | 29.9 | 28.7 | 27.5 | 26.4 | 25.4 |
| 41 | 43.7 | 41.9 | 40.2 | 38.6 | 37.0 | 35.6 | 34.1 | 32.7 | 31.4 | 30.1 | 28.9 | 27.8 | 26.6 |
| 42 | 45.9 | 44.0 | 42.2 | 40.5 | 38.9 | 37.8 | 35.8 | 34.4 | 33.0 | 31.6 | 30.4 | 29.1 | 28.0 |
| 43 | 48.1 | 46.1 | 44.3 | 42.5 | 40.8 | 39.3 | 37.5 | 36.0 | 34.6 | 33.2 | 31.9 | 30.6 | 29.3 |
| 44 | | 48.3 | 46.4 | 44.5 | 42.7 | 41.1 | 39.5 | 37.9 | 36.4 | 34.9 | 33.3 | 32.0 | 30.7 |
| 45 | | | 48.5 | 46.6 | 44.7 | 42.9 | 41.1 | 39.5 | 37.9 | 36.4 | 34.9 | 33.5 | 32.1 |
| 46 | | | | 48.7 | 46.7 | 44.8 | 43.0 | 41.3 | 39.6 | 38.0 | 36.5 | 35.0 | 33.6 |
| 47 | | | | | 48.8 | 46.8 | 44.9 | 43.1 | 41.3 | 39.7 | 38.1 | 36.5 | 35.1 |
| 48 | | | | | | 48.8 | 46.8 | 44.9 | 43.1 | 41.4 | 39.7 | 38.1 | 36.6 |
| 49 | | | | | | | 48.8 | 46.9 | 45.0 | 43.1 | 41.4 | 39.7 | 38.1 |
| 50 | | | | | | | | 48.8 | 46.8 | 44.9 | 43.1 | 41.4 | 39.7 |
| 51 | | | | | | | | | 48.7 | 46.8 | 44.9 | 43.1 | 41.8 |
| 52 | | | | | | | | | | 48.6 | 46.7 | 44.8 | 43.0 |
| 53 | | | | | | | | | | | 48.5 | 46.5 | 44.6 |
| 54 | | | | | | | | | | | | 48.3 | 46.4 |
| 55 | | | | | | | | | | | | | 48.1 |

**注**　表中未列入的 $\overline{N}$ 可用内插法求得。

(3) 按规范规定的方法计算测定对象全部测区的推定混凝土抗压强度的平均值、标准差、变异系数

续表

| 序号 | 内容及要求 |
|---|---|
| 七、报告 | |

测试报告应记录以下事项：
(1) 测区混凝土平均回弹值；
(2) 测强曲线、回弹值与抗压强度的相关关系式及相关系数；
(3) 各测区的抗压强度推定结果；
(4) 推定的混凝土抗压强度平均值、标准差、变异系数

# 任务 4.3　水泥混凝土路面评定

## 一、水泥混凝土面层施工质量评定的步骤

### （一）基本要求

(1) 基层质量必须符合规定要求，并应进行弯沉测定，验算的基层整体模量应满足设计要求。

(2) 水泥强度、物理性能和化学成分应符合国家标准及有关规范的规定。

(3) 粗细集料、水、外掺剂及接缝填缝料应符合设计和施工规范要求。

(4) 施工配合比应根据现场测定水泥的实际强度进行计算，并经试验，选择采用最佳配合比。

(5) 接缝的位置、规格、尺寸及传力杆、拉力杆的设置应符合设计要求。

(6) 路面拉毛或机具压槽等抗滑措施，其构造深度应符合施工规范要求。

(7) 面层与其他构造物相接应平顺，检查井井盖顶面高程应高于周边路面 $1\sim3$mm。雨水口标高按设计比路面低 $5\sim8$mm，路面边缘无积水现象。

(8) 混凝土路面铺筑后按施工规范要求养生。

### （二）实测项目

水泥混凝土面层实测项目见表 4-6。

表 4-6　　　　　　　　　　水泥混凝土面层实测项目

| 项次 | 检查项目 | | 规定值或允许偏差 | | 检查方法和频率 | 权值 |
|---|---|---|---|---|---|---|
| | | | 高速公路、一级公路 | 其他公路 | | |
| 1△ | 弯拉强度（MPa） | | 在合格标准之内 | | 按水泥混凝土弯拉强度评定检查 | 3 |
| 2△ | 板厚度（mm） | 代表值 | $-5$ | | 按路面结构层厚度评定检查，每200m 每车道 2 处 | 3 |
| | | 合格值 | $-10$ | | | |
| 3 | 平整度 | $\sigma$（mm） | 1.2 | 2.0 | 平整度仪：全线每车道连续检测，按每 100m 计算 | 2 |
| | | IRI（m/km） | 2.0 | 3.2 | | |
| | | 最大间隙 $h$（mm） | — | 5 | 3m 直尺：半幅车道板带每 200m测 2 处×10 尺 | |

续表

| 项次 | 检查项目 | 规定值或允许偏差 | | 检查方法和频率 | 权值 |
|---|---|---|---|---|---|
| | | 高速公路、一级公路 | 其他公路 | | |
| 4 | 抗滑构造深度（mm） | 一般路段不小于0.7，且不大于1.1；特殊路段不小于0.8，且不大于1.2 | 一般路段不小于0.5，且不大于1.0；特殊路段不小于0.6，且不大于1.1 | 铺砂法：每200m测1处 | 2 |
| 5 | 相邻板高差（mm） | 2 | 3 | 抽量：每条胀缝2点，每200m抽纵、横缝各2条，每条2点 | 2 |
| 6 | 纵、横缝顺直度（mm） | 10 | | 纵缝20m拉线，每200m测4条；横缝沿板宽拉线，每200m测4条 | 1 |
| 7 | 中线平面偏位（mm） | 20 | | 经纬仪：每200m测4处 | 1 |
| 8 | 宽度（mm） | ±20 | | 抽量：每200m测4处 | 1 |
| 9 | 纵断面高程（mm） | ±10 | ±15 | 水准仪：每200m测4断面 | 1 |
| 10 | 横坡（%） | ±0.15 | ±0.25 | 水准仪：每200m测4个断面 | 1 |
| 合计 | | | | | 17 |

（三）外观鉴定

（1）混凝土板的断裂块数，高速公路和一级公路不得超过评定路段混凝土板总块数的0.2%，其他公路不得超过0.4%。不符合要求时，每超过0.1%减2分。对于断裂板应采取适当措施予以处理。

（2）混凝土板表面的脱皮、印痕、裂纹和缺边掉角等病害现象，对于高速公路和一级公路，有上述缺陷的面积不得超过受检面积的0.2%，其他公路不得超过0.3%。不符合要求时，每超过0.1%减2分。

对于连续配筋的混凝土路面和钢筋混凝土路面，因干缩、温缩产生的裂缝可不减分。

（3）路面侧石直顺、曲线圆滑，越位20mm以上者，每处减1～2分。

（4）接缝填筑饱满密实，不污染路面。不符合要求时，累计长度每100m减2分。

（5）胀缝有明显缺陷时，每条减1～2分。

**二、水泥混凝土抗压强度评定的内容**

（1）评定水泥混凝土的抗压强度，应以标准养生28d龄期的试件为准。试件为边长150mm的立方体。试件3个为1组，制取组数应符合下列规定：

1）不同强度等级及不同配合比的混凝土应在浇筑地点或拌和地点分别随机制取试件。

2）浇筑一般体积的结构物（如基础、墩台等）时，每一单元结构物应制取2组。

3）连续浇筑大体积结构时，每80～200m³或每一工作班应制取2组。

4）上部结构，主要构件长16m以下应制取1组，16～30m制取2组，31～50m制取3组，50m以上者不少于5组。小型构件每批或每工作班至少应制取2组。

5）每根钻孔桩至少应制取2组；桩长20m以上者不少于3组；桩径大、浇筑时间很长时，不少于 4 组。如换工作班时，每工作班应制取 2 组。

6）构筑物（小桥涵、挡土墙）每座、每处或每工作班制取不少于 2 组。当原材料和配合比相同，并由同一拌和站拌制时，可几座或几处合并制取 2 组。

7）应根据施工需要，另制取几组与结构物同条件养生的试件，作为拆模、吊装、张拉预应力、承受荷载等施工阶段的强度依据。

（2）水泥混凝土抗压强度的合格标准。

1）试件≥10 组时，应以数理统计方法按下述条件评定：

$$R_n - K_1 S_n \geqslant 0.9R$$

$$R_{min} \geqslant K_2 R$$

$$S_n = \sqrt{\frac{\sum R_i^2 - nR_n^2}{n-1}}$$

式中    $n$——同批混凝土试件组数；

$R_n$——同批 $n$ 组试件强度的平均值，MPa；

$S_n$——同批 $n$ 组试件强度的标准差，MPa，当 $S_n < 0.06R$ 时，取 $S_n = 0.06R$；

$R$——混凝土设计强度等级，MPa；

$R_i$——第 $i$ 组混凝土的抗压强度，MPa；

$R_{min}$——$n$ 组试件中强度最低一组的值，MPa；

$K_1$、$K_2$——合格判定系数，见表 4-7。

表 4-7    $K_1$、$K_2$ 的值

| $n$ | 10～14 | 15～24 | ≥25 |
|---|---|---|---|
| $K_1$ | 1.70 | 1.65 | 1.60 |
| $K_2$ | 0.9 | 0.85 | |

2）试件少于 10 组时，可用非统计方法按下述条件进行评定：

$$R_n \geqslant 1.15R$$

$$R_{min} \geqslant 0.95R$$

（3）实测项目中，水泥混凝土抗压强度评为不合格时相应分项工程为不合格。

### 三、 水泥混凝土弯拉强度评定的内容

（1）混凝土弯拉强度试验方法应使用标准小梁法或钻芯劈裂法，试件使用标准方法制作，标准养生时间为 28d，高速公路和一级公路每工作班制作 2～4 组，日进度大于或等于 1000m 取 4 组，大于或等于 500m 取 3 组，小于 500m 取 2 组；其他公路每工作班制作 1～3 组，日进度大于或等于 1000m 取 3 组，大于或等于 500m 取 2 组，小于 500m 取 1 组。每组 3 个试件的平均值作为一个统计数据。

（2）混凝土弯拉强度的合格标准。

1）试件组数大于 10 组时，平均弯拉强度合格判断式为：

$$f_{cs} \geqslant f_r + K\sigma$$

式中    $f_{cs}$——混凝土合格判定平均弯拉强度，MPa；

$f_r$——设计弯拉强度标准值，MPa；

　　　$K$ ——合格判定系数，见表 4-8；

　　　$\sigma$ ——强度标准差。

表 4-8　　　　　　　　　　　　　　　　　　　　$K$ 的值

| 试件组数 $n$ | 11~14 | 15~19 | ≥20 |
|---|---|---|---|
| 合格判定系数 $K$ | 0.75 | 0.70 | 0.65 |

　　当试件组数为 11~19 组时，允许有一组最小弯拉强度小于 $0.85f_r$，但不得小于 $0.80f_r$。当试件组数大于 20 组时，其他公路允许有一组最小弯拉强度小于 $0.85f_r$，但不得小于 $0.75f_r$；高速公路和一级公路均不得小于 $0.85f_r$。

　　2）试件组数等于或少于 10 组时，试件平均强度不得小于 $1.10f_r$，任一组强度均不得小于 $0.85f_r$。

　　（3）当标准小梁合格判定平均弯拉强度 $f_{cs}$ 和最小弯拉强度 $f_{min}$ 中有一个不符合上述要求时，应在不合格路段每公里每车道钻取 3 个以上直径 150mm 的芯样，实测劈裂强度，通过各自工程的经验统计公式换算弯拉强度，其合格判定平均弯拉强度 $f_{cs}$ 和最小值 $f_{min}$ 必须合格，否则应返工重铺。

　　（4）实测项目中，水泥混凝土弯拉强度评为不合格时相应分项工程评为不合格。

# 小　　结

　　水泥混凝土路面的强度控制指标主要是弯拉强度和劈裂强度，由于弯拉强度试验方法比较复杂，不适宜推广，现多用劈裂强度试验来代替。检验时从混凝土面板中用钻孔取样圆柱形试件进行劈裂试验，按已建立的关系式，由劈裂强度推算面板混凝土的抗折强度，检验其是否符合规范的要求。

　　本学习情境重点讲述了水泥混凝土路面面层材料的检测方法，此外结合水泥混凝土路面对我国路面性状评价指标体系进行了阐述。

　　通过学习，使学生掌握水泥混凝土路面面层材料的常规试验及检测方法，以及水泥混凝土路面的质量评定方法。

# 习　　题

　　1. 水泥混凝土抗压、抗折强度试验结果如何处理？

　　2. 水泥混凝土钻取试样后，对芯样要进行哪些方面的检测，如何检测？

　　3. 简述水泥混凝土抗压、抗折强度试验的目的、仪器、实验步骤。

　　4. 水泥混凝土路面面层材料的检测项有哪些？

　　5. 水泥混凝土路面检测列入前三项的重要质量指标有哪些？

　　6. 简述路面错台测试的目的及步骤。

# 参 考 文 献

［1］黄晓明. 公路工程检测手册. 北京：人民交通出版社，2004.

［2］张超，等. 公路工程试验检测技术培训教材　路基路面试验检测技术. 北京：人民交通出版社，2004.

［3］徐培华，陈忠达. 路基路面试验检测技术. 北京：人民交通出版社，2000.

［4］邓学均，等. 刚性路面设计. 北京：人民交通出版社，1992.

［5］赵卫平. 路基路面检测技术. 北京：人民交通出版社，2006.

［6］杨晓丰，李云峰. 路基路面检测技术. 北京：人民交通出版社，2006.

［7］王加弟，朱芳芳. 路基路面工程检测技术. 北京：人民交通出版社，2010.

［8］饶鸿雁. 数理统计在道路工程中的应用. 北京：人民交通出版社，1983.

［9］茅梅芬. 路基路面工程质量检测. 南京：东南大学出版社，1998.

［10］李宇峙，邵腊康. 路基路面工程检测技术. 北京：人民交通出版社，2003.

［11］杨文渊，钱绍武. 公路工程质检工程师手册——路基、路面工程分册. 北京：人民交通出版社，2005.

［12］洪航康. 土质学与土力学. 2 版. 北京：人民交通出版社，1990.

［13］邓学钧，等. 路面设计原理与方法. 北京：人民交通出版社，2001.

［14］郭秀芹，李鹏. 公路路基路面现场测试. 北京：人民交通出版社，2005.

［15］严家伋. 道路建筑材料. 3 版. 北京：人民交通出版社，1996.

# 使　用　说　明

　　为了提高高等职业技术教育的教学质量，满足培养高级技能型人才的需要，使道路桥梁工程技术（道桥工程检测技术）专业的同学更好地掌握"路基路面检测技术"课程的试验技能，以及对试验检测结果进行整理分析，根据课程教学内容的需要和课程教学大纲的要求，按教学进度将各单元试验及报告格式汇编成册，以便于开展学生技能实训和教学资料积累。

　　本报告册是结合我校理实一体化教学的实际情况，与"路基路面检测技术"教程相配套的试验报告，是学生学习"路基路面检测技术"课程的原始记录和学习成果的提交。

# 目　　录

# 学习情境 1　路基工程检测与评定

## 任务 1.1　施工准备阶段的检测

**实训项目一**　土的密度试验（环刀法）

| | |
|---|---|
| 土的密度定义 | |
| 目的与适用范围 | |
| 主要试验仪具 | |
| 试验操作步骤 | |
| 测定结果精度要求 | |

# 土的密度试验记录表（环刀法）

工程名称＿＿＿＿＿＿＿＿＿＿＿＿＿　　　试验者＿＿＿＿＿＿＿＿＿＿＿＿＿

土样说明＿＿＿＿＿＿＿＿＿＿＿＿＿　　　计算者＿＿＿＿＿＿＿＿＿＿＿＿＿

试验日期＿＿＿＿＿＿＿＿＿＿＿＿＿　　　校核者＿＿＿＿＿＿＿＿＿＿＿＿＿

| 土样编号 | 1 | | 2 | |
|---|---|---|---|---|
| 环刀号 | | | | |
| 环刀容积（g/cm³） | | | | |
| 环刀质量（g） | | | | |
| 土＋环刀质量（g） | | | | |
| 土样质量（g） | | | | |
| 湿密度（g/cm³） | | | | |
| 含水率（％） | | | | |
| 干密度（g/cm³） | | | | |
| 平均干密度（g/cm³） | | | | |

| | |
|---|---|
| 土的比重定义 | |
| 目的与适用范围 | |
| 主要试验仪具 | |
| 试验操作步骤 | |
| 测定结果精度要求 | |

# 比重试验记录表（比重瓶法）

工程名称＿＿＿＿＿＿＿＿＿＿＿＿＿　　试验者＿＿＿＿＿＿＿＿＿＿＿＿

土样说明＿＿＿＿＿＿＿＿＿＿＿＿＿　　计算者＿＿＿＿＿＿＿＿＿＿＿＿

试验日期＿＿＿＿＿＿＿＿＿＿＿＿＿　　校核者＿＿＿＿＿＿＿＿＿＿＿＿

| 试验编号 | 1 | | 2 | |
|---|---|---|---|---|
| 比重瓶号 | | | | |
| 温度（℃） | | | | |
| 液体比重 | | | | |
| 比重瓶质量（g） | | | | |
| 瓶＋干土总质量（g） | | | | |
| 干土质量（g） | | | | |
| 瓶＋液体总质量（g） | | | | |
| 瓶＋液体＋土总质量（g） | | | | |
| 与干土同体积的液体质量（g） | | | | |
| 比重 | | | | |
| 平均比重值 | | | | |
| 备注 | | | | |

4

| 颗粒分析定义 | |
|---|---|
| 目的与适用范围 | |
| 主要试验仪具 | |
| 试验操作步骤 | |
| 测定结果精度要求 | |

## 土的颗粒分析试验记录表（筛分法）

工程名称＿＿＿＿＿＿＿＿＿＿＿＿＿＿＿＿＿ 试验者＿＿＿＿＿＿＿＿＿＿＿＿＿＿＿＿＿

土样说明＿＿＿＿＿＿＿＿＿＿＿＿＿＿＿＿＿ 计算者＿＿＿＿＿＿＿＿＿＿＿＿＿＿＿＿＿

试验日期＿＿＿＿＿＿＿＿＿＿＿＿＿＿＿＿＿ 校核者＿＿＿＿＿＿＿＿＿＿＿＿＿＿＿＿＿

筛前总土质量： 　　　　　　　　　　　　　　　小于 2mm 取试样质量：

小于 2mm 土质量： 　　　　　　　　　　　　　小于 2mm 土占总土质量：

| 粗筛分析 | | | | 细筛分析 | | | | |
|---|---|---|---|---|---|---|---|---|
| 孔径（mm） | 累积留筛土质量（g） | 小于该孔径的土质量（g） | 小于该孔径的土质量百分比（%） | 孔径（mm） | 累积留筛土质量（g） | 小于该孔径的土质量（g） | 小于该孔径的土质量百分比（%） | 占总土质量百分比（%） |
| 60 | | | | 2.0 | | | | |
| 40 | | | | 1.0 | | | | |
| 20 | | | | 0.5 | | | | |
| 10 | | | | 0.25 | | | | |
| 5 | | | | 0.075 | | | | |
| 2 | | | | | | | | |

曲线图

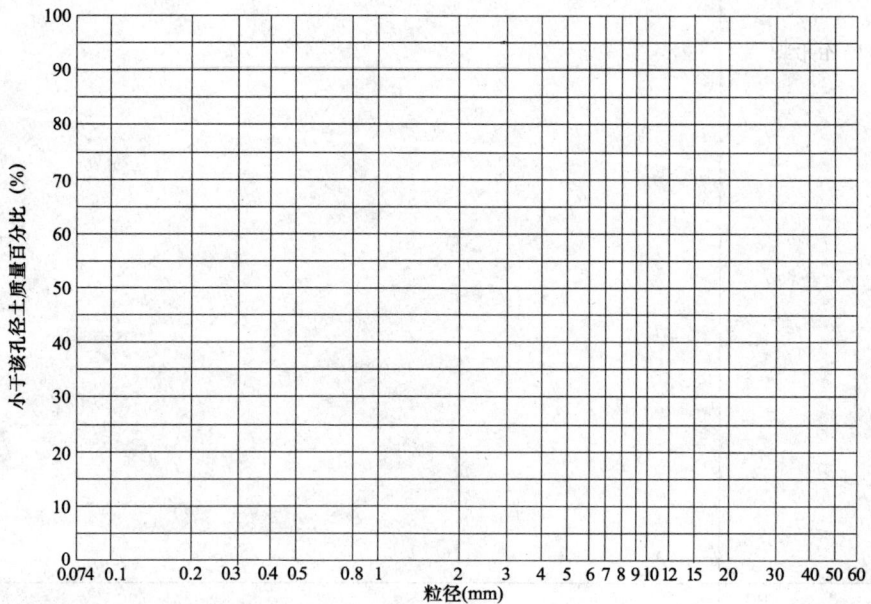

小于该孔径土质量百分比 (%)

粒径(mm)

| 定义 | 界限含水率 | |
|---|---|---|
| | 液限 | |
| | 塑限 | |
| 目的与适用范围 | | |
| 主要试验仪具 | | |
| 试验操作步骤 | | |
| 测定结果精度要求 | | |

# 液限和塑限联合试验记录表

工程名称＿＿＿＿＿＿＿＿＿＿＿＿＿＿＿　　试验者＿＿＿＿＿＿＿＿＿＿＿＿＿＿＿＿＿

土样编号＿＿＿＿＿＿＿＿＿＿＿＿＿＿＿　　计算者＿＿＿＿＿＿＿＿＿＿＿＿＿＿＿＿＿

取土深度＿＿＿＿＿＿＿＿＿＿＿＿＿＿＿　　校核者＿＿＿＿＿＿＿＿＿＿＿＿＿＿＿＿＿

土样说明＿＿＿＿＿＿＿＿＿＿＿＿＿＿＿　　试验日期＿＿＿＿＿＿＿＿＿＿＿＿＿＿＿＿

| 试验项目 ＼ 试验次数 | | 1 | 2 | 3 | |
|---|---|---|---|---|---|
| 入土深度（mm） | $h_1$ | | | | |
| | $h_2$ | | | | |
| | $(h_1+h_2)\div2$ | | | | |
| 含水率 | 盒号 | | | | |
| | 盒质量（g） | | | | |
| | 盒＋湿土质量（g） | | | | |
| | 盒＋干土质量（g） | | | | |
| | 水分质量（g） | | | | |
| | 干土质量（g） | | | | 液限 $W_L＝$ |
| | 含水率（％） | | | | 塑限 $W_p＝$ |
| | 平均含水率（％） | | | | 塑限指数 $I_p＝$ |
| 曲线图 | | | | | |

纵坐标：锥入深度 $h$（mm）　横坐标：含水量 $\omega$（%）

8

试验过程演算用纸：

**实训项目五　击实试验**

| 定义 | 击实试验 | |
| --- | --- | --- |
| | 最佳含水率 | |
| | 最大干密度 | |
| 目的与适用范围 | | |
| 主要试验仪具 | | |
| 试验操作步骤 | | |
| 测定结果精度要求 | | |

10

## 击实试验记录表

试验者＿＿＿＿＿＿＿ 计算者＿＿＿＿＿＿＿ 校核者＿＿＿＿＿＿＿ 试验日期＿＿＿＿＿＿＿

| | 土样编号 | | | | | 土样来源 | | | | |
|---|---|---|---|---|---|---|---|---|---|---|
| | 大4.75mm颗粒含量 | | | 筒号 | | | | 筒容积（cm³） | | |
| | 击锤质量（kg） | | | 落距（cm） | | | | 每层击数（次） | | |
| 干密度 | 试验次数 | | | | | | | | | |
| | 筒＋土质量（g） | | | | | | | | | |
| | 筒质量（g） | | | | | | | | | |
| | 湿土质量（g） | | | | | | | | | |
| | 湿密度（g/cm³） | | | | | | | | | |
| | 干密度（g/cm³） | | | | | | | | | |
| 含水率 | 盒号 | | | | | | | | | |
| | 盒＋湿土质量（g） | | | | | | | | | |
| | 盒＋干土质量（g） | | | | | | | | | |
| | 盒质量（g） | | | | | | | | | |
| | 干土质量（g） | | | | | | | | | |
| | 水质量（g） | | | | | | | | | |
| | 含水率（％） | | | | | | | | | |
| | 平均含水率（％） | | | | | | | | | |
| | 最佳含水率（％） | | | | | 最大干密度（g/cm³） | | | | |
| 曲线图 | | | | | | | | | | |

干密度(g/cm³)

含水率(%)

## 实训项目六　　室内承载比（CBR）试验

| | | |
|---|---|---|
| *CBR* 的定义 | | |
| 目的与<br>适用范围 | | |
| 主要试<br>验仪具 | | |
| 试验操作步骤 | 一、制备<br>试件 | |

| 试验操作步骤 | 二、测膨胀量 | |
| --- | --- | --- |
| | 三、贯入试验 | |
| 测定结果精度要求 | | |

## 室内承载比（*CBR*）试验记录表

工程名称＿＿＿＿＿＿＿＿＿＿＿＿　　　　试验者＿＿＿＿＿＿＿＿＿＿＿＿＿

土样说明＿＿＿＿＿＿＿＿＿＿＿＿　　　　计算者＿＿＿＿＿＿＿＿＿＿＿＿＿

试验日期＿＿＿＿＿＿＿＿＿＿＿＿　　　　校核者＿＿＿＿＿＿＿＿＿＿＿＿＿

| 土样编号 | | | 测力环系数 | | | |
|---|---|---|---|---|---|---|
| 最大干密度 | | | 贯入杆面积 | | | |
| 最佳含水率 | | | $L=2.5$mm 时，$p=$ | | kPa | $CBR=$ |
| 每层击实次数 | | | $L=5.0$mm 时，$p=$ | | kPa | $CBR=$ |

| 荷载测力计百分表 | | 压力 (kPa) | 贯入量百分表（0.01mm） | | | | | 贯入量 (mm) |
|---|---|---|---|---|---|---|---|---|
| 读数 (0.01mm) | 变形值 (0.01mm) | | 左表 | | 右表 | | 平均值 | |
| | | | 读数 | 位移值 | 读数 | 位移值 | | |
| | | | | | | | | |
| | | | | | | | | |
| | | | | | | | | |
| | | | | | | | | |
| | | | | | | | | |
| | | | | | | | | |
| | | | | | | | | |
| | | | | | | | | |
| | | | | | | | | |
| | | | | | | | | |

曲线图

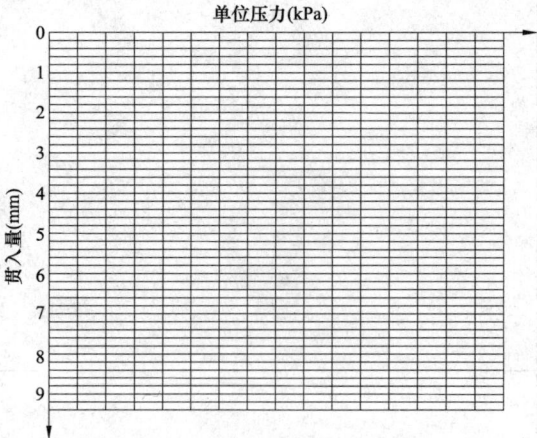

14

## 膨胀量试验记录表

| 试验次数 | 项目 | 计算表达式 | 1 | 2 | 3 |
|---|---|---|---|---|---|
| 膨胀量 筒号 | (1) | | | | |
| 膨胀量 泡水前原试件高度（mm） | (2) | | | | |
| 膨胀量 泡水后试件高度（mm） | (3) | | | | |
| 膨胀量 膨胀量（%） | (4) | $\dfrac{(3)-(2)}{(2)}\times100\%$ | | | |
| 膨胀量 膨胀量平均值（%） | | | | | |
| 密度 筒质量 $m_1$（g） | (5) | | | | |
| 密度 筒＋试件质量 $m_2$（g） | (6) | | | | |
| 密度 筒体积 $V$（cm³） | (7) | | | | |
| 密度 湿密度 $\rho$（g/cm³） | (8) | $\dfrac{(6)-(5)}{(7)}$ | | | |
| 密度 含水率 $\omega$（%） | (9) | | | | |
| 密度 干密度 $\rho_d$（g/cm³） | (10) | $\dfrac{(8)}{1+0.01\omega}$ | | | |
| 密度 干密度平均值（g/cm³） | | | | | |
| 吸水量 泡水后筒＋试件合质量（g） | (11) | | | | |
| 吸水量 吸水量 $w_a$（g） | (12) | | | | |
| 吸水量 吸水量平均值（g） | | | | | |

# 任务 1.2 施工阶段的检测

**实训项目一**　　压实度试验（灌砂法）

| | | |
|---|---|---|
| 压实度的定义 | | |
| 目的与适用范围 | | |
| 主要试验仪具 | | |
| 试验操作步骤 | （一）锥体砂质量标定 | |

| 试验操作步骤 | （二）标定罐体积的标定 | |
| --- | --- | --- |
| | （三）标准砂密度的测定 | |

| 试验操作步骤 | （四）压实度试验 | |
| --- | --- | --- |
| | 测定结果精度要求 | |

# 灌砂法标定试验记录表

| 锥体砂质量的标定 | | | |
|---|---|---|---|
| 试验次数 | 满筒时砂的质量（g） | 圆锥体中砂的质量（g） | 锥体砂质量标定值（g） |
| 1 | | | |
| 2 | | | |
| 3 | | | |

| 标定罐体积的标定 | | | | |
|---|---|---|---|---|
| 试验次数 | 标定罐与水的合计质量（g） | | 标定罐质量（g） | 标定罐体积（cm³） |
| | 实测值 | 平均值 | | |
| 1 | | | | |
| 2 | | | | |
| 3 | | | | |
| 4 | | | | |
| 5 | | | | |
| 6 | | | | |

| 标准砂密度测定 | | | | | | |
|---|---|---|---|---|---|---|
| 试验编号 | 筒内砂的总质量（g） | | 锥体砂质量标定值（g） | 标定罐内砂质量（g） | | 标准砂的密度（g/cm³） |
| | 灌砂前 | 灌砂后 | | 实测值 | 平均值 | |
| 1 | | | | | | |
| 2 | | | | | | |
| 3 | | | | | | |

# 压实度（灌砂法）试验记录表

工程名称_____　　土样说明_____　　试验日期_____
试验者_____　　计算者_____　　校核者_____

| | 桩号 | | | | | | | |
|---|---|---|---|---|---|---|---|---|
| | 试点位置 | | | | | | | |
| | 试坑深度（mm） | | | | | | | |
| 湿密度 | 灌砂筒＋原有砂重（g） | (1) | | | | | | |
| | 圆锥体内砂重（g） | (2) | | | | | | |
| | 粗糙面耗砂重（g） | (3) | | | | | | |
| | 灌砂筒＋剩余量砂重（g） | (4) | | | | | | |
| | 试坑内耗砂重（g） | (5) | (5)＝(1)－<br>(2)－(3)－(4) | | | | | |
| | 量砂密度（g/cm³） | (6) | | | | | | |
| | 试坑容积（cm³） | (7) | (7)＝(5)÷(6) | | | | | |
| | 湿试样质量（g） | (8) | | | | | | |
| | 试样湿密度（g/cm³） | (9) | (9)＝(8)÷(7) | | | | | |
| 含水率 | 盒号 | (10) | | | | | | |
| | 盒重（g） | (11) | | | | | | |
| | 盒＋湿土重（g） | (12) | | | | | | |
| | 盒＋干土重（g） | (13) | | | | | | |
| | 水质量（g） | (14) | (14)＝(12)－(13) | | | | | |
| | 干土质量（g） | (15) | (15)＝(13)－(11) | | | | | |
| | 试样含水率（%） | (16) | (16)＝(14)÷(15) | | | | | |
| | 平均含水率（%） | (17) | | | | | | |
| 压实度 | 试样干密度（g/cm³） | (18) | | | | | | |
| | 最大干密度（g/cm³） | (19) | | | | | | |
| | 压实度（%） | (20) | (20)＝(18)÷(19) | | | | | |

**实训项目二** **土基现场 *CBR* 值测试**

| | |
|---|---|
| 现场 *CBR* 的定义 | |
| 目的与适用范围 | |
| 主要试验仪具 | |
| 试验操作步骤 | |
| 测定结果精度要求 | |

# 土基现场 CBR 值测试记录表

工程名称＿＿＿＿＿＿＿＿＿＿＿＿＿＿＿＿　　　试验者＿＿＿＿＿＿＿＿＿＿＿＿＿＿＿＿

土样说明＿＿＿＿＿＿＿＿＿＿＿＿＿＿＿＿　　　计算者＿＿＿＿＿＿＿＿＿＿＿＿＿＿＿＿

试验日期＿＿＿＿＿＿＿＿＿＿＿＿＿＿＿＿　　　校核者＿＿＿＿＿＿＿＿＿＿＿＿＿＿＿＿

| 路线编号 | | 测定层位 | |
|---|---|---|---|
| 路面结构 | | 承载板直径（mm） | |

| | 预定贯入量 $L$（mm） | 贯入量百分表读数（0.01mm） | | | 测力计读数 | 压强（MPa） |
|---|---|---|---|---|---|---|
| 加载记录 | 0 | 1 | 2 | 平均 | | |
| | 0.5 | | | | | |
| | 1.0 | | | | | |
| | 1.5 | | | | | |
| | 2.0 | | | | | |
| | 2.5 | | | | | |
| | 3.0 | | | | | |
| | 4.0 | | | | | |
| | 5.0 | | | | | |

| 现场 $CBR$ 计算 | 贯入断面面积：　　　　　　　　　　　　cm$^2$<br>相当于贯入量 2.5mm 时的荷载压强：标准压强＝7.00MPa　$CBR_{2.5}$＝　　　　　　（％）<br>相当于贯入量 5.0mm 时的荷载压强：标准压强＝10.5MPa　$CBR_{5.0}$＝　　　　　　（％）<br>试验结果：现场 $CBR$＝　　　　　（％） |
|---|---|

| | 编号 | 湿土质量（g） | 干土质量（g） | 水质量（g） | 含水率（％） | 平均含水率（％） |
|---|---|---|---|---|---|---|
| 含水率 | 1 | | | | | |
| | 2 | | | | | |

| | 编号 | 试样湿质量（g） | 试样干质量（g） | 体积（cm$^3$） | 干密度（g/cm$^3$） | 平均干密度（g/cm$^3$） |
|---|---|---|---|---|---|---|
| 密度 | 1 | | | | | |
| | 2 | | | | | |

# 任务1.3 路基工程的评定

**实训项目** 土方路基的评定

项目名称＿＿＿＿＿＿＿＿＿＿＿＿＿＿ 施工单位＿＿＿＿＿＿＿＿＿＿＿＿＿＿＿＿

监理单位＿＿＿＿＿＿＿＿＿＿＿＿＿＿ 工程合同段＿＿＿＿＿＿＿＿＿＿＿＿＿＿

分项工程名称＿＿＿＿＿＿＿＿＿＿＿ 工程部位＿＿＿＿＿＿＿＿＿＿＿＿＿＿＿

项目表1-10

| 项次 | 检查项目 | | | 实测值或<br>实测偏差值 | 平均值<br>代表值 | 合格率<br>（％） | 得分 |
|---|---|---|---|---|---|---|---|
| 1△ | 压实度（％） | 零填及挖方（m） | 0～0.30 | | | | |
| | | | 0.30～0.80 | | | | |
| | | 填方（m） | 0～0.80 | | | | |
| | | | 0.80～1.50 | | | | |
| | | | ＞1.50 | | | | |
| 2△ | 弯沉（0.01mm） | | | | | | |
| 3 | 纵断面高程（mm） | | | | | | |
| 4 | 中线偏位（mm） | | | | | | |
| 5 | 宽度（mm） | | | | | | |
| 6 | 平整度（mm） | | | | | | |
| 7 | 横坡（％） | | | | | | |
| 8 | 边坡坡度 | | | | | | |
| 9 | （子）分项工程得分 | | | | | | |
| 10 | 外观鉴定 | 检查结果 | | | 减分 | 监理意见 | |
| 11 | 质量保证资料 | | | | | | |
| 12 | （子）分项工程评分值 | | | | | | |
| 13 | 质量等级 | | | | | | |

**注** 表中△为关键项目。

23

# 学习情境 2　路面基层、底基层检测与评定

## 任务 2.1　施工准备阶段的检测

**实训项目一**　石灰有效氧化钙和氧化镁测定（简易法）

| | |
|---|---|
| 石灰钙镁含量的定义 | |
| 目的与适用范围 | |
| 主要试验仪具 | |
| 试验操作步骤 | |
| 测定结果精度要求 | |

### 石灰有效氧化钙和氧化镁测定记录表

工程名称＿＿＿＿＿＿＿＿＿＿＿＿＿＿＿　　　试验方法＿＿＿＿＿＿＿＿＿＿＿＿＿＿＿

路段范围＿＿＿＿＿＿＿＿＿＿＿＿＿＿＿　　　试验者＿＿＿＿＿＿＿＿＿＿＿＿＿＿＿＿

石灰来源＿＿＿＿＿＿＿＿＿＿＿＿＿＿＿　　　校核者＿＿＿＿＿＿＿＿＿＿＿＿＿＿＿＿

试样编号＿＿＿＿＿＿＿＿＿＿＿＿＿＿＿　　　试验日期＿＿＿＿＿＿＿＿＿＿＿＿＿＿＿

### 盐酸标准溶液的摩尔浓度滴定

| 碳酸钠质量（g） | 滴定管中盐酸标准溶液体积 | | 盐酸标准溶液消耗量（mL） | 摩尔浓度 $N$（mol/L） | 石灰钙镁含量 $X$（%） |
|---|---|---|---|---|---|
| | $V_1$（mL） | $V_2$（mL） | | | |
| | | | | | |
| | | | | | |

### 石灰的钙镁含量滴定

| 试验编号 | 石灰质量（g） | 滴定管中盐酸标准溶液体积 | | 盐酸标准溶液消耗量 $V_5$（mL） | 石灰钙镁含量 $X$（%） |
|---|---|---|---|---|---|
| | | $V_3$（mL） | $V_4$（mL） | | |
| 1 | | | | | |
| 2 | | | | | |

**实训项目二**     **无机结合料稳定材料的击实试验**

| | | |
|---|---|---|
| 定义 | 击实试验 | |
| | 最佳含水率 | |
| | 最大干密度 | |
| 目的与适用范围 | | |
| 主要试验仪具 | | |
| 试验操作步骤 | | |
| 测定结果精度要求 | | |

## 无机结合料稳定材料的击实试验记录表

工程名称＿＿＿＿＿＿＿＿＿＿＿＿＿＿＿＿　　　　试验者＿＿＿＿＿＿＿＿＿＿＿＿＿＿＿＿＿

混合料种类＿＿＿＿＿＿＿＿＿＿＿＿＿＿＿　　　　计算者＿＿＿＿＿＿＿＿＿＿＿＿＿＿＿＿＿

试验日期＿＿＿＿＿＿＿＿＿＿＿＿＿＿＿＿　　　　校核者

| 结合料剂量 | | | | 集料含水率 | | | |
|---|---|---|---|---|---|---|---|
| 干密度 | 试验序号 | | | | | | |
| | 加水量（g） | | | | | | |
| | 筒＋湿试样质量（g） | | | | | | |
| | 筒的质量（g） | | | | | | |
| | 湿试样质量（g） | | | | | | |
| | 湿密度（g/cm³） | | | | | | |
| | 干密度（g/cm³） | | | | | | |
| 含水率 | 盒号 | | | | | | |
| | 盒＋湿试样质量（g） | | | | | | |
| | 盒＋试样质量（g） | | | | | | |
| | 盒质量（g） | | | | | | |
| | 干试样质量（g） | | | | | | |
| | 水的质量（g） | | | | | | |
| | 含水率（％） | | | | | | |
| | 平均含水率（％） | | | | | | |
| 最佳含水率 | | | | 最大干密度 | | | |
| 曲线图 | | | | | | | |

干密度(g/cm³)

含水率(%)

27

**实训项目三**　　**无机结合料稳定材料的无侧限抗压强度测定**

| 无侧限抗压强度的定义 | |
|---|---|
| 目的与适用范围 | |
| 主要试验仪具 | |
| 试验操作步骤 | （一）制备试件 |

28

| 试验操作步骤 | （二）抗压试验 | |
| --- | --- | --- |
| 测定结果精度要求 | | |

## 无机结合料稳定材料的无侧限抗压强度测定记录表

工程名称＿＿＿＿＿＿＿＿＿＿＿＿＿＿＿　　试验者＿＿＿＿＿＿＿＿＿＿＿＿＿＿＿

路段范围＿＿＿＿＿＿＿＿＿＿＿＿＿＿＿　　校核者＿＿＿＿＿＿＿＿＿＿＿＿＿＿＿

| 混合料名称 | | | 结合料剂量<br>（%） | | | 制件日期 | | | | | | |
| --- | --- | --- | --- | --- | --- | --- | --- | --- | --- | --- | --- | --- |
| 试件尺寸<br>（mm） | | | 试件压实度<br>（%） | | | 试验日期 | | | | | | |
| 最大干密度<br>（g/cm³） | | | 最佳含水率<br>（%） | | | 加载速率<br>（mm/min） | | | | | | |
| 试件编号 | 1 | 2 | 3 | 4 | 5 | 6 | 7 | 8 | 9 | 10 | 11 | 12 | 13 |
| 制件日期 | | | | | | | | | | | | | |
| 养生前试件质量<br>（g） | | | | | | | | | | | | | |
| 浸水前试件质量<br>（g） | | | | | | | | | | | | | |
| 浸水后试件质量<br>（g） | | | | | | | | | | | | | |
| 养生期间质量损失<br>（g） | | | | | | | | | | | | | |
| 吸水量<br>（%） | | | | | | | | | | | | | |
| 养生前试件高<br>（cm） | | | | | | | | | | | | | |
| 浸水后试件高<br>（cm） | | | | | | | | | | | | | |
| 试件最大压力<br>（N） | | | | | | | | | | | | | |
| 无侧限抗压强度<br>（MPa） | | | | | | | | | | | | | |
| 平均值<br>（MPa） | | | 变异系数<br>（%） | | | 代表值<br>（MPa） | | | | | | |

无机结合料稳定材料的配合比设计用纸：

无机结合料稳定材料的配合比设计用纸：

# 任务 2.2 施工阶段的检测

水泥或石灰稳定材料中水泥或石灰剂量测定（EDTA 滴定法）

| 水泥（石灰）剂量的定义 | |
|---|---|
| 目的与适用范围 | |
| 主要试验仪具 | |
| 试验操作步骤 | |
| 测定结果精度要求 | |

## 水泥或石灰稳定材料中水泥或石灰剂量测定记录表

工程名称＿＿＿＿＿＿＿＿＿＿＿＿＿　　试验方法＿＿＿＿＿＿＿＿＿＿＿＿＿

结构层名称＿＿＿＿＿＿＿＿＿＿＿　　试验者＿＿＿＿＿＿＿＿＿＿＿＿＿＿

稳定剂种类＿＿＿＿＿＿＿＿＿＿＿　　计算者＿＿＿＿＿＿＿＿＿＿＿＿＿＿

试验日期＿＿＿＿＿＿＿＿＿＿＿＿＿　　校核者＿＿＿＿＿＿＿＿＿＿＿＿＿＿

### 标准曲线制定

| 平行试样 | 1 | | | 2 | | | 平均 EDTA 二钠标准溶液消耗量（mL） |
|---|---|---|---|---|---|---|---|
| 剂量 | $V_1$（mL） | $V_2$（mL） | EDTA 二钠标准溶液消耗量（mL） | $V_1$（mL） | $V_2$（mL） | EDTA 二钠标准溶液消耗量（mL） | |
| | | | | | | | |
| | | | | | | | |
| | | | | | | | |
| | | | | | | | |
| | | | | | | | |
| 标准曲线公式 | | | | | | | |

| 试验编号 | $V_1$（mL） | $V_2$（mL） | EDTA 二钠标准溶液消耗量（mL） | 平均 EDTA 二钠标准溶液消耗量（mL） | 结合料剂量（％） |
|---|---|---|---|---|---|
| 1 | | | | | |
| 2 | | | | | |

# 任务 2.3　基层、底基层的评定

　　水泥稳定土基层的评定

工程名称＿＿＿＿＿＿＿＿＿＿＿＿＿　　施工单位＿＿＿＿＿＿＿＿＿＿＿＿＿＿

监理单位＿＿＿＿＿＿＿＿＿＿＿＿＿　　工程合同段＿＿＿＿＿＿＿＿＿＿＿＿

分项工程名称＿＿＿＿＿＿＿＿＿＿＿　　工程部位＿＿＿＿＿＿＿＿＿＿＿＿＿＿

| 项次 | 检查项目 | 实测值或实测偏差值 | 平均值或代表值 | 合格率（％） | 得分 |
|---|---|---|---|---|---|
| 1△ | 压实度（％） | | | | |
| 2 | 平整度（mm） | | | | |
| 3 | 纵断面高程（mm） | | | | |
| 4 | 宽度（mm） | | | | |
| 5△ | 厚度（mm） | | | | |
| 6 | 横坡（％） | | | | |
| 7△ | 强度（MPa） | | | | |
| 8 | （子）分项工程得分 | | | | |
| 9 | 外观鉴定 | 检查结果 | 减分 | 监理意见 | |
| 10 | 质量保证资料 | | | | |
| 11 | （子）分项工程评分值 | | | | |
| 12 | 质量等级 | | | | |

**注**　表中△为关键项目。

35

# 学习情境 3　沥青路面面层检测与评定

## 任务 3.1　施工准备阶段的检测

**实训项目**　　沥青混合料中沥青含量试验（燃烧炉法）

| | |
|---|---|
| 沥青含量的定义 | |
| 目的与适用范围 | |
| 主要试验仪具 | |
| 试验操作步骤 | |
| 测定结果精度要求 | |

## 沥青混合料中沥青含量试验记录表（燃烧炉法）

| | | | | |
|---|---|---|---|---|
| 工程部位/用途 | | 试验日期 | | |
| 试验依据 | | 试验者 | | |
| 结构层次 | | 校核者 | | |
| 沥青混合料类型 | | 桩号 | | |
| 试样篮和托盘质量<br>（g） | | | | |
| 混合料试样质量<br>（g） | | | | |
| 质量损失<br>（g） | | | | |
| 损失百分比<br>（％） | | | | |
| 温度补偿<br>（％） | | | | |
| 校定系数<br>（％） | | | | |
| 沥青用量<br>（％） | | | | |
| 油石比<br>（％） | | | | |

备注：

# 任务 3.2 施工阶段的检测

实训项目一　沥青面层压实度检测（钻芯法）

| | |
|---|---|
| 路面压实度<br>的定义 | |
| 目的与适用范围 | |
| 主要试验仪具 | |
| 试验操作步骤 | |
| 测定结果精度要求 | |

# 沥青面层压实度检测记录表（钻芯法）

工程名称_____　　　　路面气温_____　　　　面层结构_____
检测路段_____　　　　路面类型_____　　　　检测日期_____

| 试样编号 | 桩号 | 厚度（cm） | 芯样空气中质量（g） | 芯样水中质量（g） | 体积（cm³） | 路面密度（g/cm³） | 路面标准密度（g/cm³） | 路面压实度（%） |
|---|---|---|---|---|---|---|---|---|
| 1 | | | | | | | | |
| 2 | | | | | | | | |
| 3 | | | | | | | | |
| 4 | | | | | | | | |
| 5 | | | | | | | | |
| 6 | | | | | | | | |
| 7 | | | | | | | | |
| 8 | | | | | | | | |

**实训项目二**　　弯沉的检测（贝克曼梁法）

| | |
|---|---|
| 路面弯沉的定义 | |
| 目的与适用范围 | |
| 主要试验仪具 | |
| 试验操作步骤 | |
| 测定结果精度要求 | |

# 弯沉的检测记录表

工程名称＿＿＿＿＿＿＿＿＿＿＿＿＿＿＿　　　工程部位＿＿＿＿＿＿＿＿＿＿＿＿＿＿＿

检测路段＿＿＿＿＿＿＿＿＿＿＿＿＿＿＿　　　路面温度＿＿＿＿＿＿＿＿＿＿＿＿＿＿＿

检测日期＿＿＿＿＿＿＿＿＿＿＿＿＿＿＿　　　温度修正值＿＿＿＿＿＿＿＿＿＿＿＿＿＿

| 序号 | 观测桩号 | 百分表读数 ($10^{-2}$mm) | | 百分表读数 ($10^{-2}$mm) | | 弯沉值 ($10^{-2}$mm) | | 备注 |
| --- | --- | --- | --- | --- | --- | --- | --- | --- |
| | | 左 | | 右 | | 左 | 右 | |
| | | 初读数 | 终读数 | 初读数 | 终读数 | | | |
| 1 | | | | | | | | |
| 2 | | | | | | | | |
| 3 | | | | | | | | |
| 4 | | | | | | | | |
| 5 | | | | | | | | |
| 6 | | | | | | | | |
| 7 | | | | | | | | |
| 8 | | | | | | | | |
| 9 | | | | | | | | |
| 10 | | | | | | | | |

平均弯沉值：$L=$　　　　　　　　　　标准差：$S=$　　　　　　　　　　相关系数：$Z\alpha=$

弯沉代表值计算：$L=L_p+Z\alpha \times S=$　　　　　（0.01mm）

实训项目三　　路面平整度的检测（3m 直尺法）

| | |
|---|---|
| 路面平整度的定义 | |
| 目的与适用范围 | |
| 主要试验仪具 | |
| 试验操作步骤 | |
| 测定结果精度要求 | |

# 路面平整度的检测记录表（3m 直尺法）

工程名称＿＿＿＿＿＿＿＿＿＿＿＿＿　　　试验者＿＿＿＿＿＿＿＿＿＿＿＿＿

路面类型＿＿＿＿＿＿＿＿＿＿＿＿＿　　　计算者＿＿＿＿＿＿＿＿＿＿＿＿＿

试验日期＿＿＿＿＿＿＿＿＿＿＿＿＿　　　校核者＿＿＿＿＿＿＿＿＿＿＿＿＿

| 序号 | 桩号 | 实测值（mm） | | | | | | | | | | 平均值（mm） | 规范值（mm） |
|---|---|---|---|---|---|---|---|---|---|---|---|---|---|
| | | 1 | 2 | 3 | 4 | 5 | 6 | 7 | 8 | 9 | 10 | | |
| | | | | | | | | | | | | | |
| | | | | | | | | | | | | | |
| | | | | | | | | | | | | | |
| | | | | | | | | | | | | | |
| | | | | | | | | | | | | | |
| | | | | | | | | | | | | | |
| | | | | | | | | | | | | | |
| | | | | | | | | | | | | | |
| | | | | | | | | | | | | | |
| | | | | | | | | | | | | | |
| 不合格尺数 | | | | | | | | 合格率（%） | | | | | |

**实训项目四　　路面摩擦系数的检测（摆式仪法）**

| | |
|---|---|
| 路面摩擦系数的定义 | |
| 目的与适用范围 | |
| 主要试验仪具 | |
| 试验操作步骤 | |
| 测定结果精度要求 | |

# 路面摩擦系数的检测记录表（摆式仪法）

工程名称＿＿＿＿＿＿＿＿＿＿＿＿＿＿＿＿＿  试验者＿＿＿＿＿＿＿＿＿＿＿＿＿＿＿＿＿

路面类型＿＿＿＿＿＿＿＿＿＿＿＿＿＿＿＿＿  计算者＿＿＿＿＿＿＿＿＿＿＿＿＿＿＿＿＿

试验日期＿＿＿＿＿＿＿＿＿＿＿＿＿＿＿＿＿  校核者＿＿＿＿＿＿＿＿＿＿＿＿＿＿＿＿＿

| 桩号 | 测点 | 单点测定值 $BPN_t$ | | | | | | 现场温度（℃） | 修正值 $\Delta BPN_{20}$ | 经温度修正后的 $BPN_{20}$ | 平均值 |
|---|---|---|---|---|---|---|---|---|---|---|---|
| | | 1 | 2 | 3 | 4 | 5 | 平均 | | | | |
| | | | | | | | | | | | |
| | | | | | | | | | | | |
| | | | | | | | | | | | |
| | | | | | | | | | | | |
| | | | | | | | | | | | |
| | | | | | | | | | | | |
| 综合评定 | 抗滑值的平均值：　　　　　　　　　　标准差：　　　　　　　　　　　　　变异系数： | | | | | | | | | | |

45

| | |
|---|---|
| 路面构造<br>深度定义 | |
| 目的与<br>适用范围 | |
| 主要试验仪具 | |
| 试验操作步骤 | |
| 测定结果精度要求 | |

# 路面构造深度的检测记录表（手工铺砂法）

工程名称_____ 　　试验者_____

路面类型_____ 　　计算者_____

试验日期_____ 　　校核者_____

| 桩号 | 测点 | 摊平砂的直径测定值（mm） | | | 构造深度 $TD$（mm） | |
|---|---|---|---|---|---|---|
| | | 1 | 2 | 平均值 | 实测值 | 平均值 |
| | 1 | | | | | |
| | 2 | | | | | |
| | 3 | | | | | |
| | 1 | | | | | |
| | 2 | | | | | |
| | 3 | | | | | |
| 综合评定 | 平均构造深度：$TD=$　　　　　　标准差：$S=$<br>变异系数：$C_v=$ | | | | | |

| 路面透水系数的定义 | |
|---|---|
| 目的与适用范围 | |
| 主要试验仪具 | |
| 试验操作步骤 | |
| 测定结果精度要求 | |

## 沥青路面渗水性能的测定记录表

工程名称＿＿＿＿＿＿＿＿＿＿＿＿＿＿＿　　　　检测路段＿＿＿＿＿＿＿＿＿＿＿＿＿＿＿

路面类型＿＿＿＿＿＿＿＿＿＿＿＿＿＿＿　　　　检测日期＿＿＿＿＿＿＿＿＿＿＿＿＿＿＿

| 测点桩号 | 在下列时刻（min）所读数值 | | | | | | 渗水系数 $C_w$（mL/min） | |
|---|---|---|---|---|---|---|---|---|
| | 0.5 | 1.0 | 1.5 | 2.0 | 2.5 | 3.0 | 实测值 | 平均值 |
| | | | | | | | | |
| | | | | | | | | |
| | | | | | | | | |
| | | | | | | | | |
| | | | | | | | | |
| | | | | | | | | |

# 任务 3.3　沥青面层的评定

**实训项目**　沥青混凝土面层的评定

项目名称＿＿＿＿＿＿＿＿　　施工单位＿＿＿＿＿＿＿＿＿　　监理单位＿＿＿＿＿＿＿＿＿
工程合同段＿＿＿＿＿＿＿　　分项工程名称＿＿＿＿＿＿　　工程部位＿＿＿＿＿＿＿＿

| 项次 | 检查项目 | | | 实测值或实测偏差值 | 平均值 代表值 | 合格率 （%） | 得分 |
|---|---|---|---|---|---|---|---|
| 1△ | | 压实度（%） | | | | | |
| 2 | 平整度 | $\sigma$（mm） | | | | | |
| | | IRI（m/km） | | | | | |
| | | 最大间隙（mm） | | | | | |
| 3 | | 弯沉值（0.01mm） | | | | | |
| 4 | | 渗水系数 | | | | | |
| 5 | 抗滑 | 摩擦系数 | | | | | |
| | | 构造深度 | | | | | |
| 6△ | | 厚度（mm） | | | | | |
| 7 | | 中线平面偏位（mm） | | | | | |
| 8 | | 纵断面高程（mm） | | | | | |
| 9 | | 宽度（mm） | | | | | |
| 10 | | 横坡（%） | | | | | |
| 11 | | （子）分项工程得分 | | | | | |
| 12 | | 外观鉴定 | 检查 结果 | | 减 分 | 监理 意见 | |
| 13 | | 质量保证资料 | | | | | |
| 14 | | （子）分项工程评分值 | | | | | |
| 15 | | 质量等级 | | | | | |

**注**　表中△为关键项目。

50

# 技　能　考　核

## 技能考核之一：灌砂筒圆锥体内量砂质量的标定

| 试验次数 | 灌砂筒及量砂的总质量（g） | 玻璃板质量（g） | 玻璃板和量砂总质量（g） | 圆锥体内砂的质量（g） | |
|---|---|---|---|---|---|
| | | | | 单值 | 平均值 |
| 1 | | | | | |
| | | | | | |
| | | | | | |
| 评分标准 | 完成时间（10分） | 开始时间： | | 结束时间： | 评分： |
| | 操作行为（10分） | 操作规范 9～10 | 基本规范 6～8 | 操作较差 0～5 | 评分： |
| | 结果精度（15分） | 符合要求 14～15 | 重做符合 10～13 | 不符合要求 0～9 | 评分： |
| | 相关问答（5分） | 回答熟练 4～5 | 基本熟练 2～3 | 回答较差 0～1 | 评分： |
| 成绩 | 考核教师签字： | | | | |

## 技能考核之二：摆式仪测定路面的抗滑性

| 桩号 | 测点 | 摆值 1（BPN） | 摆值 2（BPN） | 摆值 3（BPN） | 摆值 4（BPN） | 摆值 5（BPN） | 抗滑摆值平均值（BPN） |
|---|---|---|---|---|---|---|---|
| | 1 | | | | | | |
| 评分标准 | | 完成时间（10分） | 开始时间： | | 结束时间： | | 评分： |
| | | 操作行为（10分） | 操作规范 9～10 | | 基本规范 6～8 | 操作较差 0～5 | 评分： |
| | | 结果精度（15分） | 符合要求 14～15 | | 重做符合 10～13 | 不符合要求 0～9 | 评分： |
| | | 相关问答（5分） | 回答熟练 4～5 | | 基本熟练 2～3 | 回答较差 0～1 | 评分： |
| 成绩 | | 考核教师签字： | | | | | |

## 技能考核之三：土的界限含水率试验

| 试验次数 | 第一次锥入深度（mm） | 第二次锥入深度（mm） | 锥入深度平均值（mm） |
|---|---|---|---|
| 1 | | | |

| 评分标准 | | | | | |
|---|---|---|---|---|---|
| | 完成时间（10分） | 开始时间： | | 结束时间： | 评分： |
| | 操作行为（10分） | 操作规范 9～10 | 基本规范 6～8 | 操作较差 0～5 | 评分： |
| | 结果精度（15分） | 符合要求 14～15 | 重做符合 10～13 | 不符合要求 0～9 | 评分： |
| | 相关问答（5分） | 回答熟练 4～5 | 基本熟练 2～3 | 回答较差 0～1 | 评分： |
| 成绩 | 考核教师签字： | | | | |

## 技能考核之四：颗粒分析试验

| 粗筛分析 | | | | 细筛分析 | | | | |
|---|---|---|---|---|---|---|---|---|
| 孔径（mm） | 累积留筛土质量（g） | 小于该孔径的土质量（g） | 小于该孔径的土质量百分比（%） | 孔径（mm） | 累积留筛土质量（g） | 小于该孔径的土质量（g） | 小于该孔径的土质量百分比（%） | 占总土质量百分比（%） |
| 60 | | | | 2.0 | | | | |
| 40 | | | | 1.0 | | | | |
| 20 | | | | 0.5 | | | | |
| 10 | | | | 0.25 | | | | |
| 5 | | | | 0.075 | | | | |
| 2 | | | | | | | | |

| 评分标准 | | | | | |
|---|---|---|---|---|---|
| | 完成时间（10分） | 开始时间： | | 结束时间： | 评分： |
| | 操作行为（10分） | 操作规范 9～10 | 基本规范 6～8 | 操作较差 0～5 | 评分： |
| | 结果精度（15分） | 符合 14～15 | 重做符合 10～13 | 不符合要求 0～9 | 评分： |
| | 相关问答（5分） | 回答熟练 4～5 | 基本熟练 2～3 | 回答较差 0～1 | 评分： |
| 成绩评定 | 考核教师签字： | | | | |